解讀

馬一浮

楊照 策劃｜主編

三民書局

「展讀民國人文」總序

文／楊照

三民書局的「展讀民國人文」出版計畫特別著重「民國」作為清楚的時代標記，「民國」的前半場域是中國大陸，時間從一九一二年到一九四九年；「民國」還有後半，那是一九四九年之後搬遷到臺灣來所經歷的關鍵變化。

在大陸的前半與在臺灣的後半，共同的特色是快速的變化與動盪，時局混亂打破了所有的現成答案，以至於逼迫人人困思問題解決方案，同時卻也打開可以進行破壞性或建設性種種實驗設計的大空間。

因而「民國」是出人物的時代，尤其是出人文思想人物的時代。並不是因為那些人都吃了神藥大力丸，不是因為他們遺傳了天賦異稟，而是時代的動盪與糾結，逼出了他們的智慧與活力。他們沒有固定的位子，沒有往後看、往前看能夠有把握的軌道或方向，他們只能去找出、創造出自己的道路，往往是前人沒走過，甚至是前人認定絕對不可能走的道路。

作為「民國人物」的陳寅恪，可以自由地在歐美遊學，不顧念、不追求學位，立志要培養自己研究「西北史」的所有學術配備；然後回到中國，受到變化時局的衝激，竟然也就快速轉型，將學術重心移轉到中古史上，成為中古史的大家。而這只是陳寅恪生命中大約二、三十年間發生的事。

又例如胡適，他到上海進了學堂才開始學英文，沒多久就去了美國留學，在康乃爾念農學，才第一年，他就開始用英文寫日記，還用英文對美國人宣講、解釋「中國是什麼」。他很快放棄了農學，轉到哥倫比亞大學念哲學，沒等到完全辦好博士學位手續，就又回到中國，不到三十歲的年紀已成為北京大學最受歡迎的教授。那麼短的時間內，他的生命走出那麼多不同的風景。

這絕對不單純是陳寅恪、胡適了不起，而是他們活在「民國」，得到了如此了不起、能夠成為「人物」的機會。「民國」是考驗、是挑戰，現實的條件使得在這個動盪空間中生活的人，沒有辦法做長期計畫，沒有資源完成具體社會建設，卻也因此鼓舞、刺激了豐富的人文思想。那不是關在象牙塔裡的哲思，也不是閑靜漫步的沉穩產物，而是從再切身不過的存在困窘中逼擠出來的看法與論點。國家可能被瓜分，故鄉可能被強占，家庭可能徹底拆解，生活的最後據點明天可能就要消失……每一項都是真實的威脅，無從逃躲，非面對、非提出對自己、對群體的解釋不可。

我長期以來不斷呼籲：「民國」不該被遺忘，忽略「民國」我們就無從弄清楚臺灣歷史的來龍去脈；更重要的，拋棄「民國」也就拋棄了這由眾多人存在苦痛換來的豐富人文思想資源。

二〇二一年史家余英時先生去世後，我受「趨勢教育基金會」之邀，錄製了一系列共十五講的課程，完整講述余英時主要的史學論著；次年，又受北京「看理想」機構之託，製播了共九十集的

「溫情與敬意：錢穆學思總覽」節目，在過程中廣泛涉獵與錢穆、余英時同代的相關學者論著，產生了對於「民國人文學術」更深刻的珍視。在臺灣，三民書局是錢穆和余英時著作出版的關鍵交集機構，於是出於對時代與自身歷史背景負責的考量，對劉仲傑總經理提出了編選這套系列叢書的想法。很幸運地，我的構想獲得劉總經理的大力支持，配備了充分的編輯專業人才協助參與，得以在一年多的準備之後，到二〇二三年中實現為和讀者相見的精編選集。

「民國」的歷史狀況使得這段時期的思想，很明顯地以原創性與多樣性見長，相對地缺乏大規模系統建構的成就，因此最適合以選文的方式來呈現。系列中每一本選集基本上都是在通覽目前能找到的作者著作全集後編定的，盡量保留個別篇章的完整面貌，避免割裂斷章取義。體例上，每本選集前面附有長篇「導讀」，向讀者充分說明這位作者的時代意義，以及其思想、經歷的重點，減少閱讀隔閡，幫助大家得到更切身的體會。另外按照文章性質分若干輯，每輯之前備有「提要」，既提供文章出處背景，也連繫「導讀」內容，進一步刻畫作者的具體思想面貌。

「展讀民國人文」系列第一批共十本，提供了從一八六九年出生的章太炎，到一八八五年出生的熊十力，包括梁啟超、陳垣、呂思勉、歐陽竟無、王國維、蔣夢麟、馬一浮、張君勱等民國學術人文思想人物的作品精華，希望能讓讀者興發對這段歷史的好奇，如果得到足夠的支持，我們將會在未來擴大人物系列，期望能開創出一片「毋忘民國」的繁華勝景來。

解讀馬一浮

目次

第二輯　書札

第三輯　論文藝與政治

導讀

1

在「新儒家」的傳承中，有「現代三聖」的說法，指的是馬一浮、梁漱溟和熊十力三人。先不論「三聖」是否過譽，三人如此相提並論，顯示了他們各自都在儒家的現代復興中，有過重要的作用與貢獻。

之所以會有「新儒家」，歷史背景是儒家——尤其是核心的經學傳統——在清末到民國所受到的強烈打擊。從「今古文之爭」到「諸子學興起」再到佛學廣受重視，一波一波的變化都是針對原有經學權威而來的。再加上一九〇五年廢科舉改立學校，作為科舉考試主要內容而具有崇高地位的儒家經學，就更進一步和科舉同樣被視為不只落伍過時，甚至是造成中國國難臨頭幾至亡國的主因了。西學隨著西方勢力湧入中國，不只是「賽先生」科學必然壓過傳統學問，就連「德先生」民主也都被視為必須以傳統學問退場為建立的前提條件了。

民國建立之後，首任教育總長蔡元培明確主張「廢經」，到袁世凱繼任大總統，逆轉了蔡元培的立場，提倡「尊孔讀經」，結果使得孔子、經學和帝制復辟直接掛鉤，袁世凱的「洪憲」政權垮臺，更讓知識人將孔子、經學視為保守、反動的代表，明確是阻礙中國進步的力量。

一九一九年發生了「五四運動」，其中彼此關聯的三項訴求，從三個不同方向更形掏空了儒家和經學的基礎。第一項風風火火的主張是「廢文言改白話」，教育要面向大眾，要形成平民主義的精神，那麼以最艱深的古老文言所寫，必須「皓首窮經」才能習得的儒學內容，當然就該和文言一起廢除了。

第二項流行的主張是「引進西學」，進而全面認同西方文化。西方帝國主義國家，加上積極學習、模仿西方的近鄰日本，充分證明了西學、西方制度到西方思想模式的優越性，中國要不被淘汰，只能走同樣的這條向西傾斜的道路。

還有第三項，是胡適提出的「整理國故」主張，先是一九一九年發表了〈新思潮的意義〉，接著一九二一年又有了〈研究國故的方法〉。關鍵重點在於胡適強調分辨「新／舊」，要以新思潮中的新方法來重新整理舊國學，也就是不能再用舊方法保留舊內容。

胡適具體提出了四項研究原則：第一是要有歷史的觀念；第二要有疑古的態度；第三要做系統的研究；第四是進行整理。特別批判檢討：「(過去) 一切古學都是經學的丫頭……他們脫不了

『儒書一尊』的成見，故用全力治經學，而只以餘力去治他書。」所以現在要翻轉過來，「……包括上下三四千年的過去文化，打破一切的門戶成見：拿歷史的眼光來整統一切……過去種種，上自思想學術之大，下至一個字、一支山歌之細，都是歷史，都屬於國學研究的範圍」。

「整理國故」以傳統為對象，卻實質上推促了儒學、經學地位進一步陵夷下降。「國故」的範圍極廣，整理、研究的態度是平鋪式的，特別強調一切都是歷史材料，對儒學、經學也都一視同仁，等於是從章學誠主張的「六經皆史」再進一步（或退一步）成了「六經皆史料」，在史料的地位、性質上，「六經」和山歌、口傳故事、道教符咒沒有兩樣。

然而這樣的潮流，之後遇到了兩個重大的轉折。首先帶點歷史嘲諷意味的，當中國吸收西方知識、文化的熱情到達最高峰，竟至有了「全盤西化」呼聲，要求從思想、生活面向學習、模仿西方時，西方卻因第一次世界大戰帶來的巨大打擊，而陷入了空前的悲觀自我懷疑中。刺激引發「五四運動」的「巴黎和會」普遍的氣氛是焦慮、恐慌，對於歐洲未來的秩序無從得到明確、安心的答案。中國知識界終於接受西方為前途明燈，一心努力靠近，沒想到走近些看到的，卻是人家自己掛出的「此路不通」標牌，不只是情何以堪，並且不得不引發了另一番的新徬徨、新追尋。

歐洲沒落，連帶地美國興起、日本興起。日本興起尤其直接影響了中國，日本對中國步步進逼，野心愈來愈大、侵犯愈來愈明顯，於是在中國產生了第二項大轉折——在反日情緒中民族主義逐漸高漲。

不再那麼崇信西方文化，對於民族自身的重視，一推一拉，兩股力量開創出了重新肯定中國傳統思想、文化的「新儒家」。

2

「新儒家」這個名詞有兩個很不一樣的意涵。如果對應上英文的 Neo-Confucianism，那麼在歷史學的運用中，「新儒家」約莫相當於「宋明理學」（「理學」又稱「道學」），指的是受到佛教流行影響、因而在宋代開始的儒學復興運動，包括了從周敦頤、張載一直到王陽明、羅近溪、劉蕺山等諸多理學家。

不過一般純中文的脈絡中，「新儒家」所指的是二十世紀，受到西學衝擊後而有的另一波對於儒家儒學的重新詮釋，有時為了更明確，會多加「現代」或「當代」在「新儒家」之前。依照方克立的描述：「現代新儒家是產生於（二十世紀）二〇年代，……以接續儒家『道統』、復興儒學為己任，以服膺宋明理學（特別是儒家心性之學）為主要特徵，力圖以儒家學說為主體為本位，來吸納、融合、會通西學，以尋求中國現代化道路的一個學術思想流派，也可以說是一種文化潮流。」

劉述先自認屬於這個流派，他以內部觀點整理了「新儒家」的系譜，共分為三代四群，第一代第一群興起活躍於一九二〇年代，代表人物是「三聖」梁漱溟、熊十力、馬一浮，再加上張君勱；

第一代第二群的人物年紀與前四位相近，但活躍時期較晚，包括了馮友蘭、賀麟、錢穆、方東美等人；第二代第三群以唐君毅、牟宗三、徐復觀為核心；第三代第四群則有余英時、劉述先、成中英、杜維明等人。

馬一浮被列為此意義下「新儒家」的開宗要角，他確實提出了反對流行「整理國故」的具體意見，要求以不同的態度來研習國學。最簡單、明確的原則是：

一、此學不是零碎片段的知識，是有體系的，不可當作雜貨；
二、此學不是陳舊呆板的物事，是活潑潑的，不可目為古董；
三、此學不是勉強安排出來的道理，是自然流出的，不可同於機械；
四、此學不是憑藉外緣的產物，是自心本具的，不可視為分外。

第四點就是繼承「心性之學」而來的，學習的對象不是外在知識，毋寧將學習當作是一趟內在探索的旅程，找到本心具備又和客觀世界原理合拍相應的部分，那既是知識的積累，也是修行的體驗。

第三點仍然依隨著理學的主張，理學中認定有先天的「理」，而「天理」分注在人而有「性」。學習不是發明，是去發現這徹上徹下、人與萬物與天地所共具的「理」。

第二點牽涉到看待傳統經學的態度。之所以研習古典經書，不是為了復原歷史，相反地是為了要能在現實中運用。經書中記錄、保存的並不是因應特定時空條件產生的事物，是普遍的「理」，既然是普遍的，那就必然可以適用於當今現前；倒過來，要能學習吸收普遍道理，那就要擺脫歷史學、歷史性的眼光，代換上具現實感、活活潑潑的態度。

第一點幾乎可以視為刻意對反胡適意見「上自思想學術之大，下至一個字、一支山歌之細」而發的議論。「國故派」採取了一種蒐羅分類的態度，不分鉅細都視之為「國故」資料，都收進來作為有待整理的對象，「國故」的價值因而是材料性的價值。馬一浮和「新儒家」要扭轉這種態度，強調並彰顯中國傳統知識有一個獨特的體系，這體系本身，而非構成體系的零星材料，是最高價值所在，證成了中國文化的重要性。系統的整體遠高於個別、部分的總和，不能掌握整體，就不算理解、吸收了中國文化、中國知識。

而在對儒學系統的主張上，馬一浮比其他「新儒家」思考者可能都走得更遠、更極端些。一頭的極端是他將中國知識縮小到「六藝」，那是核心中的核心，「六藝」是正統，甚至「六藝」統納了一切智慧；另一頭的極端，他將「六藝」包納、代表的範圍擴至最大，不只中國文化盡在其中，甚至人類知識的可能性，也盡在其中。

3

馬一浮又名馬浮，原名馬福生，一八八三年出生於浙江會稽的儒學世家。他自述馬家先世在明亡之後，順治、康熙、乾隆時期都隱而不出，不應科舉。曾祖父馬步蟾官至御史，在道光元年上疏請將劉宗周（蕺山）從祀文廟，由此而開了明儒被清朝官方肯定的先例。

由馬福生改名馬浮、馬一浮行於世，反映了他成長過程中所曾受過的佛、道影響。「浮」或「一浮」和他後來堅心矢志保守儒家傳統的生命意趣，頗有落差，卻適切地代表了他處於動盪時代必然經歷過的浮生浮世種種變化。

馬一浮（當時還是馬福生）十六歲時參加紹興縣城縣試，和哥哥同榜考取，他的成績還比哥哥更好，高居榜首，吸引了湯壽潛的注意，將女兒許嫁給他。湯壽潛是光緒十八年（一八九二年）的進士，後來加入了康有為組織的「強學會」，成了「維新派」，戊戌變法失敗後，他不當官，主要在私家書院講學。早在一八九〇年，湯壽潛就寫過一本《危言》，五十卷五十篇文章也就是五十個對於大清時局的警告與建言，內容遍及政治、軍事、教育、經濟民生等，他之所以會成為「維新派」，其來有自。

馬一浮接受岳父指引，一九〇一年和湯壽潛的門人謝无量一起到上海學習外文。幾位年輕人在上海合辦了《二十世紀翻譯世界》雜誌，雜誌文字刊登譯自日本的多樣文章。雜誌辦了六期後停刊，主因是馬一浮離開了上海，原本要去日本沒有去成，轉而取得了清廷「留學生監督公署」的中文祕書身分，前往美國密蘇里州聖路易市。

馬一浮在美國待了將近一年，寫了一份〈一佛（他當時自號）之北米居留記〉，忠實反映了他的生活、興趣與苦惱。從中可知，他在美國主要學習社會、政治方面的知識，並和當時同輩中國青年一樣，憂國憂民，對中國現狀充滿檢討、批判的關切。

一九〇四年年底，馬一浮從美國經日本回到中國，在美國居留時寫在日記上的不愉快，影響了他對西方政治的看法，認為那是「厚封殖，盛軍備，蘊然有殺伐之心」的環境，連帶地也以自己具備的一手經驗，對於那些從來不曾到過西方卻積極鼓吹西化的人，表示了不滿。

從一九〇四年到一九〇七年，三年中馬一浮掙扎游移在父親、岳父、時代刺激所引導的經世道路，與自己個性傾向的學術關懷間。與此同時，他的西學熱情不斷退燒，也愈來愈強烈意識到自己不適合吵嚷的革命劇變情勢。

他一度想要編寫《西方學林》和《西方藝文志》，這已經和在美國時的注意旨趣很不一樣了。現實的社會、政治無法引起他持續興趣，他好奇想要接近的，是思想、哲學、文學。

> 想像中的《西方學林》是要「收彼土論著百餘家，略識其流別。大概推本人生之詣，陳上治之要。玄思幽邈，出入道家；其平實者，亦與儒家為近。……」這種類似西方學術思想史的編集，他

認為其中有很多是「國人所棄不道」的，所以只能「縱會諸家國別、代次，導源竟委，為《西方學林》，輔吾儒宗，以竢來者」。

至於《西方藝文志》則源自一個中西比較歷史的看法：「……詩流盪為劇曲，《春秋》窮為章回，中土之文章至元而盡矣。元以後文章，其在歐洲乎！」這是中西雜混概念下的構想，「藝文志」沿襲自《漢書》，要將過去廣義「文學」的著作進行統整呈現；不過另一面，我們也清楚看出演化論的影響跡痕，認為文學有著固定的演化模式，一條線是從詩演化至戲曲，另一條是從故事、歷史演化為小說，然而中國的演化到元朝就停頓了，不像西方還有更新的變化，所以需要記錄歐洲近代文藝現象，拼成完整的演化圖像。

這裡又牽連到馬一浮此階段的自我認知。從歷史先例，他將文化成就分為兩種、兩個等級，一種是如孔子、老子、董仲舒、司馬遷、揚雄，或邵雍、周敦頤、二程子（程顥、程頤）、司馬光等人，他們是開創者、創作家；另一種則是以班固、蔡邕、王充、蕭統（昭明太了）、鄭樵、馬端臨等人為代表，這些是統合編輯者，「多識，辨物比類」是他們的功績。馬一浮認為自己不足以追仿前者，而將心志繫於後者的知識工作上。

4

不過也就在這時候，受到另外一股時代潮流衝擊，馬一浮開始著意於佛經，花了相當時間大致瀏覽「三藏十二部」。他這時期所下的工夫，以及這時期做學問的基本方式，反映在選入本書的〈法數鉤玄〉一文中。馬一浮在這篇文章中羅列了佛經裡出現的種種數字，一一解釋數字的詳細內涵，正是「多識，辨物比類」的具體示範。必須要廣泛並細心閱讀佛教文獻，並抱持著高度的資料統合警覺，才做得出這樣的整理來。不過換另一個角度看，也可以察覺，馬一浮對待佛經，出自知識的好奇，將之視為龐大資料的挑戰，勝過信仰的體會。

一九一二年民國成立，蔡元培擔任教育總長，找了馬一浮去當祕書長，然而這位祕書長只當了三個月。依照馬一浮自己的回憶，他一上任就發現在教育上已經訂定了「男女同學」與「廢止讀經」這兩項他不同意的方針。接著他提議要設「通儒院」，聚集三十歲以下「粗明經術小學，兼通先秦各派學術源流者」，提供生活費用，並延聘老師宿儒與外國學者分別指導，讓他們在既有的基礎上，還能進而精通一國西洋文字，並有希臘文、拉丁文基礎，如此中國的學問、學者可以和世界接軌。這個提議，被蔡元培視為不切實際，非民國初立之際所需，於是馬一浮就請辭而去了。

四年之後，蔡元培轉任北大校長，又找上了馬一浮請他擔任文科學長，這次馬一浮直接拒絕了，推薦好友謝无量給蔡校長。他拒絕的理由是深感當時風氣「喻人為急……相絀為高」，課堂上要「博喻」，說得天花亂墜，都是「遺世之德，虛玄之辯」，這是他不會的，當然也是他無法認同的。

那他認同的是什麼呢？他逐漸摸索著一條當時看來，是保守、後退、回歸的道路。一九一七年，馬一浮收到謝无量所著《中國哲學史》，在給謝无量的信中，委婉地表達了保留評價。最大的問題在於：哲學是西方式的現代學術分科，性質上是客觀知識，但在馬一浮的認知中，中國學問的根柢是體驗的，是要在生命層次「上見本體」的，以西方「哲學」態度呈示中國思想，那就失去了中國特性，也就不再是「中國的」了。

為了要保存中國知識、學問，馬一浮開始形成了「義理學」的觀念與架構，也就愈來愈傾向於以宋明理學的思想、詞語，來表達自己不同於流俗的態度。他所想所說的，從表面上看起來愈來愈像是奇特的「今之古人」，有如在民國時代的現實中，搬來了宋代的文人、理學家。

和宋代文人、理學家一樣，馬一浮也深入思索與探討儒、佛關係。他先是主張在本體層次，儒、佛可以會通，尤其是和西方哲學的客觀精神形成了強烈對比。儒家與佛家都有「統」有「類」，「統」是形上本體，雙方一致；「類」是對待現象的態度，雙方有別。也是在以西方哲學潮流為對比的情境條件中，儒、佛可以統攝，也應該統攝，不論是「以儒攝佛」或「以佛攝儒」都是可以的。

這個階段的思想中，馬一浮對理學傳統作了翻案文章，而這主要源自博覽綜觀佛教典籍的經驗，他解釋：自己原本是為了深入理學的「闢佛」立場而去研習佛教，是抱持著要去發現佛教為什麼被理學家視為「大亂真」的動機，然而讀得愈多愈久，卻發現儒、佛的本體基礎未有不同，不同的是形而下的生活方式與儀節。

更進一步，一九二〇年，馬一浮認真寫了《老子注》，著眼於佛道融合。他說：「以《老子》義印合般若、方等，……觸言玄會，亦似通途寥廓，無有塞礙。……理既冥合，言象可略。若遇玄解之士，亦可相與解頤耳。」這說法和儒佛統攝之論基本相同，《老子》之道在本體上也和佛教暗合，差別是在現象的解釋上，而馬一浮顯然自任為「玄解之士」，可以會通佛道。

5

然而幾年間，馬一浮的思想模式逐漸由「會通」轉為「析解」，也就是從強調儒、佛、道的相似之處，轉而認真看待其間相異之處。

他首先析解了佛教與禪宗之間的差異。他嚴詞批判禪宗是「執悟者成迷，好高者見下」，標榜、炫耀「悟」，以至於反而形成了對於「悟」的執迷；一心想顯示自己的「高」，結果在佛法的追求上過度著重表面，實則是「下」。「杜撰禪和，妄逞機鋒，胡喝亂棒」的禪宗風格，根本不值得重視。

禪宗有太多語言，也有太多向外的表演，然而佛法的「本體」只能歸於自己，不求他人。這是「禪」非「佛」之處，也是「禪」與「佛」的根本差異。

由此，馬一浮進一步檢討了自己原先的思想道路。明明是為了理解先儒「闢佛」的立場而去研習佛法，到後來卻轉成認定實無「闢佛」需要，主張佛和儒在本體上是相通的，也就是否定、推翻了理學前輩的主張。他察覺了自己這種推論的傲慢、危險之處，嚴肅看待：「濂洛諸賢莫不參悟，歸而求之六經，其闢禪闢佛，乃是大機大用。」事實是：理學家們都和自己一樣曾經深入佛學，真切了解佛學後選擇歸返儒家，他們反對禪、反對佛，不可能是源自一偏之見或一時衝動，而有著堅實的判斷依據。

最主要的理由：「竺土靈文，有同詞賦，剖析名理，語並華贍，故長失於奢，為若中土聖人言皆簡實。洛閩諸儒所以遊意既久，終乃求之六經。」佛經的文詞比較華麗，論理也比較繁複，容易吸引人，先賢諸儒也曾被這種特色吸引，然而華奢之風不耐久遊，終究會醒悟：儒家六經的道理雖然比較樸實無華，內蘊卻反而更富更廣。

所以「若達摩一宗，跡同高士。……《易》有象，《詩》有比，彼其機語雖有小大、險易、雅俗萬殊，則亦象、比耳，皆《詩》、《易》之支與流裔。禮失求野，亦猶披沙簡金，往往見寶，祕為獨得，其陋可嗤」。意思是禪宗不過就像六朝名士擺出的許多言語遊戲、特技，說穿了也就是大肆鋪排各種事物現象，並充分運用比喻手法。鋪排、比喻在《易經》、《詩經》裡也有，等於也就能涵蓋這些機鋒巧技了。自身內蘊失傳了，是可以在佛經的華麗文詞中找到道理，但那是繞路費事的作法，絕對不值得當成是什麼祕密收穫。

轉向之後，馬一浮衷心佩服理學家們，他區隔了佛、道，不只是歸宗於儒家，而且更聚焦歸宗於理學，進而不只是在思想上服膺理學，就連行文與行事，都刻意追摹理學家。

6

一九三〇年北大校長陳大齊邀請馬一浮擔任研究所導師，他拒絕了，推薦熊十力應聘。他的理由是：「方今學者務求多聞，則義理非所尚；急於用世，則心性非所先。」明白表示了，他要教的、他認為應該教的，不是一般外在知識，而是「義理」；不是有用、實用的技能，而是關係生命修養的「心性之學」。

到一九三六年，又有浙江大學校長竺可楨傾力爭取馬一浮前往任教。

首先，馬一浮強調傳統尊師態度「古聞來學，未聞往教」，學生要來找老師，而不是老師去遷就學生所在之處。竺校長同意馬一浮可以在寓所中授課，不用到學校教室去。

其次，馬一浮堅持他所教的課不列入普通學程中，而是一種「講習會」。這點竺校長也同意了，可以將他的課程設計為像外國的 seminar，帶有研討會的性質。

可是再來，馬一浮要求他的課程稱為「國學研究會」，他的頭銜則為「國學大師」，這就不容竺校長讓步接受了，校務主管們也一致反對。最後此事不了了之，竺可楨在日記中無奈慨嘆：「余對請馬一浮可謂仁至義盡，子梅謂其學問固優，世故欠通，信然。」

馬一浮確實「世故欠通」，不會知道當時國民黨正監控大學，大學如果辦什麼「會」，將引來黨部關切，必須向黨部報備、說明；而換另一個角度看，身為地理學者、氣象學者的竺可楨，也無從理解馬一浮認同理學家而來的種種關懷。

馬一浮所說的「講習會」，不是西方大學 seminar 式的討論課，而是「既講且習」，老師所講的，學生必須落實在生活中修養磨練，只有「講」無法透徹「義理」，無法改變「心性」，這同時也是馬一浮堅持不列入一般學程的根本原因，一般學程教知識，他要教的是道理，來自「理學」的「理」。

馬一浮自述：

> ……竺君所望於弟者，謂但期指導學生，使略知國學門徑。弟謂欲知學術流別，需導之以義理，始有繩墨可循，然後乃可求通天下之志。……群言淆亂而無所折衷，實今日學子之大患也。若只汎言國學，譬之萬寶全書、百貨商店，雖多亦奚以為？

和他當年向蔡元培提出的「通儒院」構想同樣，馬一浮要教的是有「通天下之志」的學生，要培養學生的志意氣概，因而要有「會」，讓學生在道德義理上相互砥礪。主持該「會」的，是類似佛教中的「大師」，也就是為人開智慧的人，而不是只帶領誦經、講解佛經意義。

馬一浮去不了杭州大學，關鍵不在校方的誠意與配合夠不夠，而在於雙方對於「國學」的基本認知南轅北轍，無法調和。竺可楨想的，還是「整理國故」運動中的那種「國學」，作為國民應該具備對於中國傳統文化的認識，期待馬一浮來講授類似「國學概要」那樣的內容，給學生一套知識架構，以便他們未來得以在「國學」的不同領域繼續探求。

但馬一浮想的，卻是民族主義熱情衝擊後的「國學」，要回歸到傳統的「人論」，以傳統人之所以為人的道理，也就是馬一浮所說的「義理」來教導、培養具備民族特性的中國人。

馬一浮的立場，當然是復古的，但以當時的風潮來看，他抱持的「國學」觀念，卻弔詭地要比竺可楨的來得新、來得應時。甚至可以這樣說：竺可楨心中的「國學」，是北洋政府時代的「國學」；馬一浮的「國學」，卻是國民黨主政後，民族主義高漲氣氛中，正在興起的本質性「國學」。

7

更進一步推動民族主義情緒的，是一九三六年年底的「西安事變」及次年一九三七年爆發的「盧溝橋事變」，日本對中國的侵略態勢如此狂傲、囂張，絕對不容忽視、忍隱了。然而要對抗日本，現實條件顯然遠為不足，必須在心理層面積極動員，堅定抗戰的意志。

另外，戰爭爆發帶來的困難，也逼著馬一浮不得不調整自己的講學原則。在一推一拉的歷史條件作用下，一九三八年二月，馬一浮主動寫信給竺可楨，表示願意到此時遷到江西泰和的浙江大學任教。竺可楨同意聘馬一浮為「國學講座」，四月馬一浮抵達泰和開始任教，十月底隨浙大再撤退到廣西宜山，直到一九三九年二月馬一浮離開浙大，轉往四川。

馬一浮給熊十力的信中，談到了這段教學的經驗：

弟在此大似生公聚石頭說法，……每赴講，學生來聽者不過十餘人，諸教授來聽者數亦相等，察其在座時，亦頗凝神諦聽，然講過便了，無機會勘辨其領會深淺如何，以云興趣，殊無可言，其間或竟無一個半個，吾講亦自若。今人以散亂心求知識，并心外營，不知自己心性為何事。忽有人教伊向內體究，真似風馬牛不相及。

他講課的內容，記錄在《泰和宜山會語》書中，一看就知道其基調來自理學中流行慣用的「語錄」，隨處發明，沒有明確的系統。聽講學生不多，但還能吸引和學生人數差不多的老師教授，其實足可見當時他在校內受重視的程度，而且來的人也「頗凝神諦聽」，可是馬一浮的標準更高。他期待引發「興趣」，指的是自主的追求、體會；而且期待那不是一般課堂，希冀可以有像當年理學家的師生互動，確切察知、看到學生的領悟；要學生以向內開發心性的態度來就學。

以當時的環境，這要求仍然是「世故欠通」吧！曾經擔任京師圖書館編纂部主任的葉左文讀到

《會語》部分內容，就忍不住嚴詞批評馬一浮，說他「不智」：「今日豈復尚有講學之事？」馬一浮原先以為葉左文的意思是「講學」理想不可能在當前實現，所以他的回應是「其見接也由若以禮，是可與也……非以徇人而求食，樂則行之，憂則違之，不拘學職，則去住在我……」，意思是自己並沒有為了「求食」而違背原則，浙大以禮相待，所以前去，合則留不合則去，保持了選擇自由。

然而葉左文並不是這個意思，在後續通信中就直接指明了：馬一浮的態度以及他教學的內容「辭氣抑揚太過」，意思是太狂妄傲慢了，不符合這個時代的需要。國難當前，馬一浮想的卻還是凸顯自我的老師身分，誇示自己的學問理論。

葉左文甚至說：「就其言之病而推其心之失，謂入於鄙詐慢易而有邪心。」這話說得很重，從《會語》中馬一浮說的那些「抑揚太過」的話，葉左文不得不覺得問題不在語言的運用上，而在心思，有想要凸顯自己作為導師、大師身分的不正當傲慢想法，才會說這樣的話，教這樣的內容。

馬一浮回信自我辯護：首先，《會語》不是正式著作，是「語錄」，才會有不那麼嚴謹、為了幫助學生了解而廣泛引用的語言、觀念作法；其次，他所做的，是援佛教「判教」作法入儒家典籍，將儒家學問分門別類、判定層次高低，講說過程經常提佛法佛經，但根柢上的用心仍然是儒學的。

但葉左文最在意的，其實不是儒佛之辨，而是在他眼中看去，馬一浮是「變亂舊章，何事紛擾」，擺出權威架式，要將所有典籍安排出自己的一套新架構。關於這方面的批評，馬一浮無從辯解，因為他確實依循理學家、尤其是朱熹的思想道路，要以一己之力去重塑儒學系統，朱熹不也是特別標榜了〈大學〉、〈中庸〉，實質上以〈大學〉、〈中庸〉為核心，再造了一套經學義理？

馬一浮反過來批評葉左文「由習熟於目錄之故而未欲深探六藝之原也」，相對地，他自己的思想歷程是「實從義學、禪學中轉身來，歸而求之六經，此不須掩諱」，所以他不是從考據立場與「整理國故」的路數建構系統，毋寧是理所當然，何足為病？

8

馬一浮如此「世故欠通」的作法，卻在動盪中使得他格外受到當局的注意。一九三八年教育部長陳立夫從弘揚民族精神的角度考量，並要面對日本侵略給中國高教體系帶來的巨大破壞，提出了恢復古來講學傳統的主張。陳立夫身邊的劉百閔於是推薦馬一浮來主導建立一座新的書院。

經將近一年的籌辦，一九三九年九月在四川樂山成立了「復性書院」，籌備委員中包括陳果夫、沈尹默、謝旡量、熊十力、張其昀、梁漱溟、劉百閔等人。書院名稱取自「教之為道，在復其性而已矣」，特意針對清末民初以來，高等教育受西化影響，輕忽融通博學與道德精神，學生以文憑為升官發財手段，師生關係疏遠冷漠等狀況，也就是教育中人皆已「失其本性」，所以要打造新的機構與新的教育模式，來達成「復性」的目的。

除了馬一浮之外，熊十力是籌辦「復性書院」的另一主角，他比馬一浮更早到達四川，又是馬一浮的好友，受邀草擬了書院〈緣起〉，書院成立，熊十力也就成為馬一浮聘任教師的首選。然而熊十力在一九三八年八月到達樂山，十月下旬就離開了，這兩個月間發生了不少事，甚至傷害了兩人原本的情誼，影響了此後的互動往來。

考索馬、熊意見相左至演成衝突，可以讓我們更清楚馬一浮的信念與堅持。

馬一浮要辦的不是現代的研究機關，而是要「以綜貫經術，講明義理為教」，也就是恢復宋明時期的書院，以「進德」為首要目標。

馬一浮設計的教學內容「以六藝之教為本」，分成「通治」、「別治」二門，「通治明群經大義，別治可專主一經」。說是「六藝」，不過「通治」門以《孝經》、《論語》為主，附隨孟子、荀子、董仲舒、鄭玄、周敦頤、張載、朱熹、陸象山和王陽明，等於是儒學總覽性質。「別治」門涵蓋的就更廣了，《詩》、《樂》為一類，附之以《爾雅》、《說文》，等於是涵蓋了傳統的「小學」；《尚書》、三《禮》為一類，附之以名家、法家、墨家；《易經》、《春秋》為一類，附之以道家。

這其實就是讓葉左文難以接受的「國學」新框架，用「六藝」包納了中國傳統的主要知識內容。教學方法強調必須「體驗重於思索，涵養重於察識，踐履重於知解，悟證重於講說」。最終目的是「讀書窮理，……窮神知化，踐行盡性」。

熊十力則在〈復性書院開講示諸生〉中表示：「今茲書院之設，本為研究哲學與文史諸學之機關。」其中哲學更占樞紐地位，是「一切學問之歸墟，評判一切知識而復為一切知識之總匯」。很明顯，他認為書院是研究機構，以知識的追求為主體，而且「研究的旨趣自當以本國學術思想為基本，而尤貴吸收西洋學術思想，以為自己改造與發揮之資」。

熊十力設計的進程步驟，先受科學知識與邏輯訓練，「務望於科學方法及各科常識，尤其於生物學、心理學、名學及西洋哲學與社會政治諸學，必博採譯述冊子，詳加研索」。

這樣的規劃，牴觸了馬一浮的書院概念。馬一浮認為外國語文、西方科學等學習，應該在一般大學、研究所中進行，與書院無關。也就是刻意凸顯書院的非體制性質，「譬之佛家之有教外別傳，應超然立於學制系統之外，不受任何制限」。

9

馬一浮認真看待書院和佛教寺院叢林制度間的關係。在給教育部長陳立夫的信中，他強調地說：

約有三義需先陳明：一，書院本現行學制所無，不當有所隸屬，願政府視為例外，始終以賓禮處之；二，確立六經為一切學術之原……三，願政府提倡此事，如舊時佛寺叢林之有護法、檀越，使得自比方外而不繩之以世法。三義若荷容納，不斥其非，則某亦願盡其知之所及，冀可仰裨無為之化，否則不如放之林薄……。

這番說法又植根於他的歷史解釋，他認為中國從六朝經唐到宋，佛教中人才勝過儒門，關鍵就在佛寺叢林制度。佛家不干預家國之事，與政治絕緣，君王對佛寺佛法扮演「外護」（也就是「護法」、「檀越」的角色），有崇仰而無畏忌，因而佛門中人可得終身自由。另外儒者有世俗家累，不能不奔走生計，偏偏在生計上又通常沒什麼本事，以致殫精竭慮大為所困。佛寺叢林則接待十方，粥飯都不需自辦，所以能專心求道。大德高僧安坐受信眾供養，提供佛法解脫之道以為報，眾生也就不覺得信施為虛費，各有所得。

所以他想像書院應該經濟獨立以保學術獨立，最好由社會各界捐輸，或政府量予捐助，但不能由政府固定撥款，以免變成下屬機構，受政府管轄。

熊十力對馬一浮的寺院式安排不以為然，主張書院應取得等同國立研究院的地位，如此才能授予學生研究院同等資格，否則將無法吸引人才。他認為馬一浮的看法太理想化了，與現實嚴重脫節，尤其是沒有給予學歷資格的確定保障，將使學生望而卻步。

但馬一浮格外重視「學院旨在謀道，不在謀食，為堅定學生向學之心，……不以書院為晉身階梯，因此不予資歷、不安排出路」。而且馬一浮設定書院為高度菁英性質，本來就沒有要多招學生，開辦時甚至只招收了二十多名學生。

馬一浮和熊十力更嚴重的歧見出現在徵聘書院師資上。成立之初，賀昌群找了張真如來教黑格爾哲學，熊十力找周淦卿教英文、讓牟宗三來擔任「都講」，都被馬一浮打了回票。熊十力不只覺得馬一浮辦學眼光狹隘，而且如此自我設限下不可能得到充分資源，老師的生活、收入必然無保障。

於是熊十力一度考慮去西南聯大任教，放棄復性書院之約，馬一浮連發數信勸他，甚至就連熊十力以「入川方位未合於己」的風水之言為藉口，馬一浮都還強調自己精通堪輿為之析辭破慮。實在不得已，熊十力在一九三九年八月四日搭船到達樂山，不料才來了半個月，八月十九日，日本飛機空襲樂山，熊十力所居之處被焚毀，他的左足也因而受傷，似乎應驗了原本的風水之言。之後熊、馬兩人心結日深，到十月中旬，熊十力憤而離去，馬一浮也賭氣不送，只以書面寫上「祝子還家成穩坐，可知天下盡勞人」，不無諷刺之意的兩句話應之。

書院受政府經費，就不可能不依政府法令規範，沒多久後先後發生教育部來管教材，以及要求等同公務機關編列預算等事，證明了馬一浮期待政府只當「護法」、「檀越」的構想完全偏離現實。

一九四四年，馬一浮請辭並建議廢置書院，卻未得政府同意，然書院的經費已不足以正常辦學，書院實質上轉型為只從事校刻典籍。抗戰勝利後，馬一浮將書院從四川遷到故鄉杭州，但此時連刻書的經費都沒有了，「復性書院」名存實亡。

一九四八年年底，馬一浮建議將書院改制為圖書館，終於得到同意，次年四月，「儒林圖書館」成立。但沒多久，江山易手，國民政府倉皇離開大陸，中共建政後，「儒林」二字無法續留，圖書館又改名為「智林」。至此馬一浮步步退讓，「智林圖書館」也得「蒐集新書，開闢閱覽室，附設研究部，研究世界文化，適應時代所宜」了。

10

葉聖陶回憶馬一浮文字中提示了幾項重點，第一是當時民族主義潮流下「國學」新觀念，大家基本上能同意的看法——「重體驗，崇踐履，記誦知解雖非不重要，但視為手段而非目的」。

第二，在這普遍回歸中國傳統學習的態度上，馬一浮卻走得太極端的部分，是認為「六藝可以統攝一切學術，乃至異域新知與尚未發現之學術亦可包羅無疑」，當然讓人覺得「殊難置信」。

第三，馬一浮提倡體驗，所憑藉的教材卻堅持只限古籍，而且專注在心性玄理上，如此能得到的體驗，必然有一大半與現實脫節。葉聖陶的評估和熊十力一樣，這種思想立場不可能吸引多數年輕學子，「好在學生決不會多，有一二十青年趨此一途，未嘗不可為一種靜修事業，像有些人信佛信耶穌一般……，以備一格未嘗不可……」。葉聖陶認定這只會是潮流中的少數、邊緣現象。

第四，馬一浮反覆強調「講明經術」，表示目的不在轉述、傳遞過去的經學知識或儒家主張，而在於培養新一代的儒家。然而關鍵在於：當今的中國、甚至當今的世界還需要儒家嗎？這是馬一浮從來沒有在論理上正式面對、遑論提出解釋的根本大問題。新時代確實有了對於「國學」的新認識、新需求，但那仍然不會是要翻版、延續舊式的儒家、理學，因而葉聖陶判斷：「大約理學家講學，將以馬先生為收場角色，此後不會再有矣。」

確實，許多人將馬一浮視為傳統的終結，甚至在討論「現代新儒家」的系譜時，有人認為他是「活在二十世紀的宋明人物」，反對將他列入；也有人主張馬一浮是「傳統之儒的最後典型」，相對地梁漱溟才是「新儒的第一位開拓者」。

兩者的關鍵差異，在於承受了西方衝擊後是否開拓出了新的應對方案。不過如果認真看待這項評斷標準，那必須說，馬一浮非但沒有閃躲所受的西方衝擊，反而正因為他提出了極具個人主觀特色的應對方案，才使得他的思想在時人間的接受程度，遠遠不及梁漱溟或熊十力。

馬一浮的思想架構說簡單很簡單，那就是「六藝統納一切」，「六藝」不只是中國傳統的六部經書，是六種知識門類，也是六種心性體會管道，更是六項人之所以為人的形成階段。而馬一浮思想、論理的真正成就處，就在提出了一套六藝要如何統納一切的說法，這部分可就一點都不簡單了。

分層次來看，首先是「六藝統攝傳統學術」，也就是依照既有分類架構，「六藝」本屬「經部」，此外還有「史」、「子」、「集」其他三部。

馬一浮批判《四庫全書》對諸子做了擴大解釋，其縮小範圍後再從起源論列「子」與「經」的密切關係，這是《漢書．藝文志》就有的說法。更進一步，馬一浮援引佛經的「本心／習染」區分，主張「六藝」內容即為「本心」、「本理」，而諸子分歧云云眾說，則是心性受外界習染影響後流變產生的，其學術基礎不可能脫離「六藝」。

馬一浮也提出了更長遠的「六藝」流為「諸子」的學術史沿革變化。除了春秋戰國最早的「百家」由「王官」發展而來，之後又有王弼開創的玄學、僧肇開創的義學、六祖慧能開創的禪學、周敦頤開創的理學，所以推原都是從「六藝」應對現實發散產生的，其內在原理也都早已包含在「六藝」之中。

然後關於種種「史部」典籍，馬一浮將之統攝在「春秋教」、「書教」和「禮教」三類中。魏晉時期史學逐漸從經學中獨立出來，《漢書．藝文志》中歸入「春秋家」或「子部儒家」的書籍，到《隋書．經籍志》中改列為「史部」。而細究《史記》、《漢書》體裁，紀傳體源自《春秋》，詔令、奏議源自《尚書》，志源自《禮》，如此而組構了中國史學正宗型態，因而也能由「六藝」來統攝。

至於「集部」，馬一浮特別分辨其原始內容性質並非文學，而是經術、義理的載體。文的流變不可勝數，應該先明其「統」然後再究其「用」，才能予以掌握。無論是性情之用、道術之用、人倫之用、治世之用，從形式看都發而為文，歸入「集部」，而從精神上看則明明都本之於「六藝」。

「文」有廣狹二義，狹義指「六藝」的文字紀錄，廣義則舉凡道之顯者，如人事儀則，都在「文」的範圍內，而無論廣狹，相同處在於都以「六藝」為根為宗。

11

在更普遍的層次，馬一浮主張「西來學術亦統於六藝」。他說：「全部人類之心靈，其所表現者不能離乎六藝也；全部人類之生活，其所演變不能外乎六藝也。」

總的來說，西方自然科學可統於「易教」，《易》明天道，凡研究自然界一切現象者皆屬之。至於社會科學則可統於「春秋教」，《春秋》明人事，凡研究人類社會一切組織型態者皆屬之。

分而論之，數學、物理學源自象數，用在制器，歸為《易》的支流；文學、藝術、音樂，統納入「詩教」、「樂教」；政治學、經濟學、社會學，由「書教」統納；人事、法制，由「禮教」統納；宗教，也統納在「禮教」之中。

這套架構中獨漏了哲學，馬一浮將西方哲學另行解釋、處理。他認知的哲學有七大門類：本體論接近「易教」、宇宙觀有「易教之意」、唯心論是「樂教之遺」、唯物論是「禮教之失」、認識論「近於樂教」、經驗論「近於禮教」、人生觀「皆有春秋之意」。

還有另一種分類，是將本體論、宇宙論放在一起，為「易教」所統攝，屬形上學；將唯心論搭配認識論，唯物論搭配經驗論，放在一起，為「樂教」、「禮教」所統攝；再將人生觀、人生哲學歸由「春秋教」統攝。

馬一浮對西學的看法，當然不會只限於分析性地歸源。和當時大部分民族主義學者一樣，他批判西方學術的根本缺失：

西方學者以滿足欲望為人生最高境界，故貪求物質享受而至於爭奪殘殺。中土聖賢教人則以行仁由義為人生最高境界，故不重視物質。須知仁、義、禮、智不是外來的東西，是人人自性本具，聖凡所同，反求諸己，個個圓滿，無虧無欠，用不著爭奪。中西先哲立教不同如此，不可不知。

熊十力主張學者要先受邏輯訓練，馬一浮完全無法認同。在他看來，邏輯是「執」，是不正的動念，倒過來要破此「執」才能得到智慧。推衍來說，哲學思辨再怎麼細緻，都是各執一偏。西方哲學根本的缺失在既流於學術分科的偏狹，又禁錮於外習，無法見到本體之性。哲學的追求因而是「以習去習，終去不盡」，只有中國學問中的「見性之道」，才真的能「除習」。

馬一浮當然未曾深入了解西學，他對西學的討論都在知識分類的層面打轉，然而這並無損於他的論理方式在「新儒家」傳統中產生了巨大啟發作用。首先，他確立、強調了「六藝」（也就是儒學的根基）的兩項特色——第一，不可分割的整全性對應了人的本性，第二，所呈示的是來自人之所以為人性質的普遍道理，因此能夠在這前提上，合理地以中國傳統知識「統納」西學。再者，他鋪陳了更細膩的論理形式來擺脫面對西學的自卑感，不是像「老子化胡論」那樣粗糙地宣稱西方有價值的發明、創造都是從中國傳過去的，而是訴諸整全性與普遍性，讓中國文化在理論上已經具備這些文化的潛在因素。後代「新儒家」要融合中西、融合傳統與現代，例如思考如何「開出民主」，基本上離不開馬一浮的這套模式。

12

馬一浮的「新儒家」復古思想，是不折不扣的民國現象。一九四九年大陸進入「新中國」時代，在共產黨意識型態籠罩下，馬一浮就不再講述「六藝」與儒學了。

到一九五八年「大躍進」期間，馬一浮也不得不表示：「今時措之宜，乃在工業化，所需者莫先於科學技術，若為之稱道儒術，不重知識而貴德性，則聞者掩耳矣。……竊謂馬、列之最終目的，在國家消亡論。其言甚美，〈禮運〉無以過之。儒者所祈嚮，在使萬物各得其所，其致一也。果使共產主義社會實現，則齊變至魯，魯變至道，儒術亦何所用之？」

之前依循民族主義所建立的理論，在此大翻轉，轉成既然馬、列的理想與儒家相同（「六藝」中當然也包納了馬列思想），那麼馬列主義能實現，儒家也就可以不必繼續存在了，甚至明白地說：「儒術雖廢，亦何所憾。」

在那樣的環境中說這樣的話，很難讓人完全相信是真心的。然而晚年的馬一浮究竟真心相信什麼，不易得知。他停止了教學、著述，留下來的文字以詩為主，詩中放進了許多指涉佛、道的內容，很難分辨到底是作詩時方便應用的套語，還是真誠的意念表述。

一九五八年，他為自己寫了〈墓辭〉，又寫了一首名〈題墓辭〉的詩，詩中說：「孔墨道不行，堯舜骨已朽。……出入慎風波，遞迒遍郊藪。當前本無法，在斯亦云某。……何須撫陳跡，不如味玄酒。」一位開創「新儒學」的思考者，竟以這樣的句子總括自己的生命意趣，字裡行間悲涼之氣直襲而來。

馬一浮又再多活了幾年，一九六六年文化大革命爆發時被從原居住地趕出，次年以八十四歲高齡去世。臨終前的訣別詩沒有留下任何儒家痕跡，只有徹底道家式的解脫觀：

> 乘化吾安適？虛空任所之。行神隨聚散，視聽總希夷。
> 漚滅全歸海，花開正滿枝。臨崖揮手罷，落日下崦嵫。

第一輯

論讀書

提要

馬一浮一生耗費精神心力於辦學，不過他的辦學目標，和他的核心思想，同樣是復古的。如何復古，最清楚表現在他為「復性書院」所擬的簡章中，一讀便能明白：他辦學不是要辦現代的大學，而是以古代的書院為標的，而且理想的書院中連讀書的方法與宗旨，都不同於現代的學校。

因而他反覆提示讀書之法。所讀之書，不出中國傳統經典範圍，且其仔細解說各書性質，配合相應的讀書心法。不過他在讀書方面總體的提醒，可以超脫古書限制，對今人學習仍能有所啟發。他指出的「讀書四門」為：一、通而不局，不受限於既有的學門專科，應開拓知識眼光，鋪設廣泛貫通的基礎；二、精而不雜，仔細選擇不同門類知識所吸收的內容，要有眼光與品味，吸收精粹避免任意、駁雜；三、密而不煩，學問、思考都要講究道理、步驟，緊密推斷不能鬆散，但同時要抓住主軸，不要落入瑣碎細節的種種計較中；四、專而不固，要能形成專門的體系，但別讓這整合的體系變成了自己的知識與思想牢籠，困住了自己，阻擋新鮮、多元的其他訊息進入。

還有馬一浮一貫重視體驗多於單純的記誦思辨，指引讀書方法時特別強調：「觀象、觀物、觀生、觀心，皆讀書也。」讀書為了「識得義理」，因而必須明瞭義理有非語言所能窮盡、甚至非語言所能表達的，那麼讀書的範圍當然就應該要擴大到那些「象、物、生、心」等更多元的領域了。

馬一浮之復古，另外顯現在他選擇的表達形式上。本輯中選入〈示語〉一篇，就是為讀者進入馬一浮思想做準備。他留下了大量「語錄體」的內容，有意回歸到宋明理學的大體氣象中，由與門人弟子的互動對話來呈現想法。這種形式必然無法完整，段落與段落間多有跳躍，然而內在有著無法被取代的深意。承傳理學信念，來自「六藝」的知識與智慧不應該是自成系統的，而應該保持和生活、體會的緊密關係，要成為教授「六藝」的人師，也就應該在現實具體情境中隨處發揮，其博學多聞本來就是為了要能關照各種生活情境。「語錄」、「示要」是這種信念、態度的必要載體，比文章、書籍更真切、更體貼。

讀書法

前講學規，乃示學者求端致力之方。趣嚮既定，可議讀書。如人行遠，必假舟車，舟車之行，須由軌道，待人駕馭，駕馭之人，既須識途，亦要嫻熟，不致迷路，不致顛覆，方可到達。故讀書之法，須有訓練，存乎其人。書雖多，若不善讀，徒耗日力，不得要領，陵雜無序，不能入理，有何裨益？所以《學記》曰「記問之學，不足以為人師」也。古人以牛駕車，有人設問曰：「車如不行，打車即是？打牛即是？」此以車喻身，以牛喻心。車不自行，曳之者牛；肢體運用，主之者心。故欲讀書，先須調心，心氣安定，自易領會。若以散心讀書，博而寡要，勞而少功，必不能入。以定心讀書，事半功倍。隨事察識，語語銷歸自性，然後讀得一書自有一書之用，不是汎汎讀過。須知讀書即是窮理博文之一事，然必資於主敬，必賴於篤行。不然，則只是自欺欺人而已。

《易．繫辭》曰：「上古結繩而治，後世聖人易之以書契，百官以治，萬民以察，蓋取諸夬。」夬者，決也。（決是分別是非之意，猶今言判斷決去其非，亦名為決。）此書名所由始。契乃刻木為之，書則著於竹帛。故《說文》曰：「書，箸也。從聿。」所以書者，是別白之詞。聲亦兼意。孔穎達

《尚書正義》曰：「道本沖寂，非有名言，既形以道生，物由名舉，聖賢闡教，事顯於言，言愜群心，書而示法，因號曰書。」名言皆詮表之辭，猶筌號為漁獵之具。書是能詮，理即所詮。〈繫辭〉曰：「書不盡言，言不盡意。」故讀書在於得意，得意乃可忘言。意者，即所詮之理也。讀書而不窮理，譬猶買櫝還珠，守此筌蹄，不得魚兔，安有用處？禪家斥為「念言語漢」，俚語謂之「讀死書」。賢首曰：「微言滯於心首，轉為緣慮之場；實際居於目前，翻成名相之境。」此言讀書而不窮理之過。記得許多名相，執得少分知解，便傲然自足，頓生狂見，自己無一毫受用，只是增長習氣。《圓覺經》云：「無令求悟，唯益多聞，增長我見。」此是不治之證。故讀書之法，第一要虛心涵泳，切己體察，切不可以成見讀書，妄下雌黃，輕言取捨，如時人所言批評態度。南齊王僧虔[1]〈誡子書〉曰「往年有意於史」，後「復徙業就玄」，「猶未近彷彿。曼倩有云：『談何容易。』見諸玄，志為之逸，腸為之抽。專一書，轉誦數十家注，自少至老，手不釋卷，尚未敢輕言。汝開《老子》卷頭五尺許，未知輔嗣[2]何所道，平叔[3]何所說，馬、鄭[4]何所異，《指例》何所明，而便盛於麈尾，自呼

1 王僧虔（約四二六—四八五），王導之玄孫，劉宋和南齊時官員、書法家。誡子書，也作戒子書，中國歷代名人喜歡寫信勸誡子女。
2 指王弼。王弼（約二二六—二四九），字輔嗣，三國曹魏經學家，魏晉玄學的代表人物之一。
3 指何晏。何晏（？—二四九），字平叔，三國曹魏玄學家、玄學貴無派創始人，與王弼並稱「王何」。
4 指馬融（七九—一六六）與鄭玄（一二七—二〇〇），二人皆為東漢經學家。

談士，此最險事」，「就如張衡思侔造化，郭象言類懸河，不自勞苦，何由至此？汝曾未窺其題目，未辨其指歸；六十四卦，未知何名；《莊子》眾篇，何者內外；八袠所載，凡有幾家；四本之稱，以何為長。而終日欺人，人亦不受汝欺也」。據此文，可知當時玄言之盛，亦如今人之談哲學、新學。後生承虛接響，騰其口說，鶩名無實，其末流之弊有如是者。僧虔見處，猶滯知解，且彼自為玄家，無關儒行。然其言則深為警策，切中時人病痛，故引之以明「知之為知之，不知為不知，是知也」之旨。慎勿以成見讀書，輕言批評，此最為窮理之礙，切須誡絕也。

今以書為一切文籍記載之總名，其實古之名書，皆以載道。《左氏傳》曰：「楚左史倚相能讀《三墳》、《五典》、《八索》、《九丘》。」讀書之名始此。〈尚書序〉曰：「伏羲、神農、黃帝之書，謂之《三墳》，言大道也；少昊、顓頊、高辛、唐、虞之書，謂之《五典》，言常道也；至於夏、商、周之書，雖設教不倫，雅誥奧義，其歸一揆。是故歷代寶之，以為大訓。八卦之說，謂之《八索》，求其義也。九州之志，謂之《九丘》。丘，聚也。言九州所有，土地所生，風氣所宜，皆聚此書也。」此見上古有書，其來已遠。〈書序〉復云：「孔子生於周末，覩史籍之煩文，懼覽者之不一，遂乃定《禮》、《樂》，明舊章，刪《詩》為三百篇，約史記而修《春秋》，讚《易》道以黜《八索》，述《職方》以除《九丘》。（疑當時《八索》者類陰陽方伎之書，故孔子作《十翼》，以讚《易》道之大，而《八索》遂黜。《職方》，孔穎達以為即指《周禮》。疑上古亦有方志，或不免猥雜，故除之。）討論墳典，斷自唐、虞以下，訖於周。芟夷煩亂，翦截浮辭，舉其宏綱，撮其機要，足以垂世立教。」「所以恢弘至道，示人主以軌範也。」此義實通群經言之，不獨《尚書》也。《尚書》獨專「書」名者，謂其為帝王遺書，所謂「文武之道，布在方策」者是也。「文王既沒，文不在茲乎？」文所以顯道，事之見於書者，皆文也。故六藝之文，同謂之書。以常道言，則謂之經；以立教言，則謂之藝；以顯道言，則謂之文；以竹帛言，則謂之書。《論語》記「子所雅言，《詩》、《書》、執禮」，「子不語怪、力、亂、神」，此可對勘。世間傳聞古事，多屬怪、力、亂、神，如《楚辭．天問》之類。（《山海經》疑即《九丘》之遺。如《竹書紀年》、《汲冢周書》、《穆天子傳》等固魏、晉間人偽書。然六國時人最好偽撰古事，先秦舊籍多有之。）故司馬遷謂「諸家言黃帝，其言不雅馴，薦紳先生難言之」。可知孔子刪《書》，所以斷自唐虞者，一切怪、力、亂、神之事，悉從刊落。鄭康成《書論》引《尚書緯》云：「孔子求書，得黃帝玄孫帝魁之書，迄於秦穆公，凡三千二百四十篇，斷遠取近，定可以為世法者百二十篇。今伏生所傳今文才二十九篇，益以古文，並計五十八篇。」（《古文尚書》雖有依託，並非全偽。）據此可見孔子刪後之《書》，決無不可信者。群經以此類推，為其以義理為主也。故曰：「述而不作，信而好古，竊比於我老彭。」「我非生而知之者，好古，敏以求之者也。」此是孔子之讀書法。今人動言創作，動言疑古，豈其聖於孔子乎？不信六經，更信何書？不信孔子，更信何人？「夏禮，吾能言之，杞不足徵也；殷禮，吾能言之，宋不足徵也。文獻不足故也。足，則吾能徵之矣。」「吾猶及史之闕文也。今亡矣夫！」此是考據謹嚴態度。今人治考古學者，往往依據新出土之古物，如殷墟甲骨、漢簡之類，矜為創獲，以推論古制。單文孤證，豈謂足徵？即令有當，何堪自詡？此又一蔽也。孔子讀《易》，韋編三絕，漆書三滅，鐵撾三折，其精勤專久如此。今人讀書，不及終篇，便生厭倦，輒易他書，未曾玩味，便言已瞭，乃至文義未通即事著述，抄撮勦襲，自矜博聞，謬種流傳，每況愈下。孔子曰：「蓋有不知而作之者，我無是也。」此不獨淺陋之甚，亦為妄誕之尤，其害於心術者甚大。今日學子，所最宜深誡者也。

《易》曰：「天在山中，大畜。君子以多識前言往行，以畜其德。」伊川曰：「天為至大而在山之中，所畜至大之象。」「人之蘊畜，由學而大，在多聞前古聖賢之言與行，考跡以觀其用，察言以求其心，識而得之，以畜成其德，乃大畜之義。」此學之所以貴讀書也。「登東山而小魯，登泰山而小天下」，乃知貴近者必遺遠也。河伯見海若而自失，乃知執多者由見少也。讀書非徒博文，又以畜德，然後能盡其大。蓋前言往行，古人心德之著見者也。畜之於己，則自心之德與之相應。所以言「富有之謂大業，日新之謂盛德」，業者，即言行之發也。君子言而世為天下法，行而世為天下則，故亂德之言，非禮之行，必無取焉。書者何？前言往行之記錄是也。今語所謂全部人生，總為言行而已矣。書為大共名，六藝為大別名。古者左史記言，右史記事，言為《尚書》，事為《春秋》，初無經史之分也。嘗以六藝統攝九家，統攝四部，聞者頗以為異。（《泰和會語·楷定國學名義》。）其實理是如此，並非勉強安排。莊子謂道術之裂為方術，各得一察焉以自好。《漢·志》以九家之言皆「六藝之支與流裔」，亦世所熟聞也。流略之說，猶尋其源；四部之分，遂豐其蔀。今言專門，則封域愈狹，執其一支，以議其全體，有見於別而無見於通，以是為博，其實則陋。故曰「井鼃不可以語於海，拘於墟也；夏蟲不可以語於冰，篤於時也；曲士不可以語於道，束於教也」。守目錄校讎之學而以通博自炫者，不可以語於畜德也。清儒自乾嘉以後，小學一變而為校勘，單辭碎義，猶比窺觀。至目錄一變而為板本，則唯考論槧刻之久近，行款之異同，紙墨之優劣，豈徒玩物喪志，直類骨董市談。此又舊習之弊，違於讀書之道者也。

以上略明讀書所以窮理，亦所以畜德。料簡世俗讀書不得其道之弊，大概不出此數端。然則讀書之道，畢竟如何始得？約而言之，亦有四門：一曰通而不局；二曰精而不雜；三曰密而不煩；四曰專而不固。局與雜為相違之失，煩與固為相似之失。執一而廢他者，局也；多歧而無統者，雜也；語小而近瑣者，煩也；滯跡而遺本者，固也。通則曲暢旁通而無門戶之見，精則幽微洞徹而無膚廓之言，密則條理謹嚴而無疏略之病，專則宗趣明確而無泛濫之失。不局不雜，知類也；不煩不固，知要也。類者辨其流別，博之事也；要者綜其指歸，約之事也。讀書之道盡於此矣。

〈學記〉曰：「一年視離經辨志。」鄭注：「離經，斷句絕也。辨志，謂別其心意所趨嚮。」是離經為章句之學，以了解文義為初學入門之事。繼以辨志，即嚴義利之辨，正其趨嚮，否則何貴於讀書也。下文云：「三年視敬業樂群，五年視博習親師，七年視論學取友，謂之小成；九年知類通達，強立而不反，謂之大成。」敬業、博習、論學，皆讀書漸進功夫。樂群、親師、取友，則義理日益明，心量日益大，如是積累，猶只謂小成。至於「知類通達」，則知至之目；「強立而不反」，（鄭注云：「強立，臨事不惑也。不反，不違失師道。」猶《論語》言「弗畔」。）則學成之效。是以深造自得，然後謂之大成。故學必有資於讀書，而但言讀書，實未足以為學。今人讀書，但欲了解文義，便謂能事已畢。是只做得離經一事耳，而況文義有未能盡瞭者乎！

《漢書．藝文志》曰：「古之學者耕且養，三年而通一藝，存其大體，玩經文而已，是故用日少而畜德多，三十而五經立也。後世經傳既已乖離，博學者又不思多聞闕疑之義，而務碎義逃難，便辭巧說，破壞形體；說五字之文，至於二三萬言。後進彌以馳逐，故幼童而守一藝，白首而後能言；安其所習，毀所不見，終以自蔽，此學者之大患也。」此見西漢治經，成為博士之業，末流之弊，已是如此，異乎〈學記〉之言矣，此正〈學記〉所謂「呻其佔畢，多其訊」者，乃適為教之所由廢也。漢初說《詩》者，或能為〈雅〉而不能為〈頌〉，其後專主一經，守其師說，各自名家。如《易》有施、孟、梁丘，《書》有歐陽、夏侯，《詩》有齊、魯、韓，人持一義，各不相通。武帝末，壁中古文已出，而未得立於學官；至平帝時，始立《毛詩》、《逸禮》、《古文尚書》、《左氏春秋》。劉歆〈讓太常博士書〉，極論諸儒博士不肯置對，專己守殘，「挾恐見破之私意，而亡從善服義之公心」，「雷同相從，隨聲是非」。此今古文門戶相爭之由來也，此局過之一例也。及東漢末，鄭君承賈、馬之後，遍注群經，始今古文並用，庶幾能通者，而或譏其壞亂家法。迄於清之季世，今文學復興，而治古文學者亦並立不相下，各守封疆，仍失之局，而其為說之支離破碎，視說「曰若稽古」三萬言者猶有過之，則又失之煩。漢、宋之爭，亦復類此，為漢學者，詆宋儒為空疏，為宋學者，亦鄙漢儒為錮蔽，此皆門戶之見，與經術無關。知以義理為主，則知分今古漢宋為陋矣。然微言絕而大義乖，儒分為八，墨分為三，鄒、魯之間，斷斷如也，自古已然。荀子非十二子，其態度遠不如莊子。〈天下〉篇言「古之道術有在於是者，某某聞其風而說之」，故道術裂為方術，斯有異家之稱。劉向敘九流，言九家者，皆六藝之支與流裔，禮失而求諸野，彼異家者，猶愈於野已，此最為持平之論。其實末流之爭，皆與其所從出者了無干涉。推之儒佛之爭、佛老之爭，儒者排二氏為異端；佛氏亦判儒家為人天乘，老、莊為自然外道。老佛互詆，則如顧歡〈夷夏論〉[5]、甄鸞《笑道論》[6]之類，乃至佛氏亦有大小乘異執、宗教分途，道家亦有南北異派，其實與佛、老子之道皆無涉也。儒家既分漢、宋，又分朱、陸，至於近時，則又成東方文化與西方文化之爭、玄學與科學之爭、唯心與唯物之爭，萬派千差，莫可究詰，皆局而不通之過也。大抵此病最大，其下三失隨之而生。既見為多歧，必失之雜；言為多端，必失之煩；意主攻難，必失之固。欲除其病本，唯在於通。知抑揚只係臨時，對治不妨互許，掃蕩則當下廓然，建立則異同宛爾，門庭雖別，一性無差。不一不異，所以名如；有疏有親，在其自得。一壞一切壞，一成一切成，但絕勝心，別無至道。莊子所謂：「恢〔詭〕〔恑〕〔譎〕〔憰〕怪，道通為一。」荀卿所謂：「奇物變怪，倉卒起一方，舉統類以應之，若辨黑白。」禪家所謂：「若有一法出過涅槃，我亦說為如夢如幻。」〈中庸〉之言最為簡要，曰：「不誠無物。」孟子之言最為直截，曰：「萬物皆備於我矣。」〈繫辭〉之言最為透徹，曰：

5 南朝顧歡（生卒年不詳）撰，內容係辯論佛道二教之異同。

6 北周甄鸞（生卒年不詳）撰，共三卷。本書指出當時道教各方面的不足，並予以攻訐。

「天下同歸而殊塗，一致而百慮。天下何思何慮？」蓋大量者用之即同，小機者執之即異。總從一性起用，機見差別，因有多途。若能舉體全該，用處自無差忒，讀書至此，庶可「大而化之」矣。

學者觀於此，則知天下之書不可勝讀，真是若涉大海，茫無津涯。莊子曰：「吾生也有涯，而知也無涯。以有涯隨無涯，殆已。」然弗患其無涯也，知類，斯可矣。蓋知類則通，通則無礙也。何言乎知類也？語曰：群言淆亂，折衷於聖人，攝之以六藝，而其得失可知也。《漢・志》敘九家，各有其長，亦各有其短。〈經解〉明六藝流失，曰愚、曰誣、曰煩、曰奢、（亦曰《禮》失則離，《樂》失則流。）曰賊、曰亂。《論語》「六言」、「六蔽」，曰愚、曰蕩、曰賊、曰絞、曰亂、曰狂。孟子知言顯言之過，為詖淫邪遁，知其在心者，為蔽陷離窮。皆各從其類也。荀子曰：「墨子蔽於用而不知文，宋子蔽於欲而不知得，慎子蔽於法而不知賢，申子蔽於勢而不知知，惠子蔽於辭而不知實，莊子蔽於天而不知人。故由用謂之，道盡利矣；由欲謂之，道盡嗛矣；由法謂之，道盡數矣；由勢謂之，道盡便矣；由辭謂之，道盡論矣；由天謂之，道盡因矣。此數具者，皆道之一隅也。夫道者，體常而盡變，一隅不足以舉之。」荀子此語，亦判得最好。蔽於一隅即局也。是知古人讀書先須簡過，知其所從出，而後能知其所流極，抉擇無差，始為具眼，凡名言施設各有分。齊衡誠懸，則不可欺以輕重；繩墨誠陳，則不可欺以曲直；規矩誠設，則不可欺以方圓。以六藝統之，則知其有當於理者，皆六藝之一支也；其有乖違析亂者，執其一隅而失之者也。祛其所執而任其所長，固皆道之用也。《詩》之失何以愚？《書》之失何以誣？《禮》之失何以離？《樂》之失何以流？《易》之失何以賊？《春秋》之失何以亂？失在於不學，又學之不以其道也。故判教之宏莫如〈經解〉，得失並舉，人法雙彰。乃知異見紛紜，只是暫時歧路，封執若泯，則一性齊平，寥廓通塗，誰為礙塞？所以囊括群言，指歸自性，此之謂知類。

何言乎知要也？〈洪範〉曰：「會其有極，歸其有極。」老子曰：「言有宗，事有君。」荀卿曰：「聖人言雖萬變，其統類一也。」王輔嗣曰：「物無妄然，必由其理，統之有宗，會之有元，故繁而不亂，眾而不惑。自統而尋之，物雖眾則知可以執一御也；由本以觀之，義雖博則知可以一名舉也。故處璇璣以觀大運，則天地之動未足怪也；據會要以觀方來，則六合輻湊未足多也。」此知要之說也。〈詩譜序〉曰：「舉一綱而萬目張，解一卷而眾篇明。」康成可謂善讀書者也。試舉例以明之，如曰：《詩》以道志，《書》以道事，《禮》以道行，《樂》以道和，《易》以道陰陽，《春秋》以道名分，六藝之總要也。「思無邪」，《詩》之要也。「毋不敬」，《禮》之要也。「告諸往而知來者」，讀《詩》之要也。「言忠信，行篤敬」，學《禮》之要也。「懼以終始，其要無咎」，學《易》之要也。「君君、臣臣、父父、子子」，《春秋》之要也。「禮，與其奢也，寧儉；喪，與其易，寧戚」，此亦禮之要也。「報本反始」，郊社之要也。「慎終追遠」，喪祭之要也。「尊尊親親」，喪服之要也。「謹始」，冠昏之要也。「尊賢養老」，燕饗之要也。「禮主別異，樂主和同，序為禮，和為樂；禮主減，樂主盈；禮樂只在進反之間」，此總言禮樂之要也。「好賢如〈緇衣〉，惡惡如〈巷伯〉」，「將順其美，匡救其惡」，此亦《詩》之要也。「〈天保〉以上治內，〈采薇〉以下治外」，「〈小雅〉盡廢則四夷交侵，中國微矣」，《詩》通於政之要也。「婚姻之禮廢則淫僻之罪多；鄉飲酒之禮廢則爭鬥之獄繁；喪祭之禮廢則倍死忘生者眾；聘覲之禮廢則倍畔侵陵之敗起」，「明乎郊社之禮，禘嘗之義，治其國如示諸掌」，議禮之要也。「逝者如斯夫」，「四時行，百物生」，讀《易》觀象之要也。「清斯濯纓，濁斯濯足」，「未之思也，夫何遠之有」，讀《詩》耳順之要也。「智者觀其〈彖辭〉，則思過半矣」，亦學《易》之要也。「雜物撰德，辨是與非，非其中爻不備」，則六位之要也。六十四卦之大象，用《易》之要也。「齊一變至於魯，魯一變至於道」，《春秋》三世之要也。「其或繼周者，雖百世可知也」，〈堯曰〉一篇，皆《書》之要也。〈鄉黨〉一篇，皆《禮》之要也。孟子尤長於《詩》、《書》，觀孟子之道「性善」，言「王政」，則知《詩》、《書》之要也。《論語》，群經之管鑰，觀於夫子之雅言，則知六藝之要也。他如子夏〈詩序〉、鄭氏〈詩譜序〉、王輔嗣《易略例》、伊川〈易傳序〉、胡文定〈春秋傳序〉[7]、蔡九峰〈書集傳序〉[8]，皆能舉其大，則又一經之要也。如是推之，不可殫述，驗之於人倫日用之間。察之於動靜云為之際，而後知心性之本，義理之宗，實為讀群書之要。欲以辨章學術，究極天人，盡此一生，俟諸百世，捨此無他道也，此之謂知要。

〈孔子閒居〉曰：「天有四時，春秋冬夏，風雨霜露，無非教也；地載神氣，神氣風霆，風霆流形，庶物露生，無非教也。」觀象，觀變，觀物，觀生，觀心，皆讀書也。六合之內，便是一部

---

7 北宋胡安國（一〇七四－一一三八，字文定）撰，係其所撰《胡氏春秋傳》之序。

8 南宋蔡沈（一一六七－一二三〇，字九峰）撰，係其所撰《書集傳》之序。

大書。孟子曰：「觀於海者難為水，遊於聖人之門者難為言。」夫義理無窮，豈言語所能盡？今舉讀書法乃是稱性而談，不與世俗同科，欲令合下識得一個規模，辦取一副頭腦，方免汎濫無歸。信得及時，正好用力，一旦打開自己寶藏，運出自己家珍，方知其道不可勝用也。

示語

尋常說道之顯晦有時，人每錯會心外有道，顯晦在時。猶謂世之治亂，乃運會使然，都不由我，我卻只能等待他。如此人之與道，卻無干涉。不知道不離乎一心，心若悟時，此道自顯，迷則自晦。故道之顯晦，即是自心之明昧，不關世運。若言等待，等待何時？等待何人？知此，則知學道是自己性分內事，是不能從人得的。故曰：「人能弘道，非道弘人。」「為仁由己，而由人乎哉？」

李蕭遠〈運命論〉[1]曰：「百里奚在虞而虞亡，在秦而秦霸，非不才於虞而才於秦也。張良其受黃石之符，誦《三略》之說，以遊於群雄，其言也如以水投石，莫之受也。及其遭漢祖，其言也如以石投水，莫之逆也。非張良之拙說於陳、項而巧言於沛公也，然則張良之言一也。不識其所以合離，合離之由，神明之道也。」所以引此為喻者，明委之運命者，便是有待之說。如百里奚必待於秦穆，張良必待於漢高，此以言功利之塗則然耳。世俗見解不能出此，以為道之顯晦亦如是，則謬矣。

莊子〈齊物論〉：罔兩問景曰：「曩子行，今子止；曩子坐，今子起。何其無特操歟？」景曰：

1 三國李康（生卒年不詳，字蕭遠）撰，係一篇亦駢亦散的論說文，主要在探討國家治亂與士人出處的關係。

「吾有待而然者邪?吾所待又有待而然者邪?」郭子玄曰:「若責其所待而尋其所由。則尋責無極而至於無待,而獨化之理明矣。世或謂罔兩待景,景待形,形待造物。造物又將何待?故物各自造而無所待,乃天地之正也。」此無待之說也。此乃玄言,非是了義,固與世俗之見異矣。(若佛氏便判此為天然外道。)

當知有待者即是緣生法,緣生法無自性,故變滅從緣。自性不是緣生法,乃是無待的,緣起不生,緣離不滅。此乃真常,盡虛空、遍法界、亙古今而不易的;更無一法與汝為緣為待,而一切諸法於中顯現,緣起無礙。若能悟此,即是道顯,便能率性,便可罷參。未悟此無待之理時,則性尚未顯,即道尚晦,所言所行全是氣質用事,即全是情識計度,一生埋沒在習氣中不能自拔,去道彌遠,慎勿輕開大口也。

書院亦是緣生法,待緣而興,緣具則暫存,緣闕則立息,此於道絕無增損。諸君來此共學,吾今暫時在此講論,皆是其中之一緣耳。此緣非實有,何勞把捉?道本人人性中所自具,豈待講說而後顯?若必有待於講說者,則是以學為在外也。所以權示有講說,亦假此有待之緣,欲諸君悟此無待之理耳。今吾言既不契機,觀諸君之言亦未契理,則只是妄生知解,增長習氣。本欲明六藝之道,反成流失,復有何益?況此緣甚促,不可以久。故今舉無待之說,願諸君勿執此有待者,以為道乃在是。道之顯晦,初不關於書院之講說,而在諸君一心之明昧也。諸君即今未契,他日忽然觸發,自然顯現,方知此言不誣,絕不相殃及也。

人之氣質用事者，性德便隱，即是全真起妄也。〈離騷〉云：「蘭芷變而不芳兮，荃蕙化而為茅。何昔日之芳草兮，今直為此蕭艾也。」此可以為喻。

六藝本用以顯性德，學焉而得其性之所近，則亦可具體而微。若變而成為助長一種習氣，則謂之流失。醍醐亦可變成毒藥，此所以識法者懼也。

或問禪師家：「如何是死句？如何是活句？」答曰：「汝若會，死句也是活句；若不會，活句也是死句。」如愚、誣、煩、奢、賊、亂，便是參死句者也。

愛見大悲猶是愚，無緣慈始是不愚，此理恐難猝解。但才不覺便是愚，不如實便是誣，費安排便是煩，騁言說便是奢，執人我便是賊，惑名言便是亂也，思之。

臨濟下有慈明[2]，（慈明即石霜圓。）依汾陽昭[3]，二年未許入室，每見必詬罵，或詆毀諸方，有所訓皆流俗鄙事。一夕訴曰「自至法席再夏，不蒙示誨，但增世俗塵勞。念歲月飄忽，己事不明」如何如何。語未終，昭熟視罵曰：「是惡知識敢稗販我。」舉杖逐之。明擬申救，昭急掩其口，乃大悟。及明之接黃龍南也，舉話不能答，輒詬罵不已。南曰：「罵豈慈悲法施之式邪？」明曰：「汝乃作罵會邪？」南於是大悟。聊舉此二則，見他古德風規，直是起死回生手段。儒家接人，只與人說道理，實不濟事，此何故邪？

---

2 指石霜楚圓。石霜楚圓（約九八七－一〇四〇），一名慈明，北宋禪宗大師。

3 指汾陽善昭禪師（生卒年不詳），北宋臨濟宗大師，臨濟宗亦屬禪宗。

復性書院簡章

一、書院之設，為專明吾國學術本原，使學者得自由研究，養成通儒，不隸屬於現行學制系統之內。

二、書院以綜貫經術、講明義理為教，一切學術該攝於六藝，凡諸子、史部、文學之研究皆以諸經統之。

三、六藝之教分通治、別治二門，通治明群經大義，別治可專主一經，先通後別。通治門以《孝經》、《論語》為一類，孟、荀、董、鄭、周、程、張、朱、陸、王諸子附之。（六經大旨散在《論語》，總在《孝經》。鄭玄《六藝論》云：「孔子以六藝題目不同，指意殊別，恐道離散，後世莫知根原，故作《孝經》以總會之。」《論語》記孔門問答之辭，實為後世語錄之祖。《詩》、《書》、《禮》、《樂》並為雅言，《易》象、《春秋》務存大體。文章性道，一以貫之，故欲通六藝必先明《孝經》、《論語》。言為《論語》，行為《孝經》，聖心所寄，言行之至也。七十子後學，孟、荀為大。漢儒宗荀，宋儒宗孟。兩漢經師以董生為最醇，康成為最博，故獨取二家。濂、洛諸賢，直接孔、孟，決然無疑。極於陽明，遂無繼紹。

故以十子列為儒宗。通治群經當從此入。）別治門以《詩》、《樂》為一類，《爾雅》、《說文》附之。（辭賦、文筆皆統於《詩》，聲律、音韻皆統於《樂》。聲音、訓詁、字形之學必以《爾雅》、《說文》為主，皆名言也。名言者，聲氣之發，《詩》、《樂》為陽，故以附之。又《詩》為始教，故當以小學附於《詩》。今世所稱文學、藝術、美學、文字、語言諸學並宜屬此類。）《尚書》、三《禮》為一類，名、法、墨三家之學附之。（三家並出於《禮》。一切政事皆統於《書》，一切制度皆統於《禮》，史書、諸志、通典、通考之屬亦附之。如《唐六典》可附於《周官》，《唐律疏義》可附於《戴記》。今世所稱政治、法律、經濟諸學並宜屬此類。）《易》、《春秋》為一類，道家附之。（釋氏之學並通於《易》、《春秋》。《易》以天道下濟人事，《春秋》以人事反之天道。《易》本隱以之顯，《春秋》推見至隱。二氏之說皆於費中見隱，《易》、《春秋》之支與流裔也。今凡欲研求自然界之法則，欲明宇宙之本體者，不能外於《易》；凡言人群之事相，究其正變得失者，不能外於《春秋》。《春秋》經世大法，不可以史目之。不明乎《易》，不能明《春秋》，不明《春秋》，不能治史。後之治史者，核於事而絀於義，不明《春秋》之過也。三《傳》並胡氏為四，並取其長，《通鑑》、《通志》之研究屬之。今世所稱哲學、形而上學、論理學、社會學、歷史學之屬並宜屬此類。）

四、書院確立六藝之教，昌明聖學。始於讀書窮理，反身修德，終於窮神知化，踐形盡性。其教學方法，體驗重於思索，涵養重於察識，踐履重於知解，悟證重於講說，務令深造自得，不貴一偏一曲之知。

五、通、別二門諸類皆宜設專門講座，由主講延聘，可立多師。如不能一時得師，則暫闕以待，由主講指定應讀何書，令學生自行研究。

六、書院為純粹研究學術團體，不參加政治運動。

七、書院宜置禮器、樂器，每年舉行釋奠於先師典禮一次，其他通常所用儀式，概不舉行。

八、書院宜廣蓄故書，且多貯副本，以備學生研討。亦須備置外國文主要書籍，使學生兼明外學，通知外事。

九、國內耆年碩德有嘉言懿行，足為士林矜式者，書院應加禮敬，設尊賢堂以待之。遇緣莅止，如佛氏叢林接待諸山尊宿之例，示學者以憲老乞言之禮。

十、國內通才顯學具有專長，或有著述流布，足以啟瀹人智、裨補經術、發明義理，為學術界所公認者，由主講延聘，為特設講座。分定期、不定期二種，定期者請專講一書，不定期者任擇講題。其因道遠緣阻不能至者，得設通訊問答一門，使住院學生得奉書問業，庶幾師逸功倍。

十一、國內名流學者及各大學教授、講師贊同書院宗旨及與主講相知有素者，由主講函請為書院講友。遇緣來集，書院設講友室以待之，並開臨時講會，使各抒所得，示學者以博習親師、多聞廣益之道。

十二、國內好學之士願來參問，或身有職業未能長期住院者，由主講知友介紹，經主講許可，亦得為參學人。在參學期間，書院供其膳宿，不另予膏火費，其自願住外者聽之。參學人無定額，亦無定期，來去聽其自便，但在參學時須遵守書院規則。

十三、住院肄業生一律不納學費。須曾讀經書、文理通順、志趣純潔、品行端正、自願來學者，得因介紹，自具志願書，附平日所作文字請受甄別，先經監院、都講審查選取，申請主講勘辨決定，認為可造者，得入院肄業。在肄業期間，由書院酌予津貼膏火，使得專心於學。每年舉行課試二次，以驗其學業之進否，進則許其繼續留院，否則遣歸。其用力精進，斐然有成者，酌加獎勵，並得由書院刊布其論著。如有不勤於學及行履不謹者，停給膏火，隨時遣歸。其徵選肄業生細則另定之。

十四、來學者須遵守三戒：一不求仕宦，二不營貨利，三不起鬥諍。絕貪躁矜妄之習，方能收斂向內，自拔於流俗，其不能遵守三戒者，遣去之。

十五、現代科學、外國語文自有大學、研究院之屬主之，不在書院所治。但書院宜獎勵譯才，其學有根柢，兼擅長外國文字者，由主講指定翻譯古籍，（以中文譯成西文。）略仿翻譯佛乘之例。須經潤文證義數番審定，可由書院酌予印行，流播國外，以增進西方學者對於吾國學術文化之認識。

十六、書院宜附設編纂館及印書部。編定《群經統類》、（先儒說經主要諸書）。《儒林典要》、（漢、宋以來諸儒著述之精粹者。）《諸子會歸》，（先秦、兩漢、六朝、唐、宋著述在子部者。）並得修訂通史，漸次印行，以明文化淵源、學術流別，使學者知要能擇。其編纂條例、序目另定之，編纂人才由主講延聘。其印書部事務由董事會派員領之。

十七、書院立主講一人，總持教事，統攝學眾。置監院一人，輔助主講綜理一切院務，遇有特種事務，得受主講委託為代表。置都講無定員，輔助主講及監院領導學生，並得兼任職務。

十八、本簡章係依初擬草案訂定，其事義闕略未具者，得隨時增脩之。

附啟者，本院簡章中擬設尊賢堂、講友室、編纂館諸項，今因草創之初，絀於經費，未能具舉。又院舍亦未及自建，僅假山寺為之，禮、樂器在此時無從置備，故釋奠典禮亦只能暫闕。凡事陋略，有志未逮，居困安約，務就損抑，巽以行權，亦處變之道應爾，尚希賜覽諸君子諒之。

第二輯

書札

提要

除了「語錄」、「示要」外，書信也是理學中人表達思想的重要管道，其根本精神是一脈相承的。本輯選收內容明顯分屬三種不同性質。

〈示王星賢〉、〈示張德鈞〉是對弟子的遠距教誨，也等於是信札其表、語錄其裡的思想文獻。因為是對弟子，所以會有關於讀書學問的種種提示，例如談讀禪宗公案的方法是「隨分理會得一二」，不必刻意每則都要有所得，不能理會的，是「無義味語，正是直下令人情識不行」，緣分未到。可能過一陣子卻「忽然觸動關棙子，如寐忽覺，如尋失物復得，便豁然疑滯頓釋，身心慶快，此方是『格物致知』」。

對弟子，馬一浮難免有老師架子，會說：「尋常垂一言半語，只圖彼此有益，不是要賢輩讚嘆，更不須下評斷語。不是不許評斷，以賢輩只是評斷吾言，於自己分上無涉也。古來只有學人呈見解待師家評斷，老夫不是向賢輩呈見解也。」

第二種以和張立民的往來信件為代表，除一般予弟子的學行提示外，多增了馬一浮的一些生活紀錄與感想。後來張立民參與了書院的設立，於是又多了實務上的討論，在其間顯示了馬一浮的處世原則。他堅持「復性」名稱，堅持書院體制，都在這些書信中有最坦率、最詳密的解釋。

在給張立民的信中，馬一浮特別提及自己對於書院的理想，一般人、甚至大多數讀書人多難理解，但「熊先生」一定明瞭，強調「唯熊先生可尊為義學大師」，並且因而將關於書院的〈緣起〉也委由「熊先生」撰寫。馬一浮極看重〈緣起〉書，甚至說：「……書院即不必實現，此〈緣起〉書卻極有關係文字，可留以示後人。」

這位「熊先生」就是熊十力。一九三〇年的書信中，已經看出馬一浮在許多儒學關鍵態度上，和熊十力相持對立。不過馬一浮後來選擇說服自己將熊十力視為最重要的同道者，並將建立「復性書院」的願望寄託在熊十力的協助上。此段關鍵時期給熊十力的信件中，我們讀到了：從相知到誤解、理想不敵現實、處世難於議論、行事衝突考驗友誼的悲劇性故事。馬一浮對熊十力的信賴，拉攏熊十力入川共事，到最後決裂的過程，清楚記錄在往來書信中，夾以關於儒者居亂世的體會討論，構成了民國思想史「新儒家」領域之中一樁饒富啟示意味的公案。

示王星賢

《洪範約義》末篇結尾會通六藝一段文字，多先儒未發之旨，一一具四悉檀。此為運用義學之要，卻可作後來說經軌範，惜今時學子尚未能湊泊耳。往者常慮此篇不能終講，今幸得從容畢事，便從此輟講，亦不空過。雖未能有所饒益，當以俟之將來，但望賢輩於此能有悟入也。

昨見賢意思似稍拘迫，良由近來言語過於嚴切所致。此雖與漫不加省者迴殊，然何可長也。吾只是因物付物，初無容心。「禮勝則離」，故有禮不可無樂。今人不耐鉗錘，全不識古人用處，所以難與入德。吾之用心尚不能得，安能得聖賢之用心邪？《詩》樂微妙，非時人言藝術者所幾。吾於此亦略窺其蘊，惜分付不著人。賢輩今日猶隔津，在將來當有會處，日用之間自然灑落，不為物礙，此方是敬。則和樂絕非任誕之意，古之詩人有得之者，禪師家尤冥契無間，此先儒所不肯言，故今日無人領會耳。

脫俗須具悟門，詩中實有三昧。古來達道者多從這裡過，然向上一路，千聖不傳，直須自悟始得。吾言亦猶谷響泉聲耳。

凡事取一種方式行之者，其方式便是禮，做得恰好便是樂。如作詩格律是禮，詩中理致便是樂；寫字識得筆法是禮，氣韻便是樂。

象山說於人情物理上下功夫，何以賢輩讀象山書竟未著眼及此？只緣一向未能推己及人，便不免遇事隔礙，非獨疏也。未曾盡得己，便不能推，推不去時便是天地閉，觸處皆胡越矣，日用間隨時可驗。若有睽乖之象者，便就自己勘過。近處不通，更莫說及遠。即此便是格物的實工夫。尋常鑽故紙當格物，如何可得？故試於事，乃是真學。以事為外，畏事、遺事及滯於事者，皆非也。

渡河須用筏，亦因地之象徵。昔巖頭嘗自操舟，有人欲渡，則舞棹而出。何處非神通妙用，事事皆可作如是會也。

昨見賢行步猶弱，且宜加意調護，勿勉強過勞為上。洞山不病者公案最好看，僕嘗於此得力。每遇病時，飲食可廢，而言語不廢，有不病者在也。

此理粲然，常在目前，觸處即是。但說取一尺，不如行取一寸，方見效驗。吾不愁分付不著人，只患無人承當耳。

「忠信篤敬」要體而行之，不是說其義旨便了。所言沉著痛快，乃是借此提撕，欲賢輩識得此意味，自己勘驗日用事作麼生。尋常垂一言半語，只圖彼此有益，不是要賢輩讚歎，更不須下評斷語。不是不許評斷，以賢輩只是評斷吾言，於自己分上無涉也。古來只有學人呈見解待師家評斷，老夫不是向賢輩呈見解也。

作書草草如此，深負老夫之望。須知尋常寫一短札，亦可見人之用心，即此便是學，不可放過。若以為吹毛求疵，老夫此後亦不敢更著一字矣。

看《燈錄》隨分理會得一二，則亦佳。其不能理會得者，所謂無義味語，正是直下令人情識不行，與伊剿絕。忽然觸動關捩子，如寐忽覺，如尋失物復得，便豁然疑滯頓釋，身心慶快，此方是「格物致知」之真實田地也。到此向後，正大有事在，不成說得相似便休。然汎汎讀去，只是涉獵，如看《世說》，但賞一二雋語，亦無用處。當自擇一二則因緣思慮所不能入者，求決此疑。疑情既起，自不肯放捨，久之乃有渙然冰釋時節，如只散漫看去，實不濟事。尋常衲僧只舉一則話頭教人參，此法甚拙。人之疑情須是自起方能真切，他人教不得，故不特悟須自悟，疑亦須自疑也。自家疑處既真，遇師友緣會時自能舉出，有個討論處。以此為一大事，方可看機相酬，否則亦是閒說話也。

佛家有四句訣云：「頂聖眼生天，人心餓鬼腹，畜生膝蓋離，地獄腳板出。」蓋壽、暖、識三，亦不相離。壽謂氣息，暖即溫度，識指神識。人死氣息先斷而體猶溫，即神識尚未去體。其最後冷之處，即神識所由出也。生善道者從上出，生惡道者從下出，亦《楞嚴》所謂「想多則升，情多則沉」之旨。然輪迴之說，實有未盡，當以朱子有輪迴、有不輪迴之理為正。此本與佛說相應，因彼亦言入聖則無輪迴，唯人天六道乃有輪迴也。若盡其道而死，則生順沒寧，豈復更有隨業轉生之事？此非深明死生之故，未易言作得主在。

攝生之道，莫要於心不散亂。蓋心不散亂則精神自然凝聚，凝聚愈固則發用時有力而不竭，不言養生而養生在其中矣，故謂攝生先須攝心。攝心亦無他術，心緣義理，久久自然調伏。孟子集義養氣之功，人人可能，惜空誦其言而不肯率由耳。疾病聖賢所不免，但不以形體害心志，且疾亦當慎，乃義理之正。合下能用力，復何憂乎？

寂而後能感，心體本寂，故感無不通。尋常散亂心所感全成窒礙，非復心之本體。

「行所無事」，孟子以喻禹之治水。夫治水豈得無事？此乃對惡智者之鑿言。此語亦是難會，大意類似佛氏所謂無相行，鑿即是取相也。「必有事焉」之「事」字亦難會，凡日用動靜，無不攝之。而「勿正」句，此「正」字亦當作鑿字會。心「勿忘」、「勿助」，乃是綿密無間功夫，無一毫矯揉造作，實與無相行同義。因該果海，果澈因源。學者合下須學聖人，聖人不過是熟而已。

見性者合下便行，行得圓滿，方名盡性。說道者直饒說得是，猶未必見性，所謂相似見解耳，其行自不能徹。要之，唯見性而後能行道，行道即盡性之事也。陽明「即知」、「即行」，亦以見性為亟，何不可融通之有？且但求融通，亦只是要說，不重在行。言不止一端，貴有真實見地，自能真實行履。故千萬人說道，不如一人見性也。

盡己是忠，無妄是誠。行有一分不盡己處，未可以為忠也；言有一毫不諦實而近文飾處，皆未離乎妄也。日用間隨處自己勘驗，方是功夫。

四肢軟乃濕困，非虛也。四十曰強，何至衰憊？今人往往未老而自患其虛。苟非戕伐之甚，何至早虛？其虛者非體力，乃精神耳。心之精神謂之聖，人能調伏其心，不言攝生而攝生在其中矣。

六氣之病，藥之可已，不足憂也。

六經為理宗，治經所以明性德，非徒資以學文。柳、蘇之言如此，（按原文引柳子厚〈答韋中立論師道書〉「本之《書》以求其質，本之《詩》以求其恆」云云，及蘇明允〈上田樞密書〉「詩人之優柔，孟、韓之溫厚，投之所嚮，無不如意」一段。）所以但得為文人，未得為聞道也。韓退之「《易》奇而法，《詩》正而葩」之言，亦復類此。試與〈經解〉首段對勘，便見孔門游、夏之文學不是如此。

程子嘗謂「三代以下，倫常間有多少不盡分處」，此言禮失而俗衰也。〈虞書〉命契為司徒，只是「敬敷五教」，雖以孔子之聖，猶自謂「所求乎子弟以事父兄，未能也」，唯其如此，所以能盡倫。須知盡倫盡分，即是盡性之事。知其所當止，乃是知性知分，則知盡其所當盡矣。分字以事相言，比性字稍粗；性則唯以理言，較細。實則理事不二，未有外於事之理也。人不窮理，焉能知分？知此，則知事物之不得其當者，皆由於義理之不明，而義理絕非空疏玄妙，遺棄事物之謂。「宇宙內事即吾性分內事」，體物而不可遺，始信得及矣。自知不盡分是好消息，當思所以盡之之道即在日用間隨處用力，無他道也。時人通病總將事理打成兩橛，又不知自反，每如梁惠王自謂己能盡心，此乃不可救藥之病。因覽賢所記，聊為舉出，亦可更進一解。

朱子疑《知言》[1]處，《知言》附錄中已有之。其不滿《胡傳》[2]處，見於《語錄》。至東萊見處，

1 南宋胡宏（?－一一六一）撰，係其歷年講學的言論隨筆，以札記的形式呈現。

2 指《胡氏春秋傳》，注釋同第四十五頁注七。

朱子亦嘗謂其粗。五峰父子用處[3]，恐東萊未能見及。此古人書問往復，亦往往因病發藥，為對治悉檀，因人因時而異。若窺見其用處，則於前後異同皆可無礙，不可定執也。

昨立民來，聞賢得令祖仙遊之訊。如何不淑，遘此閔凶，「靡室靡家，玁狁之故」。使天下為人子孫者，生不得致其養，沒不得申其哀，曷可勝計。此仁人之所恫，不獨於賢而厄之也。然令祖春秋高，厭亂辭塵，適去而順。戚者為禮，達者為玄。玄勝有忘戚，而禮得無過情；忘戚則害性，過情則傷毀。二俱失中。此非俗士所知，甚願賢進於此義，則所以全其孝事者，為道方遒，勿區區自束於俗也。

今為賢思所以處變之禮。凡聞喪而不能奔喪，以聞喪之日為位而哭，變服如其所當服，朝夕奠，卒哭而後輟奠，以殯葬之事未能親也。今在流離中，衰麻之制亦不能具，但可執心喪耳。書院既非從政，似不必定守不出之例。但在初喪哀盛，自不能治事，俟哀稍殺則可矣。雖不必援金革不避之義，稍親書冊，於禮無倍也。僕愚以為可從聞喪之日起，以日易月，二十七日而徹朝夕之奠，亦可以出矣。禮以義起，準情而立文，與其易也，寧戚。習俗發訃受弔，本與禮意不合，自可罷之。承問不可不答，未審有當於仁孝之思否？

---

3 指胡安國與胡宏父子。

示張德鈞

《華嚴》云：「一切眾生皆有如來智慧德相，但以妄想、執著而不證得。」妄想簡凡夫，執著簡二乘。故佛與眾生一體無殊，所以異者乃由妄、執，此即李長者所謂「見隔」也。情本非惡，因好惡無節而成惡，好惡無節即是妄想、執著。《楞嚴》謂「觀相元妄，觀性元真」。依《起信論》一心二門，性是心真如門，情是心生滅門，乃有覺與不覺二義。隨順真如，元無不覺，即是性其情；隨順無明，乃成不覺，即是情其性。真如離言說相，故明道云：「才說性時便已不是性了。」從來說性，只是說個「繼之者善」，是即生滅門中覺義也。一體二相義，與生滅門二義相應，然橫渠本意則是說「一心二門」也。（按原文云：「《易・繫》謂『乾坤毀則無以見易，易不可見，則乾坤或幾乎息矣』。乾如性，坤如情，易如心。離性、情則不足以見心，離心則性、情亦無可依。故心一體而二相，性、情之謂也。」又云：「情為變易，性為不易，心統性、情，則簡易也。」）三易義卻說得是。體用相違，義不成因，相變體殊。如全水是波，全波是水，覺體相與不覺體相皆此一心所作。體字稍粗，性字較細。覺與不覺，皆是相轉，不覺為覺，乃是其用也。須知此不是言說邊事，乃教汝識取自心，見取自性，即於用處著力。到得用處全真，更不待言說，方是參學事畢，疑則一任別參。

性即心之體，情乃心之用。離體無用，故離性無情。情之有不善者，乃是用上差忒也，若用處不差，當體即是性，何處更覓一性？凡言說思辨皆用也，若無心，安有是？若無差忒，安用學？將心覓心，轉說轉遠。觀諸子所說，只是隨逐名相，全未道著，不如且居敬窮理，莫謗他古人好。

凡在學地，最忌執性廢修。故雖說得相似，毫無把鼻，此禪家棒喝所以為沒量慈悲也。此文末段結歸修德卻是，言而履之，斯可矣。

臨濟云「諸方火葬，我這裡活埋」，乃是直下教人剿絕情塵意識耳。其後中峰自題其居曰「活埋庵」。船山[1]心事又別「六經偪我」之言，在詩則為險語，亦見船山氣象未醇。六經道理平鋪著，何謂偪我？今獨有取於斯，似有二失：一則悁忿未平，二則近乎頹放。《易》曰：「樂天知命，故不憂；安土敦乎仁，故能愛。」既有志於學《易》，宜以是為則耳。真能活埋，則妄心止歇，絕後再蘇，欺君不得。投子所謂「大死的人復活」，今日尚非汝境界也。且慢承當，尚須子細。

南泉[2]曰：「學道之人不識真，只為從來認識神。無始世來生死本，癡人認作本來人。」此一偈與孟子、橫渠把手共行。今不惜眉毛，再為注破。若依佛語會通，則橫渠所謂「氣質之性」者，識也；「天地之性」者，智也；「善反之，則天地之性存焉」者，即是轉八識成四智。大鑑所謂但轉

1 指王夫之。王夫之（一六一九－一六九二），自署船山病叟，與顧炎武、黃宗羲並稱明末三大思想家。

2 南泉普願禪師（七四八－八三四），唐代禪宗大師。

名言，無實性也。形而後有「氣質之性」是全真起妄，「善反之」則舉妄全真。「君子有弗性焉」，即不認識神也；「天地之性存焉」，即三身四智體中圓也。若能如此，則幻化空身即法身矣。幻化即謂形而後有，非曰空無也。諸子言語雖多，總未道著，未會橫渠意在。今此注破，若遇橫渠，必罵曰：這老漢著甚死急。然吾不惜橫身，只為慈悲之故，有落草之談。諸人各宜自己看取，是認識神，是能出得此氣質否？無論文字作得支離，即與橫渠異口同聲，日用中仍是氣質用事，依舊打入鬼窟裡去，有何饒益？莫妄語，各宜自己看取好。

須知根塵本不相到，皆緣識取。根塵識三，忽然迥脫，又作麼生？所謂氣質之性者，唯指識言耳。前五識轉時，即是成所作智，不喚作氣質之性矣。須依何而轉？思之。

氣以陰陽言，質以剛柔言。營衛氣血，只能表陰陽，不能表剛柔。至本能衝動，又只就氣之動處說，而遺其靜底一邊，轉益粗矣。

題既曰「辨」，則當有辨。於何辨之？聞道不聞道而已。聞道則經術、經學皆是也，不聞道則經術、經學皆非也。（王莽以經術文姦言，若不聞道，則莽、歆之徒固非不知經術者也，此焉得無辨？京房、劉歆，經學豈不深，不聞道何益？）〈學記〉曰：「師也者，所以學為君也。」〈儒行〉一篇，乃所謂經術；〈經解〉一篇，乃所謂經學。漢師亦有得失，清儒亦豈可全非？具眼者持論自平，斯無抑揚之過矣。

大凡看先儒書，須引來自勘，理會他長處，可以對治自己病痛者方切。即有疑不安者，亦須細思他何以如此說，我今日見地何故不及他？如此卻於自己有益。若只一味比較同異、輕下雌黃，則醍醐變成毒藥矣。

橫渠以自誠明為先盡性後窮理，自明誠為先窮理後盡性。如此則窮理盡性分為兩事，此或是對機發藥之言。若論此語見處，自不及二程直截。

朱子編《伊洛淵源錄》，體例自合如此，安有以張、邵[3]為附庸之意？〈近思錄跋〉謂呂伯恭[4]過寒泉精舍，相與讀周子、程子、張子之書，歎其廣大閎博，因共綴緝，以為此編。周、程、張並稱，豈有軒輊存乎其間？呂與叔作行狀中語，誠不能無失，伊川已斥之。龜山之言，乃指關中後學欲自立門戶之失，謂其源於程氏，亦謂二家本無異耳，安有甚之訾之之意？至撤去皋比一事，正是美談，小事必咨，尤見橫渠沖德，何故惡之而必以為誣邪？作者之意，蓋欲為橫渠雪屈，不知古人為學孰非自得，師友往還，即言語小異，其見得端的處絕不相違，絕無一毫人我勝劣、門庭盛衰之見。此只是舊來習氣，以私意窺測，反成贓誣古人。不解作得如許張致，於橫渠分上有何增益？於自己分上又有何交涉？要得親見橫渠，且將橫渠現存之書細讀，且莫作此閒計校，若令橫渠見此，必將斥為俗氣也。

3 指張載與邵雍。張載（一〇二〇－一〇七七），字子厚，世稱橫渠先生；邵雍（約一〇一二－一〇七七），字堯夫，諡康節，後世稱邵康節。二人皆為北宋理學家，與周敦頤、程顥、程頤合稱「北宋五子」。

4 指呂祖謙。呂祖謙（一一三七－一一八一），字伯恭，因呂姓郡望東萊，世稱東萊先生，南宋理學家。

程子言關中學者，以今日觀之，師死而遂倍之，卻未見其人，只是更不復講。呂與叔但是下語有過，亦不可謂遂倍其師。程子雖加嚴斥，若與叔果倍橫渠，豈得居程子門下？

橫渠《語錄》云：「某比年所思慮事漸不可移動，歲年間只得變得些文字，亦未可謂辭有巧拙，其實是有過。若果是達者，其言自然別，寬而約，沒病痛。」「聖人之道，以言者尚其辭，辭不容易，只為到其間知得詳，然後言得不錯，譬之到長安，極有知長安仔細者。然某近來思慮義理，大率億度屢中可用。」橫渠自說他得處。今觀橫渠《正蒙》文字，直是精醇，而其不自肯如此，猶以為有過。未到寬而約，只以億則屢中自居，何不體取此語？

又橫渠云：「某所以使學者先學禮者，只為學禮，則便除去了世俗一副當世習熟纏繞。譬之延蔓之物，解纏繞即上去，上去即是理明矣。」「苟能除去了一副當世習，便自然脫灑也。」此正橫渠喫緊為人處。今觀賢所記，令橫渠見之，或將詫為一副當〔世〕習熟纏繞，正須學禮除去始得。要識橫渠，須從此等處著實用力。

又《程氏外書》云：「佛氏以天地萬物為妄，何其陋也？張子厚所深闢者此耳。」橫渠闢佛氏以山河大地為見病，程子正指此說。此橫渠說道理大頭腦處，至一切不用佛語，卻未必然。如曰：「洪鐘無聲，因叩故有聲。聖人無知，因問故有知。不以苟知為得，必以了悟為聞。」此獨非佛語邪？先儒無不會禪，有時拈出，正為其語實好。若有意避去不用，亦是作意安排耳。但見處自是有別，亦莫向言語邊討，未到此田地而輕欲格量，亦是盲人摸象耳。

伊川稱退之此語者，（按，伊川云：「韓退之作〈姜里操〉云『臣罪當誅兮，天王聖明』，道得文王心出來，此文王至德處也。」）謂其得怨而不怒之旨耳。其實退之此詩好處在善怨，「時日曷喪？予及汝偕亡」，則怨而近於怒矣。「人而無禮，胡不過死」，乃純是怒。此是就詩論，如賢所記，乃是高叟之固也。

「舜往于田，號泣於旻天。」自怨自艾，此是何心？〈凱風〉之詩曰：「母氏聖善，我無令人。」有七子之母而不安於室，尚得謂之聖善乎？然如此卻是好詩。會得此，方了得「溫柔敦厚」之旨。

邵語（按《二程遺書》云：「堯夫嘗言『能物物，則我為物之人也；不能物物，則我為物之物也』，亦不消如此。人自人，物自物，道理甚分明。」）本出《莊子》「物物而不物於物」，謂因物付物，則不為物累耳。莊語無病，邵語卻有病。病在「我為物之人」、「物之物」上。如此則人物總成對待去。須知心外無物，自心取自心，非幻成幻法。謂物為人役，人為物役者，只是在人物對待上著倒耳。石頭云：「回而更相涉，不爾依位住。」人住人位，物住物位，二法不相到，何取之有？孟子所謂「思則得之」者，此也。程子意是如此，人還他人，物還他物，不須說迭為主客，故謂「亦不消如此說」也。

快劍不斬死漢。一棒打不回頭，絕非俊物。臨濟於黃檗三頓痛棒下得活[5]，所以歎為恩大難酬也。

5 典出《五燈會元》。講述臨濟禪師由於三次問「如何是佛法大意」而遭黃檗禪師棒打，而後頓悟佛法。黃凡夫之心，只是偷心，偷心死不盡仍是未活，活了絕不會再死。今云此心不常活者，是偷心未死盡也。更參教家云「如礦銷金，不重為礦」，豈有更番死活之理？然則今之所謂活者，尚非真活也。省發則不無真活，猶遠在。

既知聖人守護根門工夫煞密，此是好個入處，便當吃緊用力，不可自己放過，否則孤負自己。聖人還他聖人，自己卻不依此下功夫，仍是了無干涉也。

但勇於自克，何難之有？大鑑云「汝當一念自知非，自己靈光常顯現」，是實語也。此見不除，（按，指我見。）終難入德。

禪家有設問曰：「為復是稟受師承？為復是自性宗通？」答云：「亦是稟受師承，亦是自性宗通。」此語好，若無前語，則是天然外道；若無後語，則是依他作解。

夢中作不得主，病根不在夢時，而在醒時。夢覺一如，醒時若作得主，夢中定亦作得主。於此正好自己勘驗。

古語云：「小官多念律，老將不談兵。」雖是俚語，卻有意味。〈大學〉云：「未有學養子而後嫁者。」後儒以心性為空談，而好言經濟，此未嫁而學養子之類也。性上既分明，則用已具，何須更講。如是則體自體，用自用，顯分兩橛了也。如「子入太廟，每事問」，問官問禮，亦是體上工

檗（？—八五〇），名希運，唐代禪宗高僧；臨濟（生卒年不詳），一名易玄，唐代臨濟宗的開宗祖師，與黃檗禪師為師徒。

夫，故曰「是禮也」。「樊遲請學稼」，則意在用，故答之曰「焉用稼」。儒者未有不通達治體，其蒞政亦未有不能舉者，唯顏、李之徒乃以此動色相矜，視永嘉經制為尤粗耳。觀陽明得力處是何等，彼之用兵，豈夙習軍事邪？今人不唯不知有體，亦不識用。

古人通達治體，故舉而措之斯可矣。禹平水土、稷播百穀、伯益作虞、垂作共工，豈是專講用邪？今人好言專門知識以此為用，只是工師之事焉能通達治禮。

「事親有隱而無犯」，「事君有犯而無隱」，此謂犯顏敢諫，乃所以為忠也。如「畫地而民不犯」，乃謂不觸刑網。用「犯」字，隨所施義，別此言犯上，則為下不敬之義，弟可移於長，故無不敬之心耳。有子之言分齊止此。今謂犯上可許，作亂不可許，非有子之意明矣。湯、武之放伐，豈得謂之犯上？然猶曰恐後世以臺為口實。蓋有湯、武之志則可，無湯、武之志則篡也。後乎湯、武者，只是以桀、紂伐桀、紂耳，去一桀、紂，來一桀、紂，則何益矣。湯、武方是孝弟之心，桀、紂正是犯上之人，勿認桀、紂為上也。若教人輕於犯上，恐桀、紂接跡於世而湯、武終不可得。導人孝弟，庶人人可為湯、武，而桀、紂自不容肆然於上矣。

暴君汙吏，非此所謂上也。程子云：「堂上人方能判堂下人曲直。」如湯、武方可為堂上人，桀、紂乃正是堂下人耳，豈得以湯、武之事為犯上？

說和義不徹，須知「利者，義之和」，此「利」字即斷制之義。理是智德，義是斷德。

中土謂之玩弄光影，彼之所謂觀念即光影耳。（按，原文謂「有人以哲學為觀念遊戲」。）

以四緣說《易》，只在變易一邊，不如以《華嚴》六相義說，即變易，即不易，於義始為圓足。

末段出題卻對，但《漢・志》之言實未精，以《詩》、《書》、《禮》、《樂》交參互入，非如五行之更用事也。

小是微細之義。言惑雖微細，亦必斷之，即知幾也。（釋「復小而辨於物」。）

陽明有學人患目疾者，憂之過甚，因喻之曰：汝乃貴目而賤心。（此語可思。）形體不能禦六氣，盡人所不得免，何乃悒悒不自聊？須務調心，乃有以勝之。

和會佛義處，頗見思理，未能盡如其分齊也。行文但知求簡潔，而下語時有率易。心氣未和，形言遂爾，礙膺之物一旦廓落，四大何足為病乎？更須精進始得。

叔孫通亦號通經，何以為賤儒？

孔光[6]、張禹[7]諸儒雖以經學致高位，非無所建白，而多持祿固位，亦有晚節不終以殺其身者，謂其能明先聖之道，可乎？

且先自易，然後可易天下。

文有玄致，而於題旨則未密合。此題須著眼「蔽」字，意在抉去此障，乃可與適道耳。以二執詮自私用智，未嘗不是，不如以煩惱障、所知障說之，轉見親切。日用事如何？能遠離此障否？試

6 孔光（前六五—五），孔子十四世孫，西漢大臣。天資聰穎，未及弱冠即被推舉為議郎，漢成帝時徵拜博士。

7 張禹（？—前五），字子文，西漢丞相。精通《論語》、《尚書》、《易經》等典籍，漢宣帝時徵拜博士。

道取看。（批〈明道答橫渠人情各有所蔽患在自私用智試申說其義〉一文。）

毫釐有差，天地懸隔。「天地之大德曰生」，豈有毀物之心哉？改此一字，急著眼看。（按，課文有云：「天地生萬物，毀萬物。」先生改「毀」為「成」。）

文字作得斐然可觀，許汝善會。然吾不敢以此自多，不過先儒所不肯道底，今則儘量道出，實不能增得一些子也。所望實下功夫，方不為虛說。切莫作言語會，讚歎一番便休。吾不為讚歎而喜，卻以人不會為憂耳。（批《洪範約義》書後。）

途路良苦，有小詩奉贈，差足解慰。詩曰：「莫謂征途苦，千山即是家。不因知足痛，何處有玄沙。」願賢於玄沙悟處，忽然瞥地，便可抵得草鞋錢也。

疑則許疑，不容著勝心。上言「余謂」云云，此又直斥其支離。辭氣如此，何不自覺？方說「克己復禮」，為是已克，為是未克？為是已復，為是未復邪？切宜儆省。

《楞伽》譯文隱奧，最為難說。邱先生殫精於此，其書當不苟作。惜其未就而歿，閱之良為惋歎。他日有暇，亦願以其稿本一相示。

有意要排奡，即非佳詩。詩亦煞費工夫，到純熟時自然合轍，勉強安排不得。（按，王敬身句云「要令排奡出平夷」，所記頗稱道之。）

此為世間有一等人念舊惡者說，不是貶夷、齊。若程子尚識不得夷、齊，何以為程子？（按，《遺書》曰：「以夷、齊之隘，若念舊惡，將不能處世矣。」）

明道〈答橫渠定性書〉在何時，可考之。然考得、考不得實無甚關係，此只是作年譜材料耳。

伊川十八歲作〈顏子所好何學論〉，豈全未有得邪？作《易傳》自述如此，乃是戒學者輕《易》耳。

〈祭法〉：「遠廟為祧。」祧者，遷也，乃藏其遷主之所。如三廟祭曾祖、祖、禰，則遷高祖之主於祧。

心中煩急不得，看《二程遺書》後而煩急，殊不可解。

鳥鳴非候，於人無與，心中煩急，卻是不佳。

觀所記讀《二程遺書》諸條，未見有一語引到自己心上來，只是尋他罅隙，摘他瑕疵，似乎以此為快，如此不如不看。看時胸中似隱隱有個物作祟也，此是何故？請賢自勘。

「氣質之性，君子有弗性焉」。此豈荀卿所能及？橫渠教人學禮，是除其習氣。荀卿雖亦善言禮，卻是將這好底習氣換卻他那壞底，故終是知修而不知性。如〈西銘〉文字，程子所以歎為孟子以後未有。今觀荀子書有此等義理否？《正蒙》亦非荀子所能道。謂橫渠似孟則是，擬於荀卿則非。

月川[8]誠有割裂之失，（按，指《西銘述解》。）其於《通書》卻有理會得細處。其《西銘述解》本附《太極圖說述解》之後，遂連類刻之耳。以示初機亦無害，病其割裂則可，亦不須深詆之。凡格量古人得失，如其分而止。刪去末後數語，亦以其氣象不佳。一似負氣與人爭而故作反語以誚之者，

8 指曹端。曹端（一三七六－一四三四），號月川，明代理學家，其稱「周子《太極圖說》為宋理之宗」，著《西銘述解》一卷。

此亦習氣所當除去者也。試平心思之可見。

能如此理會，方不負橫渠。反觀前來關、洛門庭之見[9]，有何交涉邪？（批「讀〈西銘〉」條。）

說五先生氣象亦似，（按，所記謂百源消遙，濂溪灑落，橫渠謹厚，明道溫粹，伊川儼肅。）論其學造詣處，卻未可輕為論量。明道作〈堯夫墓誌〉[10]曰：先生之學「可謂安且成矣」。看他下字是如何。賢今是誰之儔？近似何人？在五先生及古賢中亦有相似處否？取以自勘則切矣。

知有已是有之於己，孟子所謂信人也。（按，程子曰：「學在知其所有又養其所有。」）

不須如此會。子夏語乃「學如不及，猶恐失之」之意，非「藏往知來」境界。（按，所記謂：「日知其所亡，其神以知來乎？月無忘其所能，其知以藏往乎？」）

《外書》多可疑，即《遺書》記錄亦不免失其語脈，故二先生不欲人記其語。此皆後來朱子收集，以其無多，故皆存之耳。

「己欲立而立人，己欲達而達人」，乃是大悲大願，而孔子但曰「能近取譬，可謂仁之方也已」。「博施」、「濟眾」乃是取眾生相、住相而施，正子貢納敗闕處，故孔子不然之。言「堯舜其猶病諸」，正以子貢求之於外，乃是取相，不可以為仁也。

明道無意於作詩，聞道之人出語自別耳。

9 「關」、「洛」係理學流派，二者又與「濂」、「閩」合稱「濂洛關閩」，為宋代四大理學流派。

10 指邵雍，注釋同第六十八頁注三。

前講〈洪範〉「敬用五事」，以五事為萬事根本。五事皆盡其理，則萬事自無失職。視、聽、言、貌、思，一有不敬，此心即便放失，隨物而轉。故於義理若存若亡，只緣未有主在，縱有見處，亦是客感客塵也。物欲消盡，則自無此病。對治之法，唯是用敬，不是道得一個「敬」字便休。孟子所謂「必有事焉」、「勿忘勿助」，佛氏言「都攝六根，淨念相繼」，頗為近之。起滅不停，全是妄心。敬則住於正念，不為物轉，久久純熟，則六根門頭皆成大用，即是轉六識成妙觀察智，轉前五識成成所作智也，故曰「敬用五事」是盡己之性也。

「好直不好學，其蔽也絞」，宜參。

近世哲學，始有本體論、認識論、經驗論、方法論之分；中土聖人之學，內外本末只是一貫。讀〈大學〉便依〈大學〉實在用力，讀〈中庸〉便依〈中庸〉實在用力，始有用處。功夫即從本體上來，本體即在功夫上見方是。若如此說去，不出哲學家理論窠臼，仍是沒交涉。言非不辯，有何饒益？〈大學〉「明德」，便是本體；〈中庸〉「戒謹」，亦是功夫，豈得專以〈中庸〉為本體論？

先儒皆以亨配禮、貞配智。據〈文言〉「嘉會足以合禮，利物足以和義」，宜依舊說元配仁、貞配智，方合「吉凶者，貞勝者也」。貞勝即是「與鬼神合其吉凶」，更思之。

《圖》、《書》[11]雖是後出，本《易》而畫出，有何不可？不必過尊，亦不當廢斥，東樵不足以及此。

11 指《河圖》與《洛書》。中國古代相傳聖王如有德政，上天會授予《河圖》與《洛書》；南宋以後，二書漸漸成了解釋《周易》圖象的官學論說。

東樵必外邵子於丹道，亦是一蔽。《參同契》[12]為丹經之祖，彼卻實能用《易》，但小耳。邵子之書體大，豈可與魏伯陽同日而語？所謂「養生之道備焉」、「《易》外別傳」、「自為一家之學」者，以論魏伯陽則是，以論邵子則過也。試讀《觀物內外篇》[13]，是否丹道，自然可明。

文字做得不弱，但發揚蹈厲之意多，深潛縝密之意少，卻要自勘始得。

詩貴神悟，要取精用宏，自然隨手拈來都成妙諦。搜索枯腸，苦吟無益。語拙不妨，卻不可俚。先求妥帖，煞費功夫，切忌杜撰。不屬善悟者，不須多改。近體法門亦已略示，捨多讀書外，別無他道也。

和韻，唐人至元、白始有之，及東坡、山谷、荊公，始好再疊、三疊不已。鬥險爭奇，多則終涉勉強。此可偶一為之，不貴多也。拙作亦是偶然興到，所以寫示諸子者，聊為助發之資耳。及取而覆視，仍不自愜，又經改定數字，乃可入唐。今別寫一本去，若同學中有好此者，可共觀之。少陵云「新詩改罷自長吟」，「得失寸心知」。非深歷甘苦，不易到古人境界。賢輩見和者，俱有思致，可喜，所欠者工夫耳。讀破萬卷書，不患詩之不工。謂「詩有別裁，不關學」者，妄也。但此是游於藝之事，不工亦無害。若為之，則須就古人繩墨，方不為苟作。天機自發，亦不容已，但勿專耗

12 全名《周易參同契》，東漢魏伯陽（約一五一—二二一）撰，係一部煉丹術著作，被稱為「萬古丹經王」。

13 北宋邵雍撰，共十四篇。其中《觀物內篇》十二篇，為邵雍自著；《觀物外篇》二篇，為其門人弟子記述，係一部數術之書。

心力於此可耳。

良馬見鞭影而行。一粒金丹，便脫胎換骨，豈在多邪？賢輩於此事尚未悟入，且須蓄養深厚，不愁不得，多作無益。老僧為汝得徹困也。

字法不妥者，俱為點出。有字然後有句，有句然後有篇，此亦具名句文三身。一字疵纇，絕不可放過，方見精純。

所解仍是滯在名言，故知講說無用。凡人不感覺聞道之必要，與汝無干，可置勿問。今當反問汝自己，亦曾感覺有聞道之必要否？若與凡人同無感覺，此問又自何來？賢者自答。

問：孔子曰：「誦《詩》三百，授之以政，不達，使於四方，不能專對，雖多，亦奚以為？」又曰：「人而不為〈周南〉、〈召南〉，其猶正牆面而立也歟？」又曰：「《詩》，可以興，可以觀，可以群，可以怨。邇之事父，遠之事君。多識於鳥獸草木之名。」若是者，《詩》蓋是多聞之學，其亦等於佛氏之加行方便矣。而〈經解〉卻曰「《詩》之失愚」，何邪？豈多聞方便無當於實智乎？

《詩》是聲教之大用，（「此方真教體，清淨在音聞」。一切言語音聲總為聲教。）以語言三昧顯同體大悲。聖人說《詩》教時，一切法界皆入於《詩》，自然是實智。來問誤以《詩》為多聞之學，只據「多識於鳥獸草木之名」一語斷之，乃與上所引一串語無涉矣。當知從初發心至究竟位皆是詩，（此圓教義。儒家教義唯圓無偏也。）不得但以加行方便為說。「失之愚」者，愚相粗細煞有差別，略以愛見大悲（猶有眾生相而起大悲者。）及所知愚當之，一品無明未斷，皆於《詩》非究竟也。（此語曾涉意教乘者並不難會。）

問：孔子曰：「性相近也，習相遠也。」「唯上智與下愚不移。」竊謂此與佛家言種性相同。「性近」、「習遠」者，蓋猶不定種性，習於菩薩則為菩薩，習於聲聞則成聲聞也。「上智」則大乘種性是也，「下愚」則一闡提無性種性是也。然果有下愚不移，則是聖人過化之德有時而窮。時雨之潤，有物不沾，而孟子所謂「人皆可以為堯舜」者，殆非如語了義乎？

「性相近」義略當於如，不一不異之謂如，此純以理言性德也。「習相遠」則指氣，聖凡迷悟，相去迢然，故須重修德。智愚自是氣質有昏明清濁之異，須假修習以變化之而至於同。然上智不移於惡習，故易成；下愚不移於善習，故難化。「不移」字須活看，非定不能移，彼自不肯移耳。此與「人皆可以為堯舜」並無二致。人之不為堯舜者，是不為也，非不可也。故聖人之教在因修顯性，絕不執性廢修。佛氏言種性，亦指氣質，闡提便是下愚，然不得謂之無佛性。闡提若聞法起信，即非闡提；下愚若人一己百，即非下愚矣。

問：先儒言為學應時時提撕此心，敢問是在醒時提撕邪？是在迷時提撕邪？若在醒時，何事提撕？若在迷時，何能提撕？又提撕此心者，非仍即此心邪？若仍即此心，則迷悟不同時，即不得能提。即所提若非此心，則有朱子所訶捉一個心來。照此，心之失將何以詣於極邪？

迷悟總是一心，提撕即從迷向悟，不提撕即安於長迷。真悟不須提撕，唯在迷，故須提撕。操之則存，捨之則亡，正是學人吃緊用力處。若謂在迷時不解提撕，此迷之尤者。汝若聞言而省，即是自解提撕，豈有別捉一個心來之理？喻如人睡時，不假人喚，亦自會醒。睡時醒時，只是此人，豈有二邪？醒時逢緣遇境，自解照管自己，何謂不能提撕？（此醒不可作悟看。）若不解提撕，只是個睡著底人耳。

別來時，從伯尹處略聞消息，知兼教兩中學，近在鄉邑，便於定省，足慰所望。方遭亂居貧，切己之事莫亟於事親，隨分教學，亦有益於己。但息馳求，自無計較，合下儘有受用。君子闇然日彰，弟一勿慕顯學之名也。頃得舊曆二月十六日來書，齒及賤降，欲同諸友致饋。僕既無德，不敢虛受供養。且世變如此，那復有此事，無勞相及。但能不以鄙言為有隱，莫作鈍置會，則愛我實多矣。聚散遠近一也，安用以是為敬哉！附來〈南充高中同學錄序〉一文，於「道外無事，事外無道」之旨，頗能發揮，文亦簡潔可喜，然所望於賢者，正在義而不在文耳。僕之羈此，亦如隨順世緣，為無所為，時至即行矣。尋常懶作書，亦病其無益也。

前因和詩，聊寄期勉之意，何勞深謝。人苟不自棄，僕固未嘗棄之，於天下人皆然，況於從遊諸子，況於足下！此僕平日之用心。然緣會靡常，豈必相聚而後為得？來書乃欲重來依止，無乃一往之情而不揆諸事實乎？每勸足下近依親舍，隨分教學，以足下今日所處之道宜然，捨此非所以為道也。若以吾言為可信，何為忘之，而僕僕道路徒自貽累邪？書院不可終日，今年不唯刻書不能繼，乃至無錢買米，更何足以言依止？幸亟寢是念，勿徒自擾。若乃履道於常行，得旨於言外，是固吾素所望於賢者，雖千里又奚隔焉？或若以此為相距，則吾復何言？以賢者之智，不宜若是之夢夢耳。

答黃君

惠書見諮甚切，覽足下所為自敘，知平日用力之勤且久，亦既有以自信於己矣，是豈迂陋所能增益？然來問不可虛辱，輒就尊恉，略申鄙意，以俟賢者之擇焉。若其言無當於理，可置之不論不議之列。

從來雲月是同，溪山各異，並不相礙也。無論儒佛，凡有言教，皆以明性道為歸。然見性者多，盡性者少；說道者多，行道者少。若其門庭施設，方便應機，大都曲為今時，亦不可為典要。唯有指歸自己一路是真血脈。故凡學道人，必以見性為亟。見性方能行道，行道方能盡性，然後性道不是空言。先要知見正，功夫密，久久純熟，時至理彰，方得瞥地日用處自然合轍，乃可與古人把手共行。到此田地，一切平常，並無奇特。知見正在讀書窮理，就善知識抉擇，不輕疑古人，不輕信時人。到知得徹時，觸處洞然，自不留餘惑。功夫密在日用上，無論動靜語默，應緣涉境，違情順情，總是一般。行得徹時，無入而不自得，佛氏喚作塵塵三昧，如此乃有相應分。切莫得少為足，貪著靜境界以為勝妙。須知此皆自己識心變現，非是實有，若生取著，翻成障道。如仁者自述所歷諸境，從前自以為得力者，不久遇緣，即又變易。當病不知人時，向所謂靈光者何在邪？固知常住真心、至誠無息者，不當如是也。晚近道家流派甚雜，其高者只明得氣上事，用以攝生，亦有小驗。遽以此為博大真人，則恐近於戲論，似未須深留意也。欲圖見性盡性，中土聖賢，其言簡要，實已該攝無餘。佛氏之義學、禪宗料簡益詳，並資牖啟，而禪宗鏟除情見，尤為直截。但學者不明古人機用，或隨語生解，無有入處。故信不及，轉為名言所縛耳。足下今日若能滌除舊解，一意儒書，引歸自己，直下承當，行之自有受用。或欲瀏覽佛乘，則先看《楞嚴》、《圓覺》，再閱《五燈》[1]。古德機緣，於情識所不能領會處，忽然觸著磕著，必有見性分，然後終日所行，莫非是道，夫孰能禦之？然切忌卜度穿鑿，勿將動靜打成兩橛，心境分為二事，如此亦可思過半矣。徑直之言，莫相怪責，實不敢孤負虛懷耳。

1 指宋代編撰的五部禪宗史書，分別係《景德傳燈錄》、《天聖廣燈錄》、《建中靖國續燈錄》、《聯燈會要》與《嘉泰普燈錄》。

書札　熊十力

一

（一九三〇年一月十五日）

得書，知所患漸差，甚慰。今晤立民云，昨日移寓西泠時，精神尚佳，益可喜。因恐詶對勞神，故未及趨視。致越園一箋，已由立民送去。聞渠新居在菩提寺路萱壽里一號，弟亦尚未去過也。來書云「前日覺有頭眩」，因念蒽白恐未宜過服，以其太辛散也。水腫既消，諸藥似可酌量暫停，一意靜養為上。弟浮頓首十力尊兄足下。一月十五日。

二

（一九三〇年九月一日）

前日復書去後，又託高野侯作一書致丁輔之，適立民來，遂交其轉奉，想已收到。尊稿如決計用仿宋印，自以在滬就中華付印為便。有高野侯為介，（高在中華頗有資格。）或能出版較快也。昨夜又得來電，詢杭地普通印刷能否一氣印成云云，似又尚未決定。弟意勸兄，既決定則勿再更變。

如此展轉，益費時日，印局自不能專印此一書。但與彼約，能排日出若干板，勿閣置，勿中輟，便已足矣。杭地印刷業自不如上海，非特仿宋無有，如用普通字，只能用四號字作本文，以六號字作注。（亦略如《因明刪注》行款。）若欲用二號字作本文，如《尊聞錄》款式，則杭地諸印局皆辦不到。以普通印刷用二號字者少，故諸印局多不備二號字模；即有之，亦僅供排作題目大字之用，若全書用二號字，則缺乏矣。（去年沈君印《周易易解》，亦本擬用二號字作本文，後卒改用四號字。印局不能為印一書添備二號字模也。）故尊稿決以在滬用仿宋字付印為宜。若照《尊聞錄》或用普通二號字，亦須在滬印。印局出版不能如我輩所豫期，亦只好稍稍遷就，不能過責。數數更換，轉益勞攘。連日大雨驟涼，旅中諸宜珍護，不宣。頌天均候。弟浮頓首。九月一日。

功能章附識與胡君論習氣一段，宜存。

三 （一九三〇年九月五日）

前日來書，具詳印書曲折。立民適至，遂囑立民將此書送與越園閱看，並請越園作一書徑致丁輔之，促其趕印。以高、丁二君俱是越園東皋書會中人，其言當有效也。昨又連得二書，知中華已送書樣來，價已讓步。如此便可決定，勿再改計。印資一層，更不須疑。諺云：「一客不煩二主。」此之謂矣。唯來教欲使再託高、丁諸人，囑其製紙板，此意弟勸兄罷之。通常製紙板另須算費，製成後又須有安頓處，第二次鑄板但省排工、校對，而鑄費自比排版為貴。雖一勞永逸，在費用上並不能減省。今若囑其製紙板，非特彼必另外加價，而每版排就後不能立即付印，則兩月之限又須延長，此甚非計也，不如俟再版時更議。想兄必以弟言為然也。聞有從子之戚，良為黯然。歸思自不容已，在印書期間且宜寬以居之耳。漸涼，諸唯珍護，不宣。弟浮頓首。九月五日晨。

頌天均此。

四

（一九三〇年九月八日）

連得三書，言皆深切，微尊兄不聞此言。非不感動，所以未及答者，初以書辭往復不如面談易盡曲折。適有方外友肇安，病目甚劇，須日往視之，恐旬日內尚不能入山相晤。遲久不答，則近於怠緩，故先以簡語奉報。語有未詳，意有未達，他日更乞面教。

陳君已移居楊梅塢，借寮之議可罷。《乾鑿度》已檢出，俟張君隨時來取。群經諸註，以弟所好者：《易》則《伊川易傳》，《詩》則嚴氏粲《詩緝》，《書》則《東萊書說》，《春秋》則《胡氏傳》，義理最精要。唯《禮》，則鄭氏後似未有過之者。無已，則葉氏《禮經會元》、衛氏湜《禮記集說》、江氏《禮經綱目》（廣雅書局重刊本），皆有可取。弟意，說經必以義理為主，清代兩經解，實可束之高閣。漢人以博士所說為俗學，清人乃以是自矜，思之直是可笑。此語尊兄或不以為然，然弟今日所見只如此也。學以講而益明，誠然。

來書以弟頗持異同，似以議論不合為憾，而又病其問難之寡為不肯盡其誠，此或有所未察。弟於唯識實未用力，未敢率爾下語，此則有之，繼此當更讀《瑜伽》諸論，以為異日發問之資。今欲奉詶來教，直舉弟所未安處，望兄勿遂目為攻難，且留待商量，可乎？然弟言語甚略，不欲多所徵引，以省簡札之煩。此意亦望兄亮之。

第一，來教謂：「熊某馬某都是天地間公共物事，不須揜諱。」弟謂直是揜諱不得，不容著「不須」字。「潛雖伏矣，亦孔之昭」，豈有揜諱處？古德云：「遍界不曾藏。」此語尤顯。兄此語不如象山答學者云：「公以為天地間有一陸子靜、朱元晦，是否道理便增得些子不成？少得二人，天地間道理便減些？」（大意如此，未暇檢語錄。）

第二，來教云：「吾儕今日須作一番犧牲自己功夫。」弟謂著「犧牲」字不得。以成己成物本是一事，成物即是成己，何云犧牲？若云犧牲，是損己以成物，物我間隔，成義亦不成矣。兄勿謂此乃用通行語。文字小疵，實害根本義，似不得放過。

又來教所舉四問題[1]：

一、論轉變。弟意體上不能說變易，儒佛皆然。流行者方是其德，主宰正是以體言。於變易中見不易，是以德顯體。如言「乾，元亨利貞」，乾是體，元亨利貞是德。彖辭言「乾道變化」，「道」字須著眼。「至誠無息」，至誠是體，無息是德。欲翻尊語「此變動不居之體，有其不變不易之德」為「變動不居之德，有其不變不易之體」，二字互易，亦頗分曉。此說與兄恰恰相反，兄或目為故作

1 此處應為五問題。

矯辭，然弟所見實如此，不能仰同尊說，寧受訶斥，不能附和。

二、論輪迴義。尊兄說：「涅槃是非人生的，儒家終是人生的。」弟愚，亦所未喻。經明云「一切眾生即涅槃相」，「諸法從本來，常自寂滅相」。所謂超人生的即在此人生之中。世出世間，等無差異。現前法法皆涅槃，不是別有一箇境界，來換卻這一箇。因亡果喪，更何有取證之者？真的生命卻是公共的，無個別的。如來智相之身，豈同色身迭相見？故此猶是以報身言，況法身邪？此說若一一具答，頗覺詞費。知兄今日決不以為然，然勿遽斥為儱侗矯辭。留俟他日更商量或有相契之時，亦未可知。

三、論體用。今舉馬祖[2]下禪德三平一頌為答。頌云：「即此見聞非見聞，無餘聲色可呈君；箇中若了全無事，體用何妨分不分。」

四、三善根論仁。弟極所贊歎。教人先識三毒行相，最切要，於學者有深益，夫何間然？

五、論染淨。《易．繫辭》曰：「繼之者，善也；成之者，性也。」弟嘗舉《壇經》「修證即不無，汙染即不得」二語，以為與《易．大傳》二語絕相似。來教二層生命之說，示學者亦極警切。然究極言之，生命只是一層，不得有二，所謂「汙染即不得」也。此語與兄「法相宗要活看」之說，不知亦略有相似處否？

尊兄信《華嚴》，而不信華嚴宗諸師，此論亦稍過。若謂諸師儱侗，尚待一一簡出，甚願尊兄節

2 指馬祖道一禪師。馬祖道一（生卒年不詳），俗姓馬，唐代禪宗大師，六祖惠能之再傳弟子。

省精力，暫且置之。弟意終不欲輕誹古人，以為若論學地，自有深淺；若論性分，豈唯今日勝他不得，盡未來際，後後亦不能勝於前前。與兄講論之日雖尚淺，深服兄為學強毅縝密，與人言切摯猛利，但微似稍有急迫之意。固由悲心之厚，卻非病體所宜。甚願體「寬以居之，仁以行之」之旨，使從容涵泳，有怡然渙然之樂，似較有受用。吾人一心之禮樂，亦不可須臾離。工夫是禮，受用是樂。敬是工夫，和即是受用。先儒云：「敬則自然和。」（敬不是拘迫，只是勿忘勿助，無作意無膠。）此真體道有得之言，敢以此語奉獻，未知當蒙首肯否？秋熱，諸惟珍重。弟浮頓首十力尊兄先生。九月八日夜。

日中不免人事，竟未能作書，夜來下筆，不覺目眵，字跡潦草也。

五　（一九三〇年十月七日）

兩書均至。售書事，前聞朱惠清欲商中華一家代售，此實較好辦法，後聞與總局接洽未妥。今為兄計，莫如與神州商之，由神州任總代售處。書印成後，除自己留存若干部外，悉數交與總代售處，由彼保存及分寄各埠分售處，各分售處售得之款，亦彙交總代售處，如此可以省卻許多麻煩手續。

所以擬定神州者，以兄於彼局熟人較多，或易於浹洽也。廣告必須登，即由總代售處出名，連登一星期，或隔日一登亦可。後此每星期登一日，以一二月為度。若神州肯代登固佳，否則由自己出資，由彼代交報館，指定一二種報即可。彼等廣告費照例有折扣也。既有一總代售處，則責任可專，不必自己零零碎碎與小書店交涉。但肯任總代售處者，第一，必須有交情面子；第二，亦須與以一種權利。（如定價若干，總代售處照幾成歸價。彼寄與外埠分售處，可加寄費一成。假定定價一元，總代售處以六角或七角歸價；彼寄與外埠分售處，假定為八角歸價，分售處又可加寄費一成。如此，總售處與分售處皆有剩餘價值，彼必欲為矣。）此輩市賈，豈知書之價值！彼固視書為商品也。吾輩不能自己賣書，其勢不能不聽其剝削。然若無交情面子，即欲聽其剝削，彼尚掉頭不顧也。此亦未足深異耳！

杭州分售處，中華，可責之惠清；圖書館發行所，可責之毅成，有此兩處便足。（廣告中，外埠分售處可列入。）先寄若干部，將來可開單與總代售處，令其照寄。毅成昨來，已當面囑其與圖書館館長接洽矣。書端及封面題字，別紙寫就附去。

來書附致王邈達一紙，容晤時與之。越園、俶仁昨日在一劉氏宅共飯，真是閒言送日。心粲、毅成雖尚有嚮學之意，終不能立志，無所入，末梢恐入流俗去。稍能用力者，獨立民耳。兄去後，發言莫賞，能無寂寥之感乎？弟浮頓首。十月七日。

六　（一九三〇年十月十三日）

廣告略為酌數字，原稿附還。書尾似不必具列代售處。定價一元五恰好。浙圖書館寄存辦法，當囑立民、毅成商之。別紙寄少翁、越園，容交笑春轉去。舊疾復動，節勞為要，書成恐尚需時耳。

頌天俟兄回鄂後作何行止？念念。弟浮。十三日。

七（一九三〇年十二月三十一日）

笑春送《尊聞錄》來，得兄片簡，知近日體中復小不適，極念。弟略涉醫家言，察兄形色脈證，決定無妨，幸勿過憂，轉致耗損真氣。

答北大陳百年書已發出，決舉兄自代。此事未曾預白，然推吾兄素志，當不咎其鹵莽也。陳書發後，乃復得手書，教督之意直諒深切，對之滋愧。然弟所以不往者，亦非自安頹放，實自審教人力量不及吾兄。吾亦只有減法，扶今日學子不起。所以舉兄，正欲不負先聖，不負後學。

陳君信得及否，弟雖不敢知，然弟盡其所欲言，乃是與人忠之道。今將去年答馬夷初一書，及今年答陳百年二書抄奉一覽。兄於弟對此事之態度，當可瞭然。當時未識兄，故其言如此。今既知兄之善教，故亟言之。吾何敢先焉？亦知兄體不勝朔寒，然徐俟春和，病體少蘇，亦何為不可？梁何胤講學於秦望山，梁武特遣太學生詣山中受學，此事不可期之今日。即或不能往，亦可令諸生疏記所聞，郵請批答。兄既以道自任，必不憚勞也。

本體之說，兄似以弟言未契為憾。「流行之妙，何莫非體！」弟於此非有異也。但謂當體即寂，即流行是不遷，即變易是不易，不必以不易言德，而定以變易言體耳。兄言「如理思維，各捨主觀」；弟則謂一理齊平，慮忘詞喪，更無主觀可捨也。此事且置。

《尊聞錄》極有精采。成能、明智二義，是兄獨得處。「智即是體」一言，尤為直截，但此「智」須有料簡。其間一二小節目，略須商榷。然大體醇實，行文尤極閎肆。以教學者，的是一等救衰起廢之藥。敬服！敬服！天氣轉佳，欲趨晤，復恐久談非宜，因草此代面。諸惟珍重，不悉。浮頓首。庚午十一月十二日。

八（一九三一年二月二十八日）

五日之約，遂不果集，乃知區區緣會，亦不可豫期也。比日祁寒，郊居頗能堪之否？唯少病少惱，氣力佳否？致叔仁書（叔仁如滬未還，此書尚留弟處。）云欲移居嘉興或上柏，恐不及覓橋之適，又相去益遠，殊不願兄數數移居，且於尊體亦似非宜。

致曹子起書一通奉還，其一通容轉致。曹書故失之，亦其思之未審，但兄言亦疑少過。「作語話會瞎卻人眼」等語，乃禪宗常談。意謂義解多途，學者以意識領會，遂謂能事已畢，不免塞自悟門耳。彼欲令學者致思，近於不憤不啟、不悱不發之旨，未為差謬，非譏兄之發揮盡致也。

師資之道，有不可不發揮盡致者，亦有不能不令其涵泳自得者。曹君於兄之發揮盡致處，似甚折服，但欲以涵泳自得之說進。弟以為其意無他，但其語太拙耳。引衲僧語殊不類，宜兄之怪責。但兄謂：「曹君眼殊不明，豈由吾瞎之？」此語氣度未佳，有傷切偲之益。來書特屬弟，於此書氣度有未然者，可直說，故不敢隱。

兄常稱魏晉人氣度好，弟竊謂辨論之文，如《弘明集》所載，雖義理未能遂精，而詞氣和緩，藹然可悅。如謝靈運〈辨宗論〉等，書札問答之際，賓主之情，務盡其理，而無有矜躁之容。此實可法。兄明快人，不欲為迂緩之詞，弟誠知之。或初交相知未深者，以是施之，彼將裹足結舌，非所以攝受群倫之道也。兄意以為如何？筆硯俱凍，不能多及。未晤間，諸惟珍重，不具。辛未一月十二日。

九（一九三一年）

意識不為境縛，須是灑落始得。灑落乃是情不坿物，始成解脫，有自由分。若云展拓，似是將行擴大，如何得轉化去？儒家只說誠意是著一毫虛妄不得，所謂「復則無妄」，「不習無不利」，非同「五位無心」。蓋意識雖現起而無礙，乃是舉妄全真，諸心所法盡成妙用。堯舜性之，湯武反之，顏子性其情，皆是這箇消息。其初須是刊落一番，故慈湖提持絕四之教，濂溪說誠精故明、神應故妙、幾微故幽，更不必立心心所法。大抵儒家簡要，學者難於湊泊；釋氏詳密，末流又費分疏。聖凡心行差別，只是一由性、一由習而已。今尊論固是別出手眼，料簡習氣，正是喫緊為人處，破習即以顯性，此點弟於兄固無間然也。

一〇（一九三三年）

今之市醫，猶未足語於方伎，何足深責？伯敬沉潛，蓋秉其父教，向固以後來之秀期之。自其始學醫時，弟即告以：不可以方伎自小。凡方伎之精者，亦必心通於道而後可至。伯敬所事二師，曰陸無病，曰王仲奇，弟皆習知之。無病儒雅通博，惜其早沒。仲奇亦能讀古書，知方理。伯敬雖年少，頗能得其師法，但其立方用藥稍輕，或不及病。此失之過謹，然與鹵莽自用者固有別矣。

家姊年垂六十，今患跗腫及膝，若入腹則不可治，故心甚憂之。居宅誠卑濕，然家姊所患非由濕氣，蓋以血氣衰耗，不能運行，故致此耳。弟雖略窺醫書，粗能辨證，然未敢輕自處方，只能就所識諸醫中，擇其善者用之。今亦服伯敬方，尚未能責其速效也。兄前書所示曲折，深荷關垂。所以為吾計者，周摯可感。以吾父輩交情，豈復尚存硜硜之見？但目前藥餌之資尚未至乏絕。若移居，則事勢未能遽行者，以非吾姊丈息園所願，吾姊亦弗欲也。息園為人愿而介，弟與之同處卅年，深知其性行。若徑以兄意告之，彼必言無可受之道，弟無以易其志也。然兄意良摯，亦不可過拂，所饋之資，今姑留之，可返則返，在弟固可坦然處之而不疑。息園於兄交淺，又甚拘於辭受之節，故擬且弗告也。我生不辰，二親早世。昔有一姑，相依卅年，年踰八十，視我猶子。今唯一姊，見吾孩提以至衰老。凡人年既耆艾，老日苦多，則友因心，彌覺可貴。乃令常在疾苦之中而不能安之，此誠可危心深慮，能不自傷其薄劣乎？感兄之言，怵惕於中，不覺喟然及此。遲更奉教，不悉。弟浮頓首。

一一（一九三五年十月十六日）

笑春來，知論學語將印成，屬為題籤，今別紙寫上。弟意用《輯要》名，似有未協，古人著述匙有自著自輯之例。若題《輯要》，則須出輯者名氏，不如徑題《熊氏論學箋》，或用《語要》，較妥。若板心已排定「輯要」字樣，書面題「語要」以為省稱，亦無不可，不必定改也。籤題若嫌過大，製鋅板時可縮小。印成後先以數部見寄，當快讀，如親承晤談也。弟自移居後，舍甥劇病，兩月來始稍寧帖。近遊黃山，得近體數篇，並遊天台過智者塔、高明寺二律，一併寫奉，聊存一時感興。此雖小文字，亦是索解人難得耳。夷狄之禍日深，心性之學益晦，如何，如何！霜寒，諸惟珍重，不宣。弟浮頓首十力尊兄足下。十月十六日。

一二（一九三六年七月二十九日）

前承見示跋張孟劬與人書一文，弟適在病中，久未作答。頃笑春來，復得讀近著答人問玄學與科學真理，不覺喜躍，頓忘疾苦，可謂顯微闡幽，六通四闢，天地間有數文字也。

時人所標真理，只是心外有物，自生計較，是以求真反妄。科學家可以語小，難與入微；哲學家可與析名，難與見性。獨有自號歷史派者，以誣詞為創見，以侮聖為奇功，嚮壁虛造，而自矜考據。此曹直是不可救藥，但當屏諸四夷，不與同中國，而乃猶欲詔以六藝之旨，責其炫亂之私，此何異執夏蟲以語冰，而斥跖犬之吠堯也。

弟意此文不如祕之，暫可不發表。承引與商榷其義，則言之甚長，弟病後思力衰退，憚於作長篇文字，實愧不能相助。原稿已屬笑春錄副奉還。以文字論，不及答真理問之縝密也。頌天前月來，留十餘日，與之言亦有領會處，但不能用力。此是學人通病，只向人討言語，而不自思繹。但記言語何益，況其未能盡記？安得忘言之人而與之言？此是無舌人解語，難可期初機。但求其憤悱易啟發者，亦殊難值。如頌天者，尚有憤悱意思，亦尚可喜也。

兵禍又作，何處得安居？弟病醫者言是胃癌，只得數年活，委心任運而已。寂寥之感，亙古如斯，亦不足置念。老而安死，理之常也。頌天勸吾作六藝論，適兄寄此文來，亦頗意動，終以無此氣力，廢然輟筆。然作與不作，於此理何增減哉。每覽兄文，輒喜兄精力尚健，可以著書，非弟所能及也。偶作小詩遣興，今屬笑春錄去數首，一笑，聊見近懷。南中梅雨蒸濕，北望增念，料餐衛多宜為慰。弟浮啟。丙子六月十二日。

一三　（一九三七年五月三十一日）

見示答意人馬格里尼問《老子》義一書，料簡西洋哲學之失，抉發中土聖言之要，極有精采。彼皆以習心為主，所言惟是識情分別，安解體認自性？兄言正是當頭一棒。但恐今日治西洋哲學者多是死漢，一棒打不回頭耳。

老氏言有無，釋氏言空有，儒家言微顯，皆以不二為宗趣。「有生於無之生，是顯現義」，此語下得最好。說不皦不昧是心平等相，及靜之徐清，動之徐生，歸根、復命、知常諸義，皆極精審，於學者有益。據《老子》本書，乃是觀緣而覺；今西洋哲學則是觀緣而不覺，靜躁之途異也。

緣會故名有，性空故名無。（常無以觀妙，常有以觀徼，即是般若觀空、漚和涉有之義。徼，猶言邊際也，二邊既盡，中道自顯。今以「徼求」為解，義似稍曲。）三乘等觀性空而得道。老氏之恉，頗與般若冥符。但其言簡約，未及《中觀》「八不」義之曲暢旁通、《華嚴》「六相」義之該攝無餘耳。西洋哲學只是執有，不解觀空。所以聖凡迴別。彼之所謂聖智，正老子所謂眾人計著多端，只成倒見而已。

晚周哲匠，孔、老為尊。孔唯顯性，老則破相。邵堯夫謂孟子得《易》之體，老子得《易》之用，斯言良然。顯性故道中庸，破相故非仁義。語體則日用不知，談用則深密難識。《漢．志》以「君人南面之術」為言，亦淺之乎測老子。莊子贊其博大，正以其神用無方。但其言有險易，義有純駁，頗疑六國時人坿益，不盡出其本書。如謂「眾人皆有以，而我獨頑似鄙，我愚人之心也哉」，其言嶢奇自喜，長於運智而絀於興悲。「反者道之動，弱者道之用」，「曲則全，枉則直，窪則盈，敝則新」，（莊子益之以「堅則毀，銳則挫」。）皆觀物之變以制用。「人皆取先，己獨取後」，「人皆取實，己獨取虛」，實為陰謀家之所從出。亦其立言之初偏重於用，故末流之失如此，若孔子則無是也。

「正大而天地之情可見矣」，何其與老子之言不類也！

弟意為學者說《老子》義，須將此等處令其對勘。今為西洋哲學家說，故未遑及此耳。此書篇帙不多，似可告彭君增入《熊氏叢書》。屬題內外簽，別紙寫奉。外簽但用大題，不須更寫別目。如此款式稍大方，非偷懶欲省字也。春假南遊之說未果，殊增遠懷，且喜近體轉勝。弟雖衰相日加，幸無大病。舍表弟遠來相就，足慰遲暮之感。惜其少更患難，不免失學。但氣質甚佳，與之語亦頗能領會少分。吾外家世世有文，弟於彼屬望頗深。但為生事所累，未能一力於學耳。荷兄關懷，故及之。猶寒珍重，不悉。丁丑四月二十二日。

一四 （一九三八年一月九日）

十力尊兄鑑：

得十一月二十六日黃岡來書，憂生念亂，見惻怛之深，為之嗟歎不已。然兄深悟無常，觀此業幻，益當增其悲智，拯彼群迷。遇物逢緣，亦堪施設。唯慈可以勝瞋，唯仁可以勝不仁。眾業雖狂，斯理不易。物不可以終難，故受之以解。龍蛇之蟄，以存身也。吾曹雖顛沛流離，但令此種智不斷，此道終有明行之時。至一期之報，固未足深恤耳。講學在今日，豈復有定所？弟謂無時無地無人皆可隨宜為說。若避地之計，直是徒然。我能往，寇亦能往。弟自徙桐廬，甫及一月而嘉、湖淪陷，杭州幾不守。沿江諸縣，寇未至而兵已來騷亂，不可復居。因留立民為守舍，而與舍甥輩及星賢一家暫徙鄉間。此後能否不遭波及，亦殊難料。資斧有限，力亦不能再徙，但有俟命而已。立民、星賢平日教學之兩校，復徙淳安，生徒零落，已瀕解散。二子因決然捨去，相從患難，不廢講論，其志可嘉。所恨者，弟未能有以益之耳。餘子皆散歸鄉里，此亦各有因緣，不能強也。險難中可以自慰者，唯此一事，故以奉告。休戰即未可冀，但令郵訊尚通，亦時盼音教，以慰岑寂。霜寒珍重，不宣。弟浮啟。丁丑十二月八日。

一五（一九三八年一月十五日）

十力尊兄：

九日寄團風一書，宜若可至。頃聞金陵圍甚急，而杭州勢似少紓。久戰，民不堪命，敵即不至，亦苦兵、苦饑，無地可以安處。弟既羸困，不能再轉徙，亦知轉徙則其困彌甚。共業已成，佛來亦救不得，坦然俟之而已。不能轉物，即為物轉。吾曹所學，不以治亂而易。世雖極亂，吾心當極其治，每以是自勘。以告學者，似皆未足以及之。乃歎獨立不懼，遯世無悶，真大人相，非有大過人之行未易言也。立民頃欲還鄂，詣團風就謁，輒坿數字奉問。儻戰禍少戢，郵信無阻，盼時惠教，以慰煢寂。臨書神馳，不宣。弟浮頓首。丁丑十二月十四日。

一六　（一九三八年七月十三日）

十力尊兄：

得璧山五月卅日書，快若晤語。古德云：「門庭施設，不如入理深談。」弟今所言，但求契理，不必契機。佛說《華嚴》，聲聞在座，如聾如啞。孔子言：「中人以下，不可以語上也。」此雖聖人復起，直是不奈伊何。吾縱不惜眉毛拖地，入泥入草，曲垂方便，彼自輳泊不上，非吾咎也。大匠不為拙工改廢繩墨，吾亦稱性而談斯已耳。且喜尊兄證明，言固不為一時而發。承告以方便善巧、曲順來機之道，固亦將勉焉，冀饒益稍廣。然此是弟所短也。弟在此，大似生公聚石頭說法，翠巖青禪師坐下無一人，每日自擊鐘鼓上堂一次。人笑之曰：「公說與誰聽？」青曰：「豈無天龍八部，汝自不見耳。」弟每赴講，學生來聽者不過十餘人，諸教授來聽者數亦相等，察其在坐時，亦頗凝神諦聽，然講過便了，無機會勘辨其領會深淺如何，以云興趣，殊無可言。其間或竟無一個半個，吾講亦自若。

今人以散亂心求知識，並心外營，不知自己心性為何事。忽有人教伊向內體究，真似風馬牛不相及。弟意總與提持向上，欲使其自知習氣陷溺之非，而思自拔於流俗，方可與適道。此須熏習稍久，或漸有入處。今一暴十寒，一齊眾楚，焉能為功？然彼不肯立志，是伊辜負自己。吾今所與言者，卻不辜負大眾，盡其在己而已。

六藝要指，向後自當分說。譬如築室，先立一架構，譬如作畫，先畫一輪廓，差別相自不可壞。似須先教伊識箇大體，然後再與分疏，庶幾處處不失理一分殊之旨。會語續有數葉，今並附去。其間若有未當，望兄不吝彈訶，此學不辨不明也。「社會科學亦是道名分」一條，兄來示分析得最好。當時講此，亦不謀而與兄言相合，但未寫入講稿內。駁實齋一段，證據不足，實苦手頭無書翻檢，俟有書可引時，當別草一專篇說之。

聽眾機劣，吾又緣淺，在此未必能久羈。虜勢復大張，既決河以灌吾軍，又於安慶上陸舒城一路，似將竄入黃梅，有沿江以攻武昌側面之勢。若其欲破壞粵漢路，恐將由贛以犯長沙，萬一武漢不守，則將不可為國。聞贛省府擬遷吉安，爾時泰和便不可住。學校當軸有遷桂之計，但事事須秉承教部意旨，舉動遲緩，未必能見幾。弟本居客體，去住可以自由，不必與校方一致行動。然轉徙之資殊感乏絕，又道路難行，桐廬一部份殘書，收之於煨燼之餘，近方運之來贛，（費時一月餘，猶在樟樹吉安間上水船中，尚未抵泰和。）一旦再徙，亦無處安頓。自漢口疏散人口之訊出，聞上遊船位擁擠，絕不能帶行李。南昌、九江亦俱紛紛遷避。自廣州大轟炸後，內地都市在在可危，深山窮谷又不可得，即有之，又為游擊隊出沒之所，真無地可以容身。

弟有一簡單原則：但令其地不陷於虜，則隨處可居。然獸蹄鳥跡交於中國，吾將何之邪？物不可以終難。自佛眼觀之，共業所感，絕不專係一方。「知進而不知退，知得而不知喪」，「盈不可久」，彼之謂也。「小人而乘君子之器，盜思奪之，上慢下暴，盜思伐之」；「智小而謀大，力小而任重，鮮不及矣」，我之謂也。虛憍之氣，如何可久？必勝之說，乃近自欺。定業難迴，又誰咎也？泰和雜詩十首附呈，兄覽之，可以知其所懷，困不失亨，此尚非亡國之音耳。炎熱不可耐，下筆不能自休，言亦終不可盡，在一二月內尚盼繼教，不一一。戊寅六月十六日。

一七（一九三八年十一月二十四日）

弟到桂後，因行役勞頓，尚未致書。曾晤陳真如，詢知近履安勝，且云形體較前豐碩，深以為慰。念令弟有田宅在德安，今已為戰區，想必先時遷徙矣。舉世皆危，豈能獨安？聞見所及，有同幽夜。群迷不寤，只增悲心。墮坑落塹，未足為喻，如何如何！

前月二十四日來電，踰八日始至，可知軍電壅遏，殊非佳象。書院動議，前由毅成、百閔來電，具道教部之意，有「名義章制俱候尊裁」語。禮無不答，故臨行倉猝草一簡章與之。逆料此時斷無實現可能，事後亦遂置之。及前月二十八日得立民二十日航空信，乃云毅成諸子已著手籌備，並請吾兄為創議人，草緣起書即送教部，並屬早日赴渝。其所示辦法與弟簡章所擬，頗有不符。因於廿九日答以一長函付航空，並拍一電屬暫緩，容函商，不知此電已到否？航空信約旬日，想亦可到。今接兄電敦促，已立即復電交毅成轉達。電詞簡略，其為答立民書中所已及者，今可不贅。

弟意為山假就於始簣，修塗託至於初步。雖諸法皆從緣生，造端不容不審慎。六朝、唐、宋佛寺至今猶有存者，當時出入之盛，儒家實有遜色。叢林制度，實可取法。古德分化一方，學者一任偏參，故禪林尤勝講寺，今雖衰歇，視儒生之徬徨靡託，猶或過之。妄意欲以此法寓之於書院，其初規制不妨簡陋，學子寧少毋濫，必須真為道器，方堪負荷。此類機在今實未易得。（書院無出路，且不許參加政治運動，流俗必望而卻步，尤違反青年心理。）至講舍以擇地營構為宜，務令可大可久。（此指規制言，非指屋宇言。）圖書必須多貯。即此數項，已非有相當基金不能舉。在此時即有能了解肯贊助之人，恐財力匱乏，難以集事。況第一困難，即在選擇地點。（須不受軍事影響，交通不致間阻，供給不致缺乏，尤以地方治安可以保證為要。在今日恐難得此一片土，至於山水形勝，尚在其次也。）若因人家園林別墅為之，加以葺治，或較易成。但須隙地寬曠，樹木多，水泉潔，去城市不可過近。此數條件亦未易具足。因歎古時僧家，實能選勝。且其檀施自然而集，此有福德因緣，不可強也。

電示創議人列名問題，此須切實際，不可務虛名、近標榜，前與立民書中已言之。至書院如何產生，由創議人告之政府，政府加以贊助，如為佛法外護即可。但出以何種形式，大須斟酌。如立民前書所云，弟認為不妥。（如用文字請求，彼可加以准駁。補助經費，在彼亦當列入預算，經會議通過，且有權可以削減或停止。此則明係隸屬於教部，與弟初意相違，愚意絕不能贊同也。）妄意或可由創議人徑呈國民政府，政府以明令嘉獎，交教部備案，一切不予干涉，在名義上較為正大，在事實上亦較有保障。但此皆世緣，且為衰世不得已之事，或亦可引起一部分人之譏訕，且其所謂保障嘉許者，亦等於空華。

若云隨順眾生，今日眾生實有不可以隨順者。使聖人復生，如來出現，應機示教，必異常情。聾俗之人，難可曉喻，諸佛亦不奈何。不如闇然無聞，杜門自講。徒侶不多，尚不為人所注目，尚有一分自由也。

總之，弟對於此事，初無成心，語默動靜，本無異致。若審之義理而可安，弟亦不惜一行，為先聖留一脈法乳，為後來賢哲作前驅。苟其有濟，何為自匿？如其稍涉徇人，義同枉尺，則非惟弟不能往，亦願兄諦審諦觀。毅成諸子慮所未及者，望兄有以釋之。此推心置腹之言，不是定要作開山祖師也。簡章所未備者，望兄斟酌損益，留為後法。至弟之成行與否，此時尚談不到。盼兄詳示，再加商略。自贛來桂途中，作得小詩聊寄所感，今附去一粲。餘俟續教，再行申答。不具。戊寅十月三日。

一八 （一九三八年十二月八日）

十力尊兄左右：

十月三日復一電，（致經濟部壽毅成轉。）同日交航空寄一書，（寄求精中學交立民轉。）想次弟得達。頃奉六日重慶來教，（據封面郵印係六日，書中則作十月一日。）知此電尚未至。然九月二十八日致立民一電一書，來教均未提及，豈皆未至邪？航空信自渝至桂約旬日，不為慢。唯電報至踰七八日猶未送達，壓擱至此，紛亂之情可想矣。

前書所言，雖逞臆而談，義理實爾。立民及毅成輩或恐未喻吾意，以為冷水噀面，不堪受此鉗鍾。然此等處正不得放過，非拂人之情也。來教引墨子、蘇格拉底為喻，勸弟勿堅臥。且謂部中一切聽弟自主，在今日固已難能。但事實上緣尚未具，與其有始無終，有頭無尾，不如其已。孔子之窮老刪述，遠不如釋迦法會之盛。孟、荀之在稷下，亦較闕里為尊。今日欲求一魏文侯、齊宣王、姚興[3]、梁武[4]，似尚無其人。弟妄意欲以書院比叢林，實太理想，遠於事實。以今人無此魄力也。自真諦言之，又何加損？性自常存，願自無盡，不在湧現樓閣，廣聚人天也。戰後文物摧殘略盡，應為之事良多。僧如紫柏[5]，俗如楊仁山[6]，儒家尚無其人。以後學者求書不能得，故印行典籍，尤為迫切需要。然今人唯知有抗戰文藝，其誰信之邪？弟前書謂書院不必期其實現，但簡章可留為後法。望兄相助，損益盡善。此意似可加入，垂之空文亦同見之行事，無二致也。武漢方危而粵禍日亟，西南一隅，未易成偏安之局。何地可以容身，亦唯有致命遂志而已。

星賢就桂林師範教席，日內即徙鄉間。（距桂林數十里，地名兩江。）舍甥已令往貴陽，有一事

3 指後秦文桓皇帝姚興。姚興（三六六—四一六）晚年篤信佛教，在國內廣建佛寺、翻譯佛經，一時佛教大盛，至「求佛者十室而九」。

4 指南朝梁武帝蕭衍。蕭衍（四六四—五四九）為南朝梁開國皇帝，早年勵精圖治，改善許多前朝弊政；晚年卻因傾力資助佛教發展，致國庫空虛，在侯景之亂後絕食而亡。

5 指紫柏真可。紫柏真可（一五四三—一六〇三），俗姓沈，號紫柏老人，明末四大高僧之一。

6 指楊文會。楊文會（一八三七—一九一一），字仁山，清末佛教居士，中國近代佛教復興運動的奠基人。

可就。弟月內或將徙宜山，仍暫依浙大，蓬飄梗轉，亦只隨緣。所攜書籍僅存十分之二，其由桐廬燼後運出者，交浙大代運，今尚在贛州。粵戰一起，恐舟楫不通，終成委棄矣。有哀曹子起一詩，今以附覽。鍾山在南嶽貽書見告，始知子起已逝也。餘俟續教至日再答，諸唯珍重，不宣。立民、以風、振聲諸子均此。弟浮頓首。戊寅十月十七日。

一九（一九三八年十二月）

十七日奉答一書，交航空寄立民，旋得本月六日航空示，並立民附書。凡兄見教之言，皆極有分量。與百閔一席談，傾肝吐肺，更無蓋藏，非兄不能為此言。

吾儕今日講學，志事亦與古人稍別，不僅是為遺民圖恢復而止。其欲明明德於天下，百世以俟聖人則同；不以一國家、一民族、一時代為限則別。此義非時人所驟能了解，將謂無救於危亡。其效不可得而覩，其不可合也明矣。至入泥入草，固非所恤。資糧之不具，參學之難求，猶其小者。弟終疑此事不能實現，非故為逡巡自卻也。欲就一深山窮谷，把茅蓋頭，但得三數學者，相與講明此事，令血脈不斷。然羶腥滿地，並此亦不可得，是有命焉。杜口以歿世，亦何所憾？自來亂亡之世，骨肉不能相保者有之，但不如今時塗炭之烈。兄諸弟姪在黃岡、德安者，未能援之早出，此非唯兄之憂，亦友朋之責也。然避地亦未必即安，雖處危地而能自全者，其例亦甚眾，兄似不須過憂。此非故為寬慰之詞。弟姊丈丁息園居杭不肯出，弟憂其身陷虜中，存亡莫卜，乃在江西時得上海親友書，知曾與通訊，竟安然無所苦，但不能出耳。日來消息大惡，廣州已陷，武漢益岌岌旦暮間。或傳已有行成之說，更復何言？書院事益可束閣矣。遲教更答，不具。戊寅十月廿三日。

二〇 （一九三九年七月二日）

見示學生津貼太觳，此乃稱家有無。今經常費只有此數，若增之，則可容之人數益少。至學生出路，書院無權規定，此政府之事。書院既在現行學制系統之外，亦不能援大學文科研究院為例。弟意學生若為出路來，則不是為學問而學問，乃與一般學校無別，仍是利祿之途，何必有此書院？若使其人於學能略有成就，所謂「不患無位，患所以立」，「雖欲無用，山川其捨諸？」似不必預為之計，啟其干進之心，且非書院所能為謀也。必如兄言，則弟前此主張，一概用不著，無異全盤推翻矣。自昭才自可愛，然彼於西洋哲學已自名家，且身任教授，在大學地位已優，書院淡泊，或非所好。將來自當請其居講友之列，但使延居講席，則戔戔之帛恐無以待之。且書院講習所重，在經術義理，又非西洋哲學也。兄意以為如何？至選取學生，自當稍寬，如兄所教。時局如此，恐來者寥寥耳。己卯五月十六日。

二一 （一九三九年七月十日）

十六及廿日惠書，同時並到。唯交百閔轉示一函，未見轉來，未知其中所言何若。關於書院未來作計，二十日教言之甚詳，非兄不聞是言。令弟不善處變，頓違兄意，聞之亦為兄不怡。然門內之事恩掩義，只可徐俟其悟。兄以是憂憤太過，亦足以損胸中之和，願兄之能釋然也。

渝災後，毅成諸人忙劇不堪，書院進行受此影響，不免停頓。然此間方開始部署，不能住手，一切未能就緒。緣生之法，勝劣從緣，只好因物付物，任運為之。兄來書，舉般若言種種不可得，因戲謂用人不可得。剋實言之，安有一法可得邪？書院方萌芽，能否引蔓抽枝，不被摧折，殊難逆料。欲使遽成大樹，覆蔭天下人，實太早計。弟總思為眾竭力，不為身謀，然風之積也不厚，則其負大翼也無力；水淺則船膠。但有法財而無世財，亦徒虛願。事緣如此，莫可如何。

頌天、子琴欲來，弟豈不願？若經常費不致無著，以都講待之，不帶職務，津貼只能倍於學生，亦恐渠等不彀生活，（都講名義比助教為雅，弟意使之領導學生。倍其膏火，僅可支六十元。其帶職務者，視其事之繁簡，量與增加。然開始時亦無多職務可安立也。）未知兄意以為可否？若依參學人例，則無津貼。勞彼遠來求此不可得之法，或者兄又以為不近人情也。（子琴若能於嘉定中學得一教席，因暇來居參學之例，自較住書院為勝。頌天在南充所入若干，弟未悉，若來書院恐顧家稍難，使其常患不給，亦非所以安之也。）周淦生當以講友處之。書院若規模稍宏，弟意延攬人才，唯恐其不盡。今乃寒儉若此，未足以語於斯耳。

至關於學生出路一事，弟亦非有成見，必令其與世絕緣。但無論古制時制，凡規定一種資格，比於銓選，此乃當官之事，書院實無此權。若令有之，則必須政府授與，如中正之以九品論人而後可，否則為侵越。未聞先儒講學，其弟子有比於進士出身者。若回之問為邦，雍之使南面，此如佛之授記，祖師門下之印可，純為德性成就而言，非同吏部之注選。西洋之有學位，亦同於中國舊時之舉貢，何足為貴？昔之翰林，今之博士，車載斗量，何益於人？昔有古德，人問之曰：「公門下成就得何事？」答曰：「個個使伊成佛作祖去。」程子兄弟少時見周茂叔，便有為聖賢之志。弟意學者若不能自拔於流俗，終不可以入德，不可以聞道。書院宗旨本為謀道，不為謀食。若必懸一出路以為之招，則其來時，已志趣卑陋，所向既乖，安望其能有造詣邪？君子之道，出處語默一也。弟非欲教人作枯僧高士，但欲使先立乎其大者，必須將利欲染汙習氣淨除一番，方可還其廓然虛明之體。若入手便夾雜，非所以示教之方也。

今時人病痛，只是習於陋，安於小；欲使決去凡近，所謂「以此清波，濯彼穢心」，知天下復有勝遠，令心術正大，見處不謬，則有體不患無用。然後出而涉世，庶幾有以自立，不致隨波逐流，與之俱靡。只養得此一段意味，亦不孤負伊一生，不能煦煦孑孑為伊兒女子作活計也。

兄意固無他，只是愛人之過，世情太深。弟所以未能苟同者，一則不能自語相違，二則亦非今日書院地位所許。料兄必能深察此意，知弟非固執己見，好與兄持異議也。

學熙之去，實是可惜，各有因緣，亦不能強。兄以是減興，殊令人繫懷。今日實無處可安居，兄暑假前既不欲動，弟亦不敢促，但兄若不來，在書院便空虛無精采。趙老、葉兄未必能至，且渝方諸事停頓，弟亦未接正式聘書，故於延聘講座之舉，亦倚閣未發。書院至今日，實尚未成立也。

（僅有一籌備會名義而已。）嘉定生活較成、渝並不為甚高，借地烏尤亦是不得已，捨此幾無立錐之地。兄他日蒞嘉，乃知弟言非妄也。朋初先德墓文，迄未暇屬筆，幸稍寬假。時盼繼教，不宣。

又徵選肄業生細則，係賀昌群兄代定。弟意初不欲限資格，但憑知友介紹。賀君以為太廣，雖不必重視大學畢業，亦須加以攝受，故設為四項。古人求道心切，不辭千里裹糧，且有棄官而為之者。董蘿石年已六七十，尚就學於陽明，此皆自至，何待於招？今書院設為徵選及津貼之法，本是衰世之事，隨順劣機。衡以古人風概，已如天壤懸隔。

來書謂：「如全不養無用漢，烏可盡得人才？世法還他世法，豈可盡得天上人？」此誠慨乎言之。人才固難，養得一群無用漢，又何所取義？兄謂「生平不為過高之論，國家教育明定出路，世法不得不爾；若無出路，學子失業，將詭遇以求活」。今書院雖受國家資給，然非現行學制所有。即欲要求政府明定出路，亦須俟辦有成效，從書院出來人物成就如何，政府自動予以出路，然後可，不能由書院逕自規定。若慮學生失業將為詭遇，則書院無寧不辦之為愈。且今取得大學、研究院資格亦如麻似粟，誰能保其不失業、不詭遇乎？弟之不談出路，實是事義合如此，不是過高。兄謂對書院少興趣，誠少興也。然不可以少興而不為，是亦「知其不可而為之」之一端耳。前意未盡，故又申答如此。言常患多，今姑置之矣。己卯五月廿四日。

二二（一九三九年七月一日）

昨自峨眉還，讀十六日惠書。方欲促兄早來，乃立民、公純以兄書見示，知已允聯大之約，將棄書院而就聯大，為悵惘者久之。

此次文六、百閔來嘉，因相約至峨眉。弟非好遊也，亦欲假此機會，與其商書院未來之計，欲其多盡力。毅成方居憂，亦不忍數以此事責之。今基金通知已下，實撥當無問題。唯經常費全年一期撥予一層，據文六、百閔皆云，恐難辦到，然允到渝向教部申說。是否有效，固難取必。此皆有待於外之事，只好從緣。吾輩所可盡之在己者，亦只能隨分，做得一分是一分，支得一日是一日。觀未來事如雲，幻起幻滅，孰能保證其必可恃邪？

至關於講習之道，兄以弟偏重向內，將致遺棄事物，同於寺僧，謂雖聖人復生，亦不能不采現行學校制，因有資格出路之議，不如此，將不足以得人。弟愚，所以未能盡同於兄者，良以本末始終自有先後，不可陵節而施。若必用今之所以為教之道，又何事於學校之外增設此書院？「先立乎其大者，而其小者從之」；精義入神，所以致用，未有義理不明而可以言功業者。若其有之，亦是管仲器小之類，非所貴也。性分內事即宇宙內事，體物而不可遺。古德言，但患自心不作佛，不患佛不會說法。今亦可言，但患人不能為成德之儒，不患儒不能致用。必謂滌生賢於陽明，是或兄一時權說，非篤論也。

「舉而措之天下之民，謂之事業」。此乃順應，不可安排，故曰「功業見乎變」。所謂變者，即是緣生，儒者亦謂時命，故言精義則用在其中。若專談用，而以義理為玄虛，則必失之於卑陋無疑也。兄嘗揭「窮神知化」、「盡性至命」二語為宗旨，今所言何其與前者不類也？且兄固言：「人而不仁，其於科學何！」弟於此言曾深致贊歎。今欲對治時人病痛，亦在教其識仁、求仁、體仁而已。任何哲學、科學，任何事功，若不至於仁，只是無物，只是習氣。兄固日日言以見性為極，其所以詔來學者，固當提持向上，不可更令增上習氣，埋沒其本具之性也。今兄欲棄書院而就聯大，固由書院根基未固，亦或因弟持論微有不同，故恝然置之。平生相知之深，莫如兄者，兄猶棄之，吾復何望？此蓋弟之不德有以致之。

弟之用心，初不敢求諒於道路，所以未能苟同於兄者，亦以義之所在，不容徑默，絕無一毫勝心私意存乎其間，此當為兄所深信者。若兄意猶可迴者，願仍如前約，溯江早來。渝嘉間輪船已可直達，此間居處雖未必安適，若以長途汽車入滇，恐亦不勝勞頓。即乘飛機空行，亦不免震盪。恐皆非兄體所宜，幸深察之。現方開始徵選學生，其有以文字來者，皆劣機無可錄。乃知俯順群機，實是難事，亦望兄來共相勘辨。昨電想達，書到立盼飛答，不具。己卯年七月一日。

二三　（一九三九年八月二十六日）

四日惠教至。弟適在病中，氣力頓乏，故未能即復。兄之所教皆是也。然君子作事謀始，永終知敝，亦皆就理言之。至事變無常，世緣難測，誰能逆料？吾輩亦盡其在己而已。

兄之來與不來，但當問理，不須問勢。今曰「於理則可，於勢則疑」，則弟之惑也滋甚。居今日而欲講習，斯事亦明知其不可而為之，至將來發生如何影響，本不可豫期。言契機，言致用，皆可，但皆不能取必。陽明、滁生往矣，彼其及身所成就，身後所流衍，皆遇緣而興，豈假安排？雖當人亦不自知也。君子語默出處，其致一也。「唯幾也故能成天下之務」，所當辨者在幾而已，豈曰要其必用，責其必成哉！書院為講習之事，有是非而無成敗。今兄乃以成敗為憂喜，此非弟之所喻也。

且兄既閔弟之陷於泥淖，以理則當振而拔之，而兄乃以翱翔事外為得，此亦非朋友相愛之道也。兄見教之言，弟即有不契者，未嘗不反復思繹，知兄相厚之意，實餘於詞，何敢負吾諍友？但望兄於弟言，亦稍措意焉。察其推心置腹，無或少隱，猶不當在棄絕之科。如是，則兄意可迴，必不吝此一行矣。

陰陽方位之說，使人拘而多忌。東看成西，南觀成北，豈有定體？世俗命書，弟亦曾瀏覽及之。兄甲木曰元，木曰曲直，就金方，乃成梁棟之用，非不吉也。若弟為丙火曰元，日之西沉，以俗言乃真不利，然弟不以為憂。日之西沉，非真沉也，明日復生於東矣。日無出沒，世人見有出沒耳，此何足計哉。朋初美才，而偏嗜日者之說，使利害之念日膠擾於胸次，亦願兄能廓而清之，於朋初將來治學方有益也。

附奉關聘一通，依俗例為之，幸勿見擯。又匯寄重慶中國銀行轉奉國幣百圓，聊佐舟車之費。

聞宜賓尚須換船，由宜賓則可直達，至多亦不出四日。（由重慶起算。）兄行期既定，盼先以電示，俾便至江濱迎候，且可先為預備館舍。日前方徵選生徒，雖應徵者人數不多，審查文字可入選者，旬日之間，才得六人。繼今以往，一月內當續有至者，或尚不至相戒裹足。未來學子亦可念，弟縱不能啟發人，有兄在此，則不患奄奄無生氣。寺院式之流弊，請兄無憂也。

弟病瘧良已，但苦中氣稍乏。向來土木形骸，不重服食，然因略知脈證，自以為尚無足為患也。言不盡意，書到即盼立復，不勝神馳。己卯年七月十二日。

二四 （一九三九年八月三十一日）

十二日往一書，諒已得達。昨得兄十一日來教，詳哉其言之，微兄吾不聞斯言。雖然，兄之所繩於弟者，似於弟言未加深考。

「尊德性而道問學」，豈有遺棄事物而馳心杳冥，自以為尊德性之理？但本末先後，不容不有次弟，對治時人淺薄混亂之失，尤不能不提持向上。若謂此言有弊，則顏、李真勝於程、朱。晚清以來，人人言致用，其效亦可覩矣。即兄所舉如曾滌生之影響及人，亦由彼於體上稍有合處，雖未能得其體，初非專言用也。世間事雖至賾，理實簡易。若必以隨順習氣為契機，偏曲之知為致用，則現時學校之教亦足矣，何必立書院講六藝邪？

兄必謂弟欲造成寺院式，在今日絕行不通。弟往日誠有是言，意謂書院經濟當為社會性，政府與人民同為檀越，同為護法，不受干涉，庶幾可以永久，乃專指此點言之，無可比擬，乃比之於叢林耳，非欲教學生坐禪入定也，宋初四大書院實有近於此。（蓋用半官款，而用在下之學者主之，不命於學官。）其後私人自主者，如象山之象山精舍、朱子之武夷精舍，乃與禪師家住山結庵無別。所以不能久者，亦由於經濟條件缺乏之故。今人豔稱英之牛津大學，彼亦由中世紀教會之力所植養而來。儒者專以明道為事，不言檀度，故以規制言之，實於彼有遜色。然道之顯晦，初不在是。侈言湧現樓閣廣聚人天，末了亦只是以廣廈養閒漢，何益於事？若今書院之寒儉，乃猶不得比於茅庵，何有於寺院？

弟以為教人若能由其誠，庶可使人能盡其才，雖成就千萬人亦不為多，即使只成就得一二人亦不為少，擴大到極處，亦絲毫無足矜異。兄意必期擴大而後乃肯至，以弟為安於狹隘；弟雖陋，或不自知其陷於狹隘，然謂自始即以狹隘為心，此言乃非知我。謂吾智小不可以謀大，力小不可以任重，弟當自承其短。若謂弟以狹隘之心量距人，兄此言或稍過矣。擴大之計，第一即要經濟條件，泥多佛大，水漲船高，俚語有之。弟既無福德，亦無神通，所謂風之積也不厚，則其負大翼也無力。創議籌備諸人，對書院無認識，即對弟個人，亦何嘗有認識？弟不能強其認識也。未嘗不言，而輒置不報，尚可數數言之乎？故今日書院，只是行權處變，不得已而應之。願力之弘，固在自心；人心之知與不知，不足為病。若因緣之廣，須得人助，未能取信，何由自然而集？是不可以強也。

議者或疑當軸以書院私我，弟絕不致以書院自私，此可不置辨。但以目前經濟毫無基礎，欲言擴大，其道末由。兄意欲使變為國立，此亦無從提出。縱使或有可能，則當隸屬於現行學制之下，而弟前此所提之三原則，全成廢話，欲不受干涉，必不可得矣。此書院立場，不可改易。欲求擴大，須得社會助力而後可，此豈望空祈告所能致者？或者能支持數年之後，漸為人所信，亦須時局不發生劇變，庶幾足以及之，此時焉能驟幾？若遽大吹大擂，所持者寡而所望者奢，豈非近夸而少實邪？兄謂弟始意即不欲擴大，不唯無此理，亦無此情。但此是事實所限，非空言願力所能濟。兄若有實在辦法，弟雖至愚極陋，豈有距而不納之理？但今即日言擴大，亦是空言。蔡子民之兼容並包，弟亦深服其度，但其失在無擇。彼之所憑藉者北大也，以今書院比之，其經費乃不逮十之一，而兄乃以蔡子民期我，吾實有慚德，非不能為蔡子民，乃愧無呂洞賓之點金術耳。此是笑談，兄勿嗤其近鄙。譬如貧家請客，但有藜藿，坐無多人，今乃責其何不為長筵廣坐、玉食萬方、使賓客裹足，為富人所笑，此得謂之近情否？今日之事，無乃有類於是？

兄以狹隘見斥，今事實實如此，弟亦無詞。但謂弟意志即係狹隘，不肯開拓，則兄不免於誤。弟即不肖，未致如此。兄若因是而不來，則十餘年來以兄為能相知，亦是弟之誤。兄猶如此，何況他人？弟從此亦將藏身杜口，不敢更言學問，更言交友矣。

至兄來後欲專繙《新論》，不欲多所講說以耗精神，此皆可悉如兄意。但居處飲食，未必能盡適，此亦弟之力所未能及者，亦不能不先聲明也。不延張真如事，昌群深致不悅。（昌群謂，書院可不花一錢而致名講座。弟意以為，如此因利乘便，在事實上為不可能，書院必假此以為望，亦非義理。昌群因默然不悅而罷。）然弟非不敬張真如，不重黑格爾也。彼之講座脩金，乃由庚款委員會供給，指定國立大學由彼自擇。承彼垂青於書院，（但據蒙文通與昌群書，亦寥寥數行。）但書院既非國立大學之比，須先請教部轉詢庚款委員會，得其承認方可。弟意由書院請求教部，已覺不揆其地位如何；若更欲得庚款委員會同意，此殆必不可能之事，以庚款委員會決不承認書院地位也。冒冒然求之，忽然碰壁，則書院與張真如皆難下場。故欲延張真如，非由書院自請不可，須先置庚款不談。然庚款會指定講座脩金甚優，絕非今日書院力所能及。（若張真如獨優而其餘講座太觳，亦非敬師之道。）若其有以待之，則又何不延賀自昭？且兄前書欲召周淦卿講英文，招牟宗三為都講，若能多加延攬，豈非佳事，豈患人多？無如蹄涔之水易竭，不能供養十方羅漢僧何！且書院力不能購西方參考書，學生並未注重外國文字，使聽黑格爾哲學，亦毫無憑藉，無受教之資，則講者必乏興，張真如及昌群均未顧慮及此。兄以是責弟之隘，似亦未之思也。固言以俟異日，俟學生稍有資藉，然後具禮以請，昌群怫然以弟為距人之辭，弟亦不與深辯。（昌群與張初未相識，但重其為牛津博士耳。此真未免於陋，弟亦不能救之也。）乃兄今亦以是責之。弟誠不能無過，過不在距人，乃在不肯因利乘便而求人耳。

大凡處事，但問義理之當不當，安能盡人而悅之哉？且書院所講，當自有先後輕重，並非拒西洋哲學不講，以西洋哲學學生當以餘力治之，亦非所亟也。凡前書所已及者，今亦不更分疏。總括言之，兄之所諍者，皆出於愛書院與愛弟之厚，即有未能苟同者，何能不接受兄之善意？乃若以狹隘為弟之意志，因而棄之不肯來，則弟實不能承此過。然擴大之辦法，究宜如何，弟之智力，今日實思之未得其道，必待兄來從容討論，絕非一二日所能一蹴而幾，責之創議籌備諸人皆無益也。兄必以弟為不足與議，遂終棄之，弟亦無可如何，但終望兄能相諒，攻我之病，當攻其實。弟非不能識病者，斷無距藥之理也。言多去道轉遠，仍盼決定明誨，不具。

此書寫畢，意猶未盡，言語實不免重複。今更欲有言者，海若忘大，所以能成其大。今兄似猶有大之見存，必曰擴大，亦在此心能充擴得去耳。所謂充擴得去，則天地變化草木蕃；充擴不去，則天地閉賢人隱。此皆於規制無關，豈圖門庭熱鬧而後為大哉？玄理且置，但論事實。吾輩所遇之緣，實太劣下，不必遠引，以舊時尊經廣雅言之，彼皆省吏自為，中央未嘗過問。曾滌生於兵後設書局刻書，未聞須經通過或審計也。今之從政者，尚未足以及此，一般社會其不能於書院有認識，亦無足怪也。此豈可以口舌爭者？「呼牛則應之以牛，呼馬則應之以馬」，兄固嘗言之矣。巽以行權之時，亦不宜大張旗鼓，遭人側目，況空言邪？此其志亦不能不隱。故擴大之事，只可待時，此乃切於事情，非安陋也。己卯七月十七日。

二五（一九三九年七月二十日）

十七日奉答一函，因兄開諭之切，弟亦不可不掬誠以告，其中言語或過於逕直，非出辭氣之道，慮或滋兄之不懌。然吾輩相交，固當推心置腹，何事不可盡言？即兄認為不當，因而指斥，乃是朋友切切偲偲之意。弟雖不德，何致不能服善？知兄之絕不吾棄也。書院充擴之議，弟意志絕無與兄不同之處。但目前為事實所限，不能驟幾，此亦當為兄之所諒。但得兄來，凡事皆可商略，亦省筆札之煩。弟所望於兄之輔益者良多，兄豈能恝然置之乎？昨晚得兄飛示，允於舊曆六月望前首塗，為之喜而不寐。館舍一切，已囑二三子速為預備。日來水漲，舟行益利，願速駕，勿再淹留。瀕行盼以電告，（須示船名。）俾可迎候。相見在邇，不勝引領佇望之情。先此馳達，惟善為道路，不宣。嫂夫人均此候問，世兄亦同來否？並念。

二六 （一九三九年八月十日）

送上王守素《易學目錄附圖》一冊及《易象講錄》六紙，請兄勘驗。此人極有思致，似可與深造，望兄閱後略與批答，許其參學，庶有以進之，想兄當不以為煩也。

二七 （一九三九年九月九日）

昨飯後趨送兄稍遲，兄已下山，意至歉歉。初移戴家屋，諸事未能預備妥帖，自感不便，又不免寂寞，無可與言。弟亦深覺未能為兄安排，有多少不盡分處。頃讀來示，不勝皇悚。書院事不待追論，皆由弟無福德智慧，不能取信於人，故令寒儉至此。然兄之來，自是為學術、為道義，與後生作饒益；不獨為朋友之私，補弟之闕失而已也。不意遭此鉅變，弟不能慎防慮之道於事先，又不能盡調護之責於事後，咎無可辭，兄之見責，宜也。諸子事忙，遂或於承事之際有忽。此亦由弟思慮不周之故。向後兄有所需要，徑請直說，苟為弟力所能及者，必當為兄謀之。（亦屬諸子善為承事。）但望兄切勿萌去志，勿再言去，使弟難為心。剋實而言，今日無往而非危地，其又何擇邪？少閒即趨視，先此敬問痊安，不具。

二八 （一九三九年九月三十日）

昨日講論過久，慮兄太費精神，講後但覺微倦，乃知兄精神畢竟亦是過人，此非獨私心喜慰而已。兄之勤誨如此，其益人者廣矣。見示所以待郭某者未得其道，此誠弟之失。當時以其人言談、氣貌一無足取，心惡其妄，遂未與言。「乾餱之愆，尚非所恤，但少含弘之度，非所以處小人。彼之怨謗，可以不計，拒不與言，未免絕物，實非盡己之道。」兄言是也，惜昨日不聞此言，已不及救，固當謹之於將來耳。沈兄今日大好，曾偕弟下山，行至烏尤壩，遷徙之計，殊不易言，容當熟商。立杭書未寄，黃離明曾有信與立民，此事在目前現勢，恐未能亟圖也。聘黃為講友，弟曾有是意。立民與黃如何言之，弟卻未知。弟意彼此僅一面，並未深談，遽下聘函，未免太驟。俟稍往復相契，乃以為言，未為晚也。梁兄今之顏李，請其來院作短期講說，固是佳事。俟其到渝，當具書邀之。但渠是否能來，亦似未可必耳。率答，不具。

二九　（一九三九年十月九日）

立民持示來教，今作簡語相報。兄所責弟之言皆是也。即或辭氣稍過，弟何致與兄校及此等細故？所引為憾者，弟之處事處人，既皆未得其當，猶不自知其失，而腆顏以教人，何以自安，自宜為老友所棄。書院既不能驟謀改革，兄言已盡，去就之道決於改革與否，此意難迴。今只能維持現狀，弟亦無詞以留兄，姑俟百閔來時，當可就兄與昌群商量。弟既無能為役，一切章制可聽籌委會修改。兄行似不須如是其亟也。相見無詞，何貴僕僕造謁，虛作周旋？但望兄遲遲其行耳。至與兄相愛之厚，未嘗有改，絕不因持論小有不同，而遽有介於胸也。草草不能宣意，臨穎黯然。諸唯諒照，不具。

三〇　（一九三九年十一月五日）

方兄之行，未及下山送別，又時以道路為念。及奉獅子場來書，且喜行李安止，豺虎無虞，差慰懸繫。所憾者，弟德不足以領眾，學不足以教人，守不足以治事，遂使兄意不樂，去我如此其速。然自返於心，實未嘗敢有負於兄也。悵惘之懷，靡言可喻，不知所以為答，故闕然未致問。頃復奉前月廿七日惠教，知卜居將定，可得園亭之美，足以忘憂，是亦一適也。書院氣象，無可為言。百閔屢言當來，而至今未至。匪特基金久懸，即十月份經費亦未撥。平生厭言阿堵，今為大眾粥飯，乃不能不形之簡札。日日飛書乞米，猶充耳不聞，每自憎其近鄙。今之君子，難與為緣。然弟之所處，不為身謀，若可打包逕去，不接淅而行矣。以是益慕兄之自由，非弟今日所能及也。見諭聯大恢復故物，此亦差強人意，兄所責於書院者雖甚微，今尚來能如命。一則款尚未來，一則籌委會所製預算，會計年度係以陽曆年底為期，來年則須更製。書院年終報告，不能以其未制定者自為增損。兄亦籌委會之一人也，弟何所容心焉。兄來教用心甚恕，或不以未能卒應為罪。承將聘書卻還，亦不敢更以奉瀆。兄去後，空山寂寥，幸有敬兄可與共語。霜寒風急，益令人難為懷也。

三一　（一九三九年十二月七日）

十二月一日來書，乃知獲罪於兄者甚大。凡兄所以見詬者，皆弟之疏愚所不及察，是固由弟不德有以致之，初不料朋友之道至於如此。人之相與，其難乎為信也。兄被災之後，弟未能盡調護之力，此過前已自承。至兄誤聽流言，以為弟於兄妄有所訾議，使兄不能不亟去，此則弟所萬萬夢想不到者。（上堂教學生善聽兄言，初不知此語亦成罪戾，真是轉喉觸諱矣。）〈睽〉之上九曰：「見豕負塗，載鬼一車，先張之弧，後脫之弧。」兄之多疑，無乃有似於此。今亦不須申辨，久之，兄當有自悟之時。然念兄雜毒入心，弟之誠不足以格之，亦深引以為戚。今兄雖見惡絕，弟卻未改其初心也。兄所責於書院者，為通訊脩金三箇月，前以書院方虞匱乏，而兄來教亦多恕詞，稍遲未寄。今依命奉去法幣三百元，匯重慶中國銀行周鵷鶵轉交，至希詧收賜復。遲緩之咎，並希原諒。至前擲還之百元，此區區者，本無足罣懷，而兄一再堅卻，今亦不敢更以為言，轉以觸兄之怒。病後率復，不能多及。臨書悵然，敬祝安隱。

三二 （一九六一年二月二十一日）

讀來書，讅兄病後所懷及惓念友朋之切，甚厚，甚厚！吾儕耄及之年，若乘化歸盡，亦可謂順受其正。矧兄著述已成，更無餘事攖心，至傳世久遠，似無須措意。死生晝夜之理，既已洞明，及今形壽未盡，正可灑然忘懷，頤養自適，時至即行，復何憂哉？聖賢所同於人者形體；所異於人者神明。形體之病，不足為患。仲尼寢疾，釋迦背痛，無損於道也。形過勞則敝，神過用則竭，唯葆光養和，善吾生以全其天年，斯已耳。尊書已交公純。弟亦方病，草草奉答，不盡。浮頓首。舊曆辛丑正月初七日。

三三 （一九六一年十月十三日）

辱教，深荷存注。知泛應眾緣，廣作饒益，且喜已損勞慮，甚善，甚善！弟四大將離，諸根先壞，神明日敝，形骸日羸，無復可藥。自知餘年向盡，安以俟之而已。秋深，唯加意珍衛，不具。浮頓首。舊曆九月四日。

書札　張立民

一（一九三五年十一月二十九日）

立民足下：

累書不一報，甚孤見望之厚。窮理工夫本自要約，不在言說。見處若是端的，自能表裡洞然，不留餘惑。事物當前，自有箇恰當處，了了分明，灑然行將去便得，無許多計較勞攘。《書》所謂「作德心逸日休」也。聖賢語脈，只是平常，就他真實行履處道出，不假安排。因問有答，亦是不得已而後應，非有要人必喻之心，故言語簡要，不欲說得太盡，方可使學者入思。惟向內體究，久則豁然自喻，無有二理。若人不肯體究，聖人亦不奈伊何，非若近時講哲學，要立體系，費差排施設，一時說盡，末了只成一種言語，無真實受用。莊子譏惠施多方，正復類此。（印度論師、西洋哲學多屬此類。其日某種思想云云，即莊子所謂「辨者之囿」也。惟禪師差勝，以其貴自悟也。）孟子曰：「學問之道，欲其自得之也。」〈易傳〉曰：「默而識之，不言而信，存乎德行。」孔子學不厭，教不倦，本領在默而識之。會得此語，自知所用力。「維天之命，於穆不已」，「天何言哉？四時行，百物生」，「夙夜基命宥密，無聲之樂也」，此皆從默上顯體。默而識之，即是涵養功夫，不言察識而察識在其中。「鳶飛戾天，魚躍於淵」，不到默識心融田地，不能上下察也。

格致之說向來多門，吾自宗朱子。（補〈格物〉章「或問」一段尤要，切須細玩。）然須識得格物、致知只是一事。物以事言，知以理言。理雖散在萬事，而實具乎一心，豈有內外之別！即物窮理，即是由博返約。程子所謂窮理，即孟子所謂盡心。物有所未格，知有所未至，即是理有所不行而心有所不盡也。至於物格、知至，則萬物皆備於我，隨在莫非此理之流行矣。學者患在將心與物、事與理總打成兩橛，故無入頭處。

攝事歸理，會物歸心，捨敬何由哉？敬只是收放心。心體本湛然常存，由於氣習或昏焉，或雜焉，斯不免於放。然操之則存，亦自不遠而可復。昏者復明，雜者復純，乃可與窮理，可與盡心。故曰：「未有致知而不在敬者。」豈是程子旋添得出來？敬則自然虛靜，敬則自然無欲。須知虛靜無欲乃心之本然，敬則返其本然之機也。人不必馳求、歆羨、躁妄方是欲境界，只散漫、怠忘、急迫便是欲境界，便是不敬。當此之時，若能一念猛自提警，此心便存。佛氏所謂「一念迴機，便同本得」，固自不妄。但人心昏雜過久，雖乍得迴機，不免旋又放失，故須持敬功夫，綿綿不間斷，久久純熟，方得習氣廓落，自然氣質清明，義理昭著。到此田地，方可說到不違仁，才有默而識之、不言而信氣象，才是涵養深厚，才可明倫察物，理無不明，物無不格。故察識即在涵養之中，不可分為二事也。若心猶未免昏雜，如何能察識，如何言格致？（莊子言「以恬養知」，亦識得此意。程子所謂「養知莫善於寡欲」，即是「涵養須用敬」。）讀書而不窮理，只是增長習氣；察識而不涵養，只是用智自私。賢能善體斯言，庶乎其有進矣。

熊先生新出《語要》，大體甚好。其非釋氏之趣寂，而以孟子「形色天性」為歸，實為能見其大。其判哲學家領域當以本體論為主，亦可為近時言哲學者針扎一上。但以方便施設，故多用時人術語，不免擇焉未精。自餘立言稍易處固有之，（如以虛靜為道家思想及賢者所舉格致之說一類是。）然大旨要人向內體究，意餘於言。「聖人吾不得而見之，得見君子者斯可矣。」吾取其大者，其小者可弗辨也。

〈報春亭記〉不過欲與子言孝之意，賢自會得好。然似說得太闊了。當時下筆，亦無許多意思。又稱道太過，卻非吾之所敢當也。留漢隨分教學亦不惡，杭地亦非昔比。後此恐難安定，不必定圖聚處為樂也。吾雖衰尚無疾病，隨緣安命而已。書不盡意，唯進德及時為望。浮啟。乙亥十一月四日。

二（一九三六年十二月十二日）

乾元用九，是大機大用，是孔子、如來行履處。禪家所謂「向上一路，千聖不傳」，非不傳也，不可得而傳也。直須自證自悟，始得到此。凡教家極則語，如聖諦第一義，皆用不著，故謂唯「廓然無聖」一語差相似耳。賢所會是義解邊事，雖有思致，而下語未愜。鄭注亦未得旨，但《易贊》

說三易絕精：變易說圓融，不易說行布，簡易說二門不二，宛是《華嚴》義旨，該攝無餘，可試繹之。來書以天下、一己對說。天下，依也；一己，正也。須明依正不二。看他古人語脈，才說正即具依，才說依不離正。如曰：「致中和，天地位，萬物育。」中和是正，位育是依。「篤恭而天下平」，「一旦克己復禮，天下歸仁」，莫不如此。今一向分說去了，末梢合攏，卻費氣力，便與古人語脈不類。

第二書謂讀《普賢行願品》亦觸發警省，如此消歸自己，極好！末後引鄭注處又卻未合。詳鄭注：舜既受禪，禹與契、稷、皋陶之屬，並在於朝，以此說「飛龍在天，大人造也」，則事義甚為符合；若以此說「群龍無首」，則不相當也。因賢舉普賢行，卻思《論語》「顏淵問仁」、「仲弓問仁」二章義。首答顏淵語是文殊法門，答仲弓語是普賢法門。「出門如見大賓，使民如承大祭」，此真普賢行也。見大賓、承大祭，是因地語；老安、少懷，是果地語，思之。「隨流返流」，義出《楞嚴》；今作「停流」，誤。餘俟面究，不悉。丙子十月二十九夜。

三（一九三七年七月四日）

昨致葉先生一書，雖是因病發藥，亦不專為考據家說法，實是破名字執之要門。文辭舒緩懇摯，亦朋友講論之道應爾。今以寄覽，可別錄一通存之，並與笑春、禹澤、星賢諸子同閱。然須善會，非直謂史冊可捐、名字可廢也。惠施去尊之尊，猶今言權威。老聃去智之智，猶今言知識。此皆習氣，故可去，與本智無干。丁丑五月二十五日。

四（一九三八年一月三日）

立民賢友足下：

昨日相晤，為時過促。每念賢獨居為吾守舍，無可與語，殊難為懷。憶曩時賢在報恩寺，曾欲獨住後山別院僧寮。今桐廬況味，大類報恩別院，雖諠寂緣境，而定亂在心。昨晤時，見賢氣貌甚靜，知近月以來經歷患難，用力似有進矣。吾今日玩《易》，於〈豐〉、〈旅〉、〈巽〉相次之義，悟得益親切。窮大者必失其居，故受之以〈旅〉；〈旅〉而無所容，故受之以〈巽〉。吾曹今日所處之時，義正如此。蓋〈旅〉困之中，義當〈巽〉順。此與〈明夷〉蒙難艱貞，內文明而外柔順，其義正同。但能於此體究，於今日所以自處之道，庶幾可以無失矣。丁丑十二月二日。

五（一九三八年一月七日）

來書具悉。貞敬和順之義通於禮樂，賢自會得好。《易》中凡言亨者，即樂義；凡言貞者，即禮義；禮樂皆得，謂之有德。在《易》為君子，為大人。如曰「困，亨貞，大人吉」。〈彖〉言「險以說，困而不失其所亨」。伊川釋之曰：處險而能說，雖在困窮艱險之中，樂天安義，自得其說樂也。時雖困也，處不失義，則其道自亨，困而不失其所亨也。處不失義是禮，其道自亨是樂。若失其正，自無亨理。困之所以亨者，以其貞也。言樂則該禮，言禮則該樂，言有先後，理則同時，不必分體用為說。禮樂之本，唯是一心，就體言之，無二無別。禮樂之文，乃就用說，始可分言。如禮主減，樂主盈；禮主退，樂主進；禮主別異，樂主和同，此為言禮樂之用，不可以禮樂相望為體用也。（有子言：「禮之用，和為貴……知和而和，亦不可行。」此言禮之文，非就禮之本說。故林放問禮之本，孔子即贊其「大哉問」。寧儉寧戚，乃就一心體上說。）賢謂樂乃禮之用，斯語未愜，更思之。吾輩今日處患難中，大好體究。見得此心義理分明，自然不亂，便是禮；不憂不懼，便是樂。自性序即自性和，和與序同時，即禮與樂一體，合而言之，即仁也。造次顛沛必於是，即禮樂不可斯須去身，此語賢自會得好。〈中庸〉言「道不可須臾離，可離非道也」，此道即率性之謂。仁是性之全德，禮樂即性之合德。賢今所理會猶在用上，故似未澈。今就體上提持，簡易直截，似可為賢進一解也。丁丑十二月六日乙夜。

六　（一九三八年三月十二日）

立民足下：

自賢去桐廬，不旬日而杭州遂陷。得上饒來片，知已坿車如株洲，爾後不得消息，想已還鄉里。武漢尚未動搖，所居能安定否？曾往黃州見熊先生未？無時不以為念也。自寇偪富陽，吾與星賢俱徙開化，依葉先生。雖曰流離，猶未失所，道途之苦，無足復言，星賢已有書相告矣。吾年老力衰，不堪再徙，既至開化，亦暫安之。由今之道，涉足皆是畏途，所履無非危地。然吾心自有坦道，自有樂邦，與之交參互入，亦不壞不雜也。所有書物，俱棄置桐廬，亦不復留念。資斧垂盡，槁餓無傷。星賢從我，頗能弦歌不輟，固窮之道，庶幾可期。賢如見懷，當以書見及，用慰寂寥之感。

今天下例見，莫如以心性為空談，而以徇物為實在，此戰禍之所由來。儒者謂之不仁，釋氏謂之癡業，輾轉增上，以至於此。暴不可以遏虐，愚不可以勝殘，此理易曉，而舉世不悟，雖授之天下，不能以一朝居。五峰云：「有夷行者，必有夷禍。」感應之理實然。魏源「師夷制夷」之瞽說，至今不出此窠臼。既曰師夷，已淪為夷矣，尚何制乎？孰不以五峰為迂闊，以魏源為識時？今日之禍，自魏源已始之矣。民力既竭而禍連不解，可奈何？言之不可不慎，於此可見其繫之大也。浮啟。

到開化後有一詩，今屬安期寫一份附去，可以見其所懷。浮再啟。戊寅年二月十一日。

七（一九三八年五月二十九日）

立民足下：

三月廿六重慶來書，由星賢轉到，具悉入蜀後近狀，差慰遠念。去臘在開化，曾有一書寄漢口王孟蓀轉，此書似未到也。（同時致熊先生一書，寄圜風。近得熊先生書，亦未及之。）彼時猶未知熊先生與賢皆入蜀，其後得壽毅成電始知之。凡處患難之時，吃苦捱餓，俱是平等，此吾儕分內合有底事，須是能堪忍，方有剛大氣息，然此係平日所養，不可強為。前書所言，大抵明此義。雖涉畏途，吾心自有坦道；雖履危地，吾心自有樂邦。與之交參互入，不壞不雜，如是則涅不緇，磨不磷，在險而能出矣。今吾輩雖流離，尚未至失所也，何處不可用力？吾自桐廬徙開化，今又從開化來泰和。其間所更歷，星賢已有書告賢，無足贅述。浙大非知我者，然其接也以禮，吾方羈旅擇地，是亦可以暫寄，寇退則返浙亦近，不亟為入蜀計，亦去父母國之道也。

虜患未已，國人謀所以圖存者，其見小而論卑，即無外患，亦豈能晏然無事邪？今往所出筆語數葉，題曰〈泰和會語〉者，用明人講學例，且示不在學官所立之科也。雖多用對治語，亦猶平日所常言，但盡己之感，不責物之應，如遇頌天、振聲，亦可示之。不能多寄，但於熊先生處已別寄一份。此行一書未攜，但從葉先生借得注疏一部。今所講者，欲引書但憑記憶，只得從胸中流出，亦欲賢能知其旨也。有疑，盼見示，不悉。浮啟。戊寅五月一日。

八 （一九三八年七月四日）

立民足下：

三得來書，尚未一答。「恕乃仁之術」，此語得之。「心與理一」四字未切，宜改作「物我無間」。子貢在事上求仁，孔子示之以理。施濟是事，立達是理。事是空想，故遠；理是實際，故近。拈出一「近」字，教伊反求諸己，最須著眼。〈中庸〉言忠恕違道不遠，亦與此同意。推己及人，非是難事，人人有此一念，便可以見仁。仁是心之本體，本來如是。物我無間，乃理之自然。「強恕而行，求仁莫近焉」，亦吃緊在「近」字。如子貢以博施濟眾為仁，斯乃轉求轉遠矣。由恕可以見仁，不是仁之外更有一箇恕。充擴得去，天地變化，草木蕃。此即仁矣，豈別有哉？故曰「恕乃仁之術」，此語得之。

吾來泰和，直為避難耳。浙大諸人要我講學，吾亦以人在危難中，其心或易收斂，故應之。欲且與提持得一二，亦庶幾不空過。〈會語〉臨時逞快寫出，非以此為六藝論也。但去其枝葉，亦粗具六藝論之輪廓。他日欲草此書，須另自起草。著述須還他一箇體例，不能如此草草也。但賢等觀之，於吾平日所說者或如散錢得串，較有脈絡可尋耳。〈老子流失〉一篇，本有為而言，未免將老子好處完全抹殺。葉左文先生斥吾為戲論，因撤去未講，此篇便可毀卻，勿留也。熊先生處寄去一份，尚未得復，未知作何批評，恐未必盡契。今續往數紙，卻比前較細，望加玩索。如有所疑便問，勿徒贊歎也。來書「六藝之實」，「實」字應改作「本」，較妥。

近日魔焰復張，若犯廣州、偪武漢，則泰和無留理。月前方遣安期往桐廬取書，到衢即交通發生困難，現尚未至，殊令人懸情。星賢亦未宜長此家食。安期亦思覓工作，未易得，而吾羈旅煢獨，亦需彼曹扶持。若入川，路費非二千元不可，此事真困人也。揮汗作此，不多及。唯進德修業日就緝熙。不宣。浮啟。戊寅六月七日。

培德謹案：立民來書有「行恕求仁」一語。師云：「如此則仁如工夫，恕如手段，是二之矣；強恕而行，求仁莫近，則二而一矣。」

九（一九三八年七月十三日）

立民足下：

六月七日往一書，並附〈會語〉十紙。十一日得賢四日來書，知曾詣熊先生，昨始得熊先生五月卅日璧山來書，即作答，並〈會語〉及襍詩兩份，俱匯寄賢處。答書即為加封寄去，〈會語〉及詩，以一份寄熊先生，一份自留可也。此次說理氣、知能，頗有發揮，望勿草草讀過。吾意處處在提持向上，此間聽眾，知其未能輳泊，初不專為一時言之。賢輩相從稍久，聞吾語較熟，或能有所省發，則此言亦不為空說矣。在泰和所作諸詩皆有義，不是苟作。若於詩能有悟入，真是活潑潑地也。大局轉變不可知，若泰和不可居，吾或徑自入川，或與校方一同入桂。但有此二途，尚待旬日半月間觀察而後決，但恐事亟則道路益難行耳。餘詳熊先生書中，不具白。當暑，善自調攝，多寄書為盼，浮啟。戊寅六月十六日。

一〇（一九三八年九月二十九日）

迭次來書均至。吾自泰和行二十五日始到桂林，今已將匝月。舟中不免勞頓，又此方為瘴鄉，山水雖有可觀，氣候實不宜人。（少陵詩云：「五嶺多炎熱，宜人獨桂林。」殊未然。）亦嘗小病數日，吾自藥之而癒。然中途經三水，即以電船（小輪，兩粵人呼為電船。）但有艙位，無地可置行李，因率星賢全家及安期眷屬先行，而留安期在三水，別附貨船運書箱行李，故安期到梧州稍後。吾自柳州附車到桂，而安期在梧（梧州經狂炸兩次，幸未殃及。）候平樂電船，半月不能得。因電囑僱民船來桂，今尚在途中，約尚須半月後始可到。日來桂林亦頗有空襲，如去年在杭時相似。擬俟安期運行李到後，即暫往宜山小住。（宜山為舊慶遠府首縣，在柳州以西，黔桂公路中間。）因浙大遷彼，亦可為覓屋，彼處空襲之患尚較桂林為少也。星賢已由子愷介紹，識桂人唐現之，聞亦為梁漱溟先生門下士。唐方創辦桂林師範學校，校址在兩江。（去桂約五六十里。）已聘星賢教國文兼導師。俟出月後校舍落成，便當挈眷俱往。儻衡湘未至淪為戰區，桂或尚能自保。星賢與唐、豐甚相洽，羈旅之計，似暫可無憂矣。

賢今月二十日航空函頃已到。書院之議，非吾意所及。前在泰和臨行時所草簡章，僅費一小時許，匆匆寫出未能詳加考慮。但因物付物，在吾處己處人之道，自合如此，知此事絕不能契機，故寫出便了，未嘗置念。今觀賢來書，似乎必要其成。毅成諸友已著手籌備，又請熊先生為創議人，草緣起書。愚意道之顯晦，不以語默而異。書院之成否，殊無所加損。今武漢方危，蜀中將來是何景象，亦難逆料。此時即勉強成立，亦難以持久。吾前者是燒退符，不謂反成催符。賢等辦法似太迫促。吾意但政府承認不加干涉即可。經費一層，不能依賴政府。今來示謂毅成雖別籌基金，當以創議人名義向教育部請開辦費，又謂陳部長已表示每月可補助經費若干。似此辦法，與普通私立學校請官款補助無異，與吾簡章所謂經濟須完全屬社會性，政府意主宏獎，義同檀施者，實相違矣。

吾意政府但可捐助基金，不欲其補助經費。因捐金則由彼自願，並非向彼募化，故等於檀施。今由書院創議人請求補助，事義迥別，此不可不考慮者一也。

倡議人請熊先生首署，並請熊先生草緣起，吾無間然。但列名者如謝无量、馬君武、竺可楨諸君，吾知其初未預知此事，先須通函告之，得其同意乃可。今似由賢輩擬議，徑用其名，是豈可行？曹赤霞先生已於去冬歸道山。（吾近得鍾山先生書始知之。）彼似厭見兵革，坐脫以去者。吾晚年失此良友，方深感悼。今觀賢等欲延曹先生共講之議，益覺觸緒增悲。至贊助人欲盡一時名彥，此亦須其人對此事實有了解，真能贊助方可。否則彼以為應酬，此以為標榜，二者交失之，此不可不考慮者二也。

君子作事謀始，永終知敝。今即欲因機示教，與眾作緣，亦是不得已而後應。立心不容有纖毫夾雜，對人不能有些微遷就，不可期其必成。亦深知毅成、百閔與賢輩為此能見其大，並非有所私於我，即陳部長亦出於好善之秉彝。但若輩在世途中習熟久，或未暇於制事之義精密致思，故願賢輩更詳審之。吾意以為不安者，書院雖成，吾不能至也。前草簡章，雖係一時觸發，然大體似不可易，欲以佛氏叢林制施之儒家，亦與舊時書院、今時研究院性質不同。吾信熊先生必能深了此意，他人吾未敢必。

向來儒者講學，不及佛氏出人眾多者，原因有二：一、儒者不得位，不能行其道，故不能離仕宦；其仕也，每為小人所排抑。佛氏不預人家國，與政治絕緣，世之人王但為外護，有崇仰而無畏忌，故得終身自由。二、儒者有室家之累，不能不為生事計；其治生又別無他途，不免徇微祿，故每為生事所困。佛氏無此。叢林接待十方，粥飯不須自辦，故得專心求道。大德高僧安坐受供養。然其法施無窮，饒益眾生，不為虛費信施，（退之小儒，故有〈原道〉謬論。）世俗亦不以為非。因此二端，比儒者緣勝。

今欲學者深入，縱不能令其出家，必須絕意仕宦，方可與議。章子厚欲從邵堯夫學，堯夫曰：「公欲學道，先須退居林下十年然後可。」即此意也。今乃孟子所謂率獸食人之時，世間號為強國者，猶未離乎禽獸，在雜霸以下。欲大拯生民，先當令其出乎利欲，所謂「齊一變至於魯，魯一變至於道」，出雜霸而進於王。欲造就學者，使個個可以為王者師，方是儒者本分。如此設立書院，方有意義，故當從源頭處審諦，不可稍有假借也。否則人云亦云，安用此駢拇枝指為哉。

原叢林所由興，初唯二三道人相與，閒處於水邊林下，茆屋蓋頭、薺菜充腸而已。其後參學者眾，檀施日集，遂成叢席，可容千百眾者有之。且其地多在山水勝處，此亦自然之勢，非可以人力勉強為之。陸子靜之象山精舍，朱子之武夷精舍，規制皆極簡陋，取其可以待四方之學者而止。觀朱、陸所營精舍，即隱寓禪師家住山之意。然無有繼起，亦無百丈其人。（南嶽下出馬祖，馬祖下出百丈，制百丈清規，叢林之制始廣。）但當時政府聽其自由，並未取締，此又勝於今時者也。增設講座，吾本有此意。簡章中未及，今補寫一節，立三學之名以待耆碩，略如叢林之遇他方尊宿然。此如三公不求備，唯其人。賢輩所擬，唯熊先生可尊為義學大師。曹先生已逝不論，葉先生專重考據，對吾所草書院制恐不能贊同，在今日請之，吾知其不來也。所以楷定三學名義者，如江南之周太谷派，蜀中之劉芷堂派，並雜以丹道為學。楊仁山之揚淨抑禪，歐陽先生之專主法相，疑及方等，似皆不可為訓。熊先生自悟唯識，宗歸般若，斯乃義學正宗耳。諸先生於吾所草簡章，是否毫無異議，尚未可知。如熊先生以為未當，有何意見？望儘量提出商榷。在商榷未定以前，此簡章不可發表。因書院之成否可以不論，而此簡章必須修改盡善。今即不成，可留為後人取法也。熊先生所草緣起文字，亦欲先一見示。總之，望賢輩慎重考慮，不可亟亟期成。須知道本常存，並不以人而加損，亦禪師家所謂「佛法不怕爛卻，著甚死急」，此言深可為賢輩頂門上下一針也。

「復性」之名，（此取「湯武反之」之意，與李翺〈復性書〉義別。）自覺揭出得諦當。今時所謂「革命運動」、「啟明運動」，皆襲取外來名詞而失其本義。若能於「復性」兩字下薦得，亦儘多了。然亦只圖契理，不管契機不契機，吾向來持說如此也。言語已太冗，今當暫止。徐更往復，不厭求詳。熊先生處容再另簡，諸賢均此不另。浮謹啟。二十七年九月二十九日。

此書寫畢以示星賢，覺意有未盡。今復稍申其義。吾所不愜者，莫如請部補助一事。書院緣起、簡章，照今制須得政府認可，由創議人呈請備案，於義無傷。彼若嘉獎，助以基金，不論多寡，可以接受。若請求開辦費，請求補助經常費，此與普通私立學校無異。須經彼批准，須按月領取，則明係隸屬性質，事體乃大不侔。部中若有變遷，亦可削減停止。所謂作事謀始，並非倨傲，妄自尊大。以儒者立事，不可輕言請求。若求而與之，不唯失其自處之道，亦使彼重道之心完全消失。此事本屬例外，彼若不了解，何必多此一舉，在危難之時而為此不亟之務？若彼能了解少分，則知移減一分購飛機大砲之費，已足以養成少數賢才而有餘矣。此不可強喻。但出於捐贈則可，出於請求、名為補助則不可。如郗鑒為支道林買山[1]，梁武為陶宏景、陸修靜立館[2]，遣太學生詣何胤山中受學，在當時極為平常之事，並不足矜異。至捨宅為寺、捨田供僧，蠲其租稅及置學田者，歷代多有之。今人但知求利，絕未夢見，其有出資興學者，亦只是俗學。學生入學只為出路，以學校比工廠，學生亦自安於工具，以人為器械，舉世不知其非。今一旦語以「人者仁也」，教以明道，學以盡性，別有事在，如何能使之速喻邪？薰習之久，乃可漸入，此居賢善俗所以取象於〈漸〉也。

緣不具則事不成，名不正則言不順，雖明知其遠於事情，義理自如此。所謂法爾如然故，絕不可有取必之心。有意則有必、有固、有我悉具，此聖人之所絕也。平時每言學者，須有剛大之氣，若有絲毫假借，則剛大於何有？此理甚望賢輩體驗。否則成事不說，吾但不來即足矣，何必如是之不憚煩邪？（佛肸召，子欲往；公山弗擾召，子亦往，且曰「夫召我者而豈徒哉？」然終不往者，此是絕

---

1 郗鑒為訛誤，應為竺法深。典出《世說新語・排調》。講述支道林託人向竺法深買山，竺法深並以古代隱士巢父、許由並未特意買山來隱居一事，調侃其多此一舉。支道林（三一四－三六六），名遁，字道林；竺法深（生卒年不詳），二人皆係東晉佛教僧人。

2 指梁武帝早年崇尚道教之事。《隋書・經籍志》載梁武帝「武帝弱年好事，先受道法，及即位，猶自上章」，並與道士陸修靜（四〇六－四七七）、陶弘景（四五六－五三六）的關係極善。

好一段公案，可參。）

簡章增入一條，卻極有關係，下語甚有斟酌，如葉先生見此，必駭然卻走。趙大洲（陽明後學）在翰林院教習，每教人讀《楞嚴經》，卻有此見地也。賢輩似誤於求速成之一念。莊子云「見彈而求鴞炙，見卵而求時夜」，未免太早計耳。浮再啟。同日。

書院旨趣及辨法應加入一條如下：

一、書院分設玄學、義學、禪學三講座，由主講延聘精於三學大師，敷揚經論旨要，以明性道。但如一時不能得師，可以暫闕。得師則一門不礙多師，故人數不預為之限。

附　說明

先儒多出入二氏，歸而求之六經。佛老於窮理盡性之功，實資助發。自俗儒不明先儒機用，屏而不講，遂使聖道之大若有所遺，墨守之徒不能觀其會通，漸趨隘陋而儒學益衰。今當一律解放，聽學者自由研究。故特分設此三門，使明三學源流，導以正知正見。但俗學傅會丹經、希求福報者，乃是緇羽末流之失，亦彼法所訶，非佛老本旨，須有料簡。又一切宗教儀式皆不得濫入，以道貴自證自悟，此為純粹學術的研究，異於一般信仰也。

二 （一九三八年十月二十三日）

立民足下：

今月六日來書，並熊先生第二書均至。吾與熊先生亦有兩書，（一十月三日發，一十月十七日發。）想亦先後得達矣。熊先生謂吾與賢書陳義過高，但如陶闓士所言當局能遵守，勸吾便當力任，不可堅持。吾非有固必也，義理可行則行，當止則止，一身之語默事小，斯道之明晦事大，但緣缺則事不能舉，直無所益，又何必多此一番饒舌邪？前書多說理、少說事，今姑就事上略為賢輩助發，條舉數項如下。雖簡章漏略，其間容亦有為賢輩思慮所未及者，願與毅成諸子更詳之，不必定見諸行事。即垂之空言，亦是處事之道所應爾也。

㈠創議人於書院規制，須有具體計畫，始可告之。政府即關於基金一層，雖可稱家有無，亦須有相當數目，始可依以規畫，然後政府乃可量予贊助。若全無資金，遽向政府告乞，即名義上免於隸屬，明是依賴，絕不可行。

㈠地點選擇最要，（前與熊先生書已略言之。）其必要條件：須不受軍事影響，治安無虞，交通無阻，供給無乏，山水形勝，氣候適宜。此絕非過苛過奢，須知不是為一時計，當為久遠計。若在川中，鄙意或就嘉定、眉州等處選之。重慶、成都皆不宜。雲南據方志似以大理為最適，山水氣候均佳，公路已通。昆明交通亦非甚不便，但學者不免遠涉，終嫌太偏遠，不及蜀中。黔、桂皆山國，氣象偪仄，無取也。擇地之事，須先派人前往相度，亦須政府協助，由中央飭知地方政府，或撥公地，或向民間價買，（亦須與當地人士相稔乃可。）然後可議營構，絕非旦夕可就。若不擇地而賃屋以為之，（若峨眉、青城等山有寺觀可借賃，作為臨時用，亦可。但今時僧道習氣多可厭，不如賃人家園墅為之。）則係臨時性質，似太求簡速矣。（歐陽先生之支那內學院，亦係當時蘇省政府撥予之地。）

㈠據賢前次來書云，請開辦費壹萬元，教部表示補助經常費按月三四千元，現方編制預算案，未知如何支配。鄙意第一義須酌定學生生活費，每人月給若干。（最低亦須三四十元。）就所能供給之數核算，據以暫定學生名額，其他開支不論。若一無基金，但依賴此款，不惟太寒傖，亦絕不能持久也。據教部表示此數，則每年亦須四五萬元，若能一次補助基金五六十萬，則可為永久計。其實按年計息，亦與此數相準。事屬平常，然料今之大夫，未必肯出此。創議人籌集基金，大致須與政府捐助者數目相當，有過之，無不及，方免寒傖。然又料今之有貲力者，未必具此弘願，能為此檀度也。曩年毅成組織中國茶葉公司，以吳部長酒間一度談話，遂決定由部出貲六十萬，各產茶省分任一二十萬不等，不數日而兩百萬之資本立集。此為商業營利之事，故其易成如此，所謂趨利如騖也。若國家於文化事業，知其重大性過於增進生產，則立一書院，寧不得比於創設一國際貿易公司邪？此雖擬於不倫，然可見文化事業之不被重視。非獨政府，一般知識階級、賢豪長者，又豈真能認識？況乃欲究心性之微，真乃不耕不織，飢不可食，寒不可衣，彼所視為極端消耗者邪？故料縱能少有籌集，必不免於寒傖，今人絕無此魄力、無此識力也。姚興本羌人也，而能供養鳩摩羅什，立逍遙園，聚諸玄侶，數逾三千，魏文、梁武皆有遜色，此今人所不能夢見者。

㈠熊先生所草緣起書，未知已成否？鄙意書院即不必實現，此緣起書卻極有關係文字，可留以示後人，故甚盼其文成先以見示。至創議人有自動加入，如陳百年先生者，自有迎而無拒。謝无量先生但知其在香港華夏學院主國學講座，亦未詳其住址，久未通信。此次毅成往港，未知曾晤及否？浙大梅迪生先生光迪，在泰和時頗相知重，其後赴參政會議，至今尚未相見。據張曉峰教授其昀告我，（張其時以慰勞會事亦在漢。）書院動議，梅在陳布雷祕書坐上贊之頗力，即陳布雷亦係贊議之一人。鄙意竺二、馬本未與知，若梅與陳卻實有是議，似不當遺之。但列名與否，亦須其本人自願。梅或已赴渝出席參政會第二次會議，毅成亦與之稔識，不妨就問。陳則吾不知，（陳身在政府，或不便列名。）由毅成酌其應詢與否。此亦無關宏旨，其要乃在緣起書之文字耳。

㈠書院規制大小，從緣而定。大則擇地營構，可立多師，可容學生多人，可坿設印書處流通古籍，且可設分院以便學者，擴而充之，亦可設置於國外。小則無力營構，或買人家舊宅為之，不能容多人、立多師，不能附設印書部，但極簡陋之圖書館絕不可少。若無基金，但有臨時費，不能持久，不如其已。政府捐助基金過於寒傖，不能集事，不如卻之為上。如象山精舍、武夷精舍之例，何必驚師動眾，並此而不能，則亦已矣，不可強為。

以上數條，輒就鄙慮所及，草草寫去，卻是切近事實，並非夸大，並非拘執。須知堯舜事業，亦如浮雲過太虛，此在天壤間真同稊米之細，有之不增，無之亦不減，慎無以吾言為河漢也。附致熊先生書，凡此書所言皆當告熊先生。如熊先生以為未當，再可討論，但熊先生恐不耐如此煩瑣耳。

寫此書迄此，有客來告，時局消息大惡，後此變化未知至何田地。當此時無論誰何，恐皆未遑更及書院之事。此等言語，亦如空華，變滅於空，不堪把捉，然既已寫出，不妨寄去，置諸不論不議之列可矣。月內或暫往宜山，展轉流徙，未知所極。最感困難者，一為覓車，二為覓屋，然患難之際，自合如此，無足深嗟。儻得免溝壑，猶可從容往復。言不盡意，諸維自愛。浮謹啟。十月廿三日。

一二（一九四一年）

頃徇鄉人之請，為草〈同鄉會集會序〉一文。雖簡樸，頗有義理，但非時人所喜，吾自言其所當言而已。茲以送去，煩賢為清繕一本。明日講畢見與，因顧後日寄出，了此一事。字數不多，或不嫌勞耳。浮白。立民足下。諸友均覽。四日未。

一三（一九四一年十一月）

承示答羅潤滋〈百字令〉一首，亦是接人之道，信然，信然！豈惟使知作詞有法，善會者亦可從此悟入。實相涅槃，謂佛無老死，達道者豈有衰病！衰難扶，故須扶，此聖人垂教之不容已也。樂教是無緣慈，不是作意安排。「榔栗橫擔人不顧，直入千峰影滅」，以世諦言，雖近絕人，卻正是為人心切。奈罪人障重，不能識此孤懷，自成辜負，所以寶山下空手而歸，千古之所致歎。以真諦言，雁過長空，影沉寒水，鳥無遺蹤之意，水無留影之心。藏身處沒蹤跡，沒蹤跡處莫藏身。此非深入三昧、親證實相，烏足以語此？又何怪至人之終悔饒舌邪？老子猶龍，何堪責此蛇足。作死法會，合喫三十棒，唯夫子正之。

小詞亦是遊戲三昧，但不是閑言語。所謂粗言及細語，皆歸第一義也。賢自善會。結句係用百丈下堂句公案，此卻實有悟門，將來或有人於此悟入去，則此詞不為虛作耳。

一四 （一九四二年）

《聖傳論．序》補得一段，將本書要義拈出，卻不可少。後篇文句亦略有改定處，似較明白妥帖，此可為定稿矣。然以此付抄，恐寫手不辨，仍勞將末兩葉另繕，再詳校一過，亦可以示留院學人。此書向來無人著眼，有此一序或不致忽略讀過矣。賢昨書會處仍在義解邊，性、修亦不可打成兩橛。豈唯性是自己分上事，修亦在自己分上，總須實在用力始得也。立民足下。星賢諸友均此。浮白。七日巳。

一五 （一九四二年）

〈羈懷〉亦是胸襟流出，不假安排，卻於詩律頗細，此有似洞山禪所謂妙挾。賢會處義解儘去得，但古德有言：「須於旨外明宗，莫向言中取則。」此語移作說詩，正是第一義耳。熟後自知，亦不去言說也。

一六 （一九四二年八月三十一日）

頃有寄謝先生小簡，煩明日為付郵；又昨口偶作和陶詩數章，似有變雅遺響，亦非東坡境界。聊與諸子一覽，原稿仍見還。〈盱壇直詮序〉是有關係文字，勞清本兩份，一存院待刻，一併原稿見還。優鉢曇華，後此亦將難值，願勿等閒看過也。浮白。立民足下。八月三十一日午。

一七 （一九四三年十月八日）

頌天以出世故，不言生化簡佛氏。不知渠喚什麼作生化，喚什麼作體。若言出世，乃是小乘偏真，《涅槃》、大乘方等教中已明言無世間可出。菩薩莊嚴萬行，一法不遺，不盡有為，不住無為，此非生化邪？頌天被熊先生一語縛定，正坐不知何為生化，以此簡佛，實墮大妄語過。然今日不必語之，以此引起諍論，與自己分上何益？因見賢答頌天語亦過汎，且失頌天意，故為點出耳。十月八日。

一八　（一九四三年）

昨晚為敬涵講〈自序〉，因成〈科解〉一篇，並自贅跋語。今附去一覽，亦可為後來看文字不仔細者下一針錐，非欲自贊其文也。浮再白。立民足下。九日未。

一九　（一九四四年九月十一日）

今之學校，猶昔之科舉。自唐宋以來，士子無不應科舉者，子弟有志入學，亦何足為病？但由儒術不明，故今學校、科舉同為俗學，汨沒人才，此後之為教者所宜知反耳。昨星賢有書問人情物理與世故之別，答書頗為分析，曾見之否？甲申七月廿四日。

二〇　（一九四四年）

兩賢未刻來書俱悉。廿七年最初草案及廿八年所草簡章，照理俱應編入，即與熊先生討論書札，亦當刪存，本末方具。今可單錄簡章，（緣起序另存，不必錄。）以其為創議人所承認。其後轉變，幾於原義無存也。

書院意義不特一般社會不識，董會諸公亦至今不能盡識。廿八年冬，熊先生曾持異議，（欲變為國立文哲學院。）僕不為動。及廿九年教部欲審核教材，僕始有去志。三十年學生反對刻〈答問〉，此為罷講求去之主因，不獨專為經濟困難也。轉變到專事刻書，猶欲藉此稍竭微願。蹭蹬累年，愈困而難舉。至去年不得已而接受糧部實米，雖可稍資一部分刻費，而書院降為一領米機關，僕從此不得不力去，此意董會至今不曾了解。及沈先生推董會發起集貲之議，久而無成。請免造報，恐亦難辦到。此二事不得明朗解決，非特僕永遠不欲再問，諸友在此局面之下，左支右絀，亦疑難孔多，決不可長此聽命由天。故謂宜勸沈先生早來，逆料此兩事全無把握，沈先生亦無來理，故謂明年局面未必能如今年容易支持。所以猶以抄存文卷為言者，誠覺今後事勢難知，從前意義不可全使堙沒而已，非欲求知於塗人也。

二一 （一九四五年一月九日）

立民足下：

晨間來示並抄致敬生一書，已悉。當時亦是率爾下筆，稱性而談，故寄出便忘之。〈繫辭〉「原始反終」之說，恐賢輩皆未會。其實「原始」即是無始，「反終」即是無終。老氏所謂「迎之不見其首，隨之不見其後」，「吾不知其誰之子，象帝之先」，洞山禪所謂「空劫以前自己」，傅大士〈法性頌〉用老氏「有物先天地」語，皆不出此意。然此非意識能緣境界，縱饒會得，亦只是義解，不中用。惜當時語太簡，亦未為敬生說及此也。

昨日有短簡致丹崖，初無多語。賢明日往謁，言及書院籌集基金事，有一義必須說明。董會為此，只是為書院刻書而募款，並非為僕欲刻書，而假書院募款。沈尹默先生原擬〈通啟〉即陷此誤，亦是人法不分。從前丹崖先生在省參議會提案，亦推重僕個人，以人為主而書院為賓，亦不免此誤。故僕屢次對董會聲明及今後所以自處，皆欲使此意分明。不唯董會當認，刻書為書院分內事，籌募基金者亦當視此為文化盡責，而非為個人幫忙，此點最宜分別清楚。以丹崖先生之賢，必能了解此意。至乎籌集之多寡，自當隨緣任運，否則便是強拉人幫忙。給人以難題目做，而坐享其成，豈有此種義理？然恐董會與諸友存希望，皆未十分了解也。草草寫此，亦是不容放過之一端耳。

二二 （一九四五年七月十七日）

立民、士青兩賢同覽：

賢輩到安谷後來書均得見。知寫書甚勤，食住差安，良慰。（十一日兩賢書至今日始到，撿郵局樂山戳子為十二日，是十二日已到郵局，乃踰六日而後撿出，如此稽擱，可異。）其小有未便，如士青因蔬食太單調至胃納欠佳之類，可設法調劑，當無大苦。兩賢俱每日及三千字。習久熟錬，必不覺吃力。至所抄之書，義或未解，絕不可心存厭倦。當知日覩未見之書，宜生歡喜。象數之學，至賾而不可亂，康節唯能精於此，故有灑落自得之趣。士青喜讀《擊壤集》[3]，宜思邵子何故能樂。今繹其遺義而反苦之，何也？立民極稱潁濱《詩》傳文字[4]。須知古人說詩，各有其得力處。溫柔敦厚之旨，

3 全名《伊川擊壤集》，係北宋理學家邵雍之詩集。

當反之自心，看能體會到甚處？若有一豪剛忿，則遇物扞格，去詩教遠矣。以僕自驗過去，每日讀書作事，遇人接物，無時不是下功夫處。但隨事自反而求義理之所安，自然於境界之適與不適不生計校，何處不可進德修業，何事非自受用處？甚望賢輩能體味斯言，自必漸能不覺其苦而有進矣。且於所抄書絕不可先存撿擇之成見，若人多書多，分配豈能一律？必若各擇其所好，則無事於僕之選定矣。

坿去書目一紙，俟兩書將抄畢時，可請歐陽先生預為檢出，下月如吳林伯、張知白能來，便可分抄。至兩賢續抄之書：立民可抄《詩童子問》[5]；士青可抄《觀物篇解》[6]。此二種畢後，再由僕為賢輩選定。抄成者宜送院裝釘備閱。鍾山先生已罷滇行，俟董會電聘，便可到山，屆時當偕往安谷一視賢輩。多雨甚涼，諸宜珍重，不悉，浮白。

應請續檢書目

經部詩類：《詩童子問》十卷　宋　輔廣

經部禮類：《周禮新義》十六卷　宋　王安石

---

4 指蘇轍《詩集傳》，書中認為《詩經・小序》實際為毛公之學。蘇轍（一〇三九—一一一二），字子由，晚年自號潁濱遺老，蘇洵之子、蘇軾之弟，北宋文學家。

5 北宋輔廣（生卒年不詳）撰，共十卷，對《詩經・小序》有很強烈的批評。

6 南宋祝泌撰（生卒年不詳），共五卷，書中簡介了邵雍《皇極經世》中的用卦方法。

子部儒家類：《麗澤論說集錄》[7]十卷　宋　呂喬年編

《邇言》[8]十二卷　宋　劉炎

《朱子讀書法》四卷　宋　張浩、齊熙同編

子部術數類－數學：《觀物篇解》　宋　祝泌

以上六種請隨時檢出，以便繼續分抄。

二三（一九四五年十月四日）

胡翁挽聯頃已寫成，並附一函，即煩明日代為致送，了卻一事。聯語上句用〈遠遊〉，下句用呂洞賓〈沁園春〉詞，頗覺天成，且與胡翁身分相稱，即此抵得一篇傳誌。彼諸子若更以文字為請者，賢務為力辭，實無暇再為秉筆也。浮白。立民足下。

二四

《宗喀巴傳》閱畢，並其餘偈頌等共七冊，今以奉還。詳宗喀巴化跡，推知其原文定可觀。譯

---

7 南宋呂祖謙門人雜錄的文集，後為呂祖謙之姪呂喬年（生卒年不詳）集成，共十卷。

8 南宋劉炎（生卒年不詳）撰，共十二卷，係一部論述歷史人物、朋黨、井田、封建等主題的作品，言辭醇正篤實，切近事理。

筆殊乏理致，輒題一詩於後，別紙附去一覽，絕不可流布也。立民足下。舊曆十二月二日。

二五

見示與李君書，為易數字附還。凡年長於我者，不宜稱僕，稱名則無施而不可，此亦恭與倨之判，世俗文字相亦不可忽也。適交楊力送上《宗喀巴傳》等書，並附一詩，來書並未提及之，恐尚未到。（交彼時尚早，想必留山下，將俟就飯時始送上。工役疲緩如此，亦院中所宜注意也。另有與星賢數字，為戚之代其友購書事。）昨日見郭良俊所言，亦似與先芳相去一間。郭去後作得〈送兩生〉一詩，亦將能海法師拉入。又前日作〈養生〉一律，非必定為料簡。然賢輩欲知定道資糧，須知亦不待外求也。（文字般若今日全用不著，亦姑與一看而已。）今併附去，可與伯尹同一覽，原稿擲還。浮白。立民足下。十二月二日申。

二六　（一九四□年）

敬方能覺，不可逕釋敬為覺。

「獨」乃對人所不知而言，若作覺體解，其上更不能著一「慎」字。佛氏所謂「照體獨立」者，乃謂不依根境，此別是一義，不可牽附。

先難而後獲，未可遽說到簡。

念有善、惡、無記。一念而善，可說為覺，不可以念為覺體。陽明指出「知善知惡是良知」，方是覺體，何等分明。

敬只是收斂向內，不令外馳，所謂「操之則存」也。存心養性，所以事天，故與盡心知性尚隔一程，其效何遽及此。

敬乃可幾於覺，未有不敬而能覺者，不可說未有不覺而能敬者。敬與肆之分，乃所以為覺與不覺之分也，此語傎倒。

何不道「一念不敬便是不仁」？

常惺惺是敬之力用。

力行近乎仁，下功夫只在日用踐履上，不在言說也。

第三輯

論文藝與政治

提要

馬一浮好詩，詩作甚多，尤其是一九四九年之後，他以儒家六藝之學為主的復古追求，明顯牴觸了當局求新，「向蘇聯老大哥一面倒」的政策方向，於是他將更多的時間、心力放在詩的創作上。關鍵轉折點在一九五七、五八年間，之前他仍然堅持對儒家的肯定，然而毛澤東發動「三面紅旗」群眾運動之後，他感受到切身的威脅，基本上停止了論理上的表現，轉而將所思所感放入詩中。

說他晚年寄情於詩，幸好有詩提供僅存的精神出路，絕不為過。回顧他早歲對於詩的看法：「作詩以說理為最難，……吾於此頗知利病，偶然涉筆，理境為多。自知去古人尚遠，但不失軌則耳。」然而晚年他寫的很多詩，都是說理的詩，不見得是那時自滿於詩力精進，毋寧是其他說理文字管道不通了，只能訴諸於以詩存理。

馬一浮對於詩的種種意見，同樣是以類似宋明儒的語錄體表現，部分帶有「詩話」意味，以三言兩語列出結論看法。例如：「詩，第一要胸襟大，第二要魄力厚，第三要格律細，第四要神韻高，四者備，乃足名詩。」中間也包括了對於唐宋詩部分詩人、詩作的解讀評析，再加上自我詮釋所作之詩的段落。

他頗自豪於自己將學問功力放入詩中：「無一字無來歷，亦非畜養後自然流出，不到此境界。非可強也。世俗人能湊一二淺薄語，便自命詩人，此實惡道。故吾生平未敢輕言詩，偶一為之，人多嫌其晦澀，不能喻，只是未知來處耳。欲求一能箋注者，亦非於此用力深而讀書多者不能得其旨，故不言也。」找不到人有能力為他的作品提供箋注，就只好自己在言談間做些補充，留在語錄中。

馬一浮談「政事」，不同於我們概念中的討論政治。他特別關注學術如何和現實政治保持距離，方能有機會保存長久。「宗教家置身政治之外，故叢林會堂能不隨朝代之轉易為興亡。邱長春（處機）之『白雲觀』至今無恙，而唐、宋寺院猶有存者，且逾千年矣。儒家則每一達官致仕，主講院中，或名士論政足以左右輿論，遭忌賈禍，書院遂不能久。其為當道所延攬者，又不免望風承旨，同於博士之陋，是以皆不足以治學」。

顯然，學重於政，論政也必秉持歷史、學術本位，不依隨現實時事。〈政事篇〉標題下所收各條，多為日軍侵略期間抒發的感想，而馬一浮一本「人師」態度，將重點放在戰爭的人情與文化根源上提示。例如談到了瀑布之可觀而不可聽，因為瀑布之聲轟隆暴戾，「瀑」字即點出了「暴」為其主要性質，都有特殊時代意義。

另有一篇特別的短文〈贈豐子愷〉，以七言古詩加自注的形式，給予了豐子愷的「漫畫」與「高文」誠摯且別出心裁的讚許。

詩學篇

學人札記：讀古詩，不覺夜分，覺胸中書味醲鬱，足以自適。批云：此境甚佳。韓退之所謂「沉浸醲鬱，含英咀華」者近之。讀古人詩多，有會於心，自常常如此，惜其未能久耳。

山谷詩「心猿方睡起，一笑六窗靜」，注引中邑洪恩禪師答仰山問：如何是佛性義公案？先生云：此段公案著眼在中邑與仰山相見處。蓋中邑當時見仰山尚少，故以接初機之語告之。及仰山云：「適蒙譬喻，無不明了，只如內獮猴睡著，外獮猴欲與相見時如何？」中邑便下禪牀把住云：「住，住！我與汝相見了也。」此方見二俱作家。故雲居錫云：「當時若不得仰山這一句，何處有中邑？」大凡舉公案須舉全，方見此則公案當於何處著眼。至於山谷隨手摭用，乃詩家常事，不可為典要也。

說陶公《連雨獨飲》[1]詩云：此詩只從《肇論》「道遠乎哉？觸事而真；聖遠乎哉？體之即神」兩句解之便足。蓋陶公自得飲中三昧，故能及此。凡說詩、說禪，皆貴自證，不重義解。有神悟，自然活潑潑地，專以意識解會，終不免黏滯也。

1 東晉陶潛（？—四二七年）撰。內容為詩人在飲酒中議論人生哲理，並堅信人應該順應自然的發展規律。

作詩以說理為最難，禪門偈頌，說理非不深妙，然不可以為詩。詩中理境最高者，古則淵明、靈運，唐則摩詰、少陵，俱以氣韻勝。陶似樸而實華，謝似雕而彌素，後莫能及。王如羚羊掛角，杜則獅子嚬呻；然王是佛氏家風，杜有儒者氣象。山谷、荊公才非不大，終是五伯之節制，不敵王者之師也。堯夫深於元、白，元、白只是俗漢，堯夫則是道人，然在詩中，亦為別派，非正宗也。吾於此頗知利病，偶然涉筆，理境為多。自知去古人尚遠，但不失軌則耳。聊舉一端，神而明之，存乎其人。

詩，第一要胸襟大，第二要魄力厚，第三要格律細，第四要神韻高，四者備，乃足名詩。古來詩人具此者亦不多，蓋詩之外大有事在。無一字無來歷，亦非蓄養厚，自然流出，不能到此境界，非可強為也。世俗人能湊一二淺薄語，便自命詩人，此實惡道。故吾平生未敢輕言詩，偶一為之，人多嫌其晦澀，不能喻，只是未知來處耳。欲求一能為箋注者，亦非於此用力深而讀書多者不能得其旨，故不言也。然以詩教言之，詩固是人人性中本具之物，特緣感而發，隨其所感之深淺而為之粗妙，雖里巷謳吟出於天機，亦儘有得風雅之遺意者，又何人不可學耶?筆下不必有詩，胸中不可無詩。詩只是道性情，性情得其正，自然是好詩。至格律藻采，則非學（多讀書，能運用，能揀擇。此「學」字是第二義）不可耳。因賢發是否可以學詩之問，不覺叨叨忒忒至此，言之亦不可盡，向後自悟。

〈虞書〉曰：「詩言志，歌永言，聲依永，律和聲。」詩與樂豈能分邪?夫心之發必有言，有言必有聲，故曰「言為心聲」。聲以成文，律以和聲，有聲有律，斯之謂樂。樂者樂也，使人有所興起，以達和平歡愉之極，皆出於自然也，是以入人深而其效神。如今之歌曲，辭既鄙倍，音則淫靡而粗厲，以此感人，豈能興起於善邪？

誹世貶俗之言，須有含蓄，出詞蘊籍，方有詩教遺意。

大凡律詩忌著閒語閒字，須字字精鍊而出。讀書多，蓄意自深厚，不可強也。

作詩須意有餘於詞，不可但將字面湊合，此事煞有工夫。約而言之，在多讀書耳。

凡詠物寄託之辭，題目雖小，寓意要深，方不為苟作。

感時傷亂，須實有悱惻之思，不能自已。言之有物，方可成詩。五言宜先熟於《選》體，雖短篇，具有法度。未能悟入，勿輕下筆。

「磨礲去圭角，浸潤著光晶」，細之謂也。少陵云「老去漸於詩律細」，故雖時有率語、拙語，亦不害其為細，最好體味。惟細，乃可入唐賢三昧也。

作詩不必定工，但必須祛除習俗熟爛語。

伊川稱退之此語（案：指「臣罪當誅兮，天王聖明」）者，謂其得怨而不怒之旨耳，其實退之此詞好處在善怨。「時日曷喪，予及汝皆亡」則怨而近於怒矣，「人而無禮，胡不遄死」乃純是怒。

「舜往于田，號泣於旻天」，「自怨自艾」，此是何心？〈凱風〉之詩曰：「母氏聖善，我無令人。」有七子之母而不安於室，尚得謂之聖善乎？然如此卻是好詩。會得此，方了得溫柔敦厚之旨。

詩是聲教之大用（「此方真教體，清靜在音聞」，一切言語音聲總為聲教），以語言三昧，顯同體大悲。聖人說詩教時，一切法界皆入於詩，自然是實智。來問誤以詩為多聞之學，只據「多識於鳥獸草木之名」一語斷之，乃與上所引一串語無涉矣（記錄者按：來問先引「誦《詩》三百」，「人而不為〈周南〉、〈召南〉」云云，又引「詩之失愚」）。當知從初發心至究竟位，皆是詩（此圓教義，儒家教義唯圓無偏也），不得但以加行方便為說。「失之愚」者，愚相粗細煞有差別，略以愛見大悲（猶有眾生相而起大悲者）及所知愚當之。一品無明未斷，皆於詩非究竟也（此語曾涉意教乘者並不難會），有意要排奡，即非佳詩。詩亦煞費工夫，到純熟時自然合轍，勉強安排不得。

詩貴神悟，要取精用宏，自然隨手拈來，都成妙諦，搜索枯腸，苦吟無益。語拙不妨，卻不可俚。先求妥帖，煞費工夫，切忌杜撰不屬，善悟者不須多改。近體法亦已略示，捨多讀書外，別無他道也。

和韻，唐人至元、白始有之，及東坡、山谷、荊公，始好再疊、三疊不已。鬥險爭奇，多則終涉勉強，此可偶一為之，不貴多也。拙作亦是偶然興到，所以寫示諸子者，聊為助發之資耳。及取而復視，仍不自愜，又經改定數字，乃可入唐。今別寫一本去，若同學中有好此者，可共觀之。少陵云「新詩改罷自長吟」，「得失寸心知」，非深歷甘苦，不易到古人境界。賢輩見和者俱有思致，可喜，所欠者工夫耳。讀破萬卷，不患詩之不工，謂「詩有別裁不關學」者，妄也。但此是「游於藝」之事，不工亦無害。若為之，則須就古人繩墨，方不為苟作。天機自發，亦不容己，但勿專耗心力於此可耳。

良馬見鞭影而行，一粒金丹便脫胎換骨，豈在多邪？賢輩於此事尚未悟入。且須蓄養深厚，不愁不得，多作無益，老僧為汝得徹困也。

有字然後有句，有句然後有篇，此亦具名句文三身。一字疵類，絕不可放過，方見精純。

詩亦人人性分中所有，唯須學而後成。「不學博依，不能安詩」，「博依」即比興之旨。詩貴神解，亦非自悟不可。五言先從《選》體入（「《選》體」之稱實未當，以漢魏直至齊梁，其體格亦數變矣。但習用久，姑仍之），以治經之餘力為之，亦涵養性情之一助也（《樂》亡，則《樂》之意惟寓於《詩》，故知《詩》然後可與言《樂》）。

《樂府解題》：「竹枝本出巴渝，劉禹錫在湘沅，以俚歌鄙陋，乃依楚聲作竹枝新詞，教里中兒童歌之。禹錫謂巴兒聯歌，吹短笛、擊鼓以赴節，歌者揚袂睢舞，其音協黃鐘之羽，末如吳聲，含思宛轉，有淇濮之豔。」今觀其辭，如：「白帝城頭春草生，白鹽山下蜀江清。南人上來歌一曲，北人莫上動鄉情。」「山桃紅花滿上頭，蜀江春水拍山流。花紅易衰似郎意，水流無限似儂愁。」則近似吳歌子夜之類，蓋鄭衛之音也。貞元、元和間最盛行，亦唐詩之衰音。偶以遣懷，未為不可，然其音節亦不易諧。

作詩先求脫俗，要胸襟，要學力，多讀書自知之。江湖詩人搖筆即來，一字不可看，俗病最難醫也。寧可一生不作詩，不可一語近俗。俗病袪盡，方可言詩，佛氏所謂「但盡凡情，別無聖解」也。

詠史詩須有寄託，意在陳古刺今，方見詩人之志。古人於此等題皆不苟作，非徒敘事而已，此不可與述祖德詩並論。

排律要篇法謹嚴，字句精鍊，最不易作。

詩不可苟作，舊日文士積習，言下無物，無所取義也。

嚴滄浪以「香象渡河」、「羚羊掛角」二語說詩，深得唐人三昧。「香象渡河」，步步踏實，所謂「徹法源底」也；「羚羊掛角」，無跡可尋，所謂「於法自在」也，作詩到此境界，方是到家。故以「香象渡河」喻其實，謂其言之有物也；又以「羚羊掛角」喻其虛，謂其活潑無礙也。

衛武公，大賢也，〈抑〉之詩末後數章，其言痛切。〈小序〉以為刺厲王，朱子全釋作自儆之辭，意味尤深。

古來詞人利弊，此難具言。以詩為比，太白如蘇、李，後主如子建，溫、韋如晉宋間詩，北宋諸家如初唐，清真如少陵（律最細，詞最潤），夢窗如義山。以是推之。

詩律亦要自悟。詞本樂府之極變，深於唐詩者，不患不能詞，然其流近靡。惟太白為祖（以其不靡），李後主是詞中之子建，《花間》、《草堂》雖風華絕代，實亡國之音。兩宋名家，何煩具舉，蘇、辛頗有風骨，不善學則近粗。莫如先學詩，為能識其源也。

須多讀古詩，選擇一兩家專集熟讀，字字求其懂，乃可觸類悟入，知古人作詩有法度，一字不輕下。揚子雲曰：「讀賦千篇，自然能賦。」此甘苦之言也。然讀而不解，與不讀同。詩即能工，而胸襟不大，亦不足貴。憂貧嘆老，名家亦所不免，非性情之正也；貧而樂，乃可與言詩。且先讀陶詩，毋學其放，學其言近而指遠，不為境界所轉而能轉物，方為近道。明道作康節墓志云：「先生之於學，可謂安且成矣。」陶詩佳處在一「安」字，於此會得，再議學詩。

學詩宜先讀陶詩及《唐賢三昧集》[2]（《古詩源》亦可看）。不獨氣格不可入俗，亦當領其超曠之趣，始為有益；袁簡齋俗學，無足觀也。

此事趣捨，亦惟其人，自古名家，各從所好。大抵境則為史，智必詣玄，史以陳風俗，玄則極情性。原乎《莊》、《騷》，極於李杜，建安史骨，陶謝玄宗，杜則史而未玄，李則玄而不聖。挈八代之長，盡三唐之變，咸不出此，兼之者上也。自有義學、禪學，而玄風彌暢，文采雖沒，而理卻幽深，主文譎諫，比興之道益廣，固詩之旨也。唐宋諸賢猶未能盡其致，後有作者必將有取於斯。若夫擺脫凡近，直湊單微，隨舉陳言，皆成新意，累句蕪音，自然廓落。但取自適而無近名，捨俗遊玄，絕求勝之心，則必有合矣，流變所極，未知其終。如今曰「背景」，猶之史也；亦曰「靈感」，猶之玄也。特言之尚粗，未臻於妙，而遽忘其朔，遂謂古不足法，斯則失之愚耳。

五言必宗晉宋，律體當取盛唐，下此未足為法。大抵選字須極精醇，立篇不務馳騁，骨欲清勁，神欲簡遠，然後雕繪之巧無施，刻露之情可息，自然含蓄深厚，韻味彌永矣。

---

2 清王士禎（一六三四—一七一一）編，共三卷。收錄除李、杜外，從王維至奚賈的四十二位盛唐詩人詩作四四八首。

律詩最忌句法平板，氣格卑弱。

詩中用理語須簡擇。

凡詠物寄託之辭，題目雖小，寓意要深，方不為苟作。

凡和詩，須與原唱相應。

學詩，選句先求清新，習熟字須避免，格調務須講求，句法要有變換。少陵云「老去漸於詩律細」，「細」字須著功夫始得。

近體詩雖是末事，煞要功夫，入理語更難。尋常俚淺熟濫之詞，實不足為詩也。

多讀古人詩，自解作活計。

絕句下用對偶，須見力量。

絕句貴神韻，太樸質，則與俚俗同病。

絕句要流轉自如，語盡而意不盡，忌平鋪直敘。全用排偶，則似律句中截出矣，杜五絕中多有之，未足取法。

欲寫閒適之境，以太白〈碧山〉[3]一首最為可法，右丞輞川諸五絕亦難到。

古詩用韻，須明古韻。先看段氏音韻，亦可依據。如「庚」、「青」在同部，可通押；「真」、「蒸」、「侵」三韻在異部，不可雜用，多讀古詩自知。

3 全名〈問余何意棲碧山〉，唐李白（七〇一－七六二）撰，係一首七言絕句。

歌行先須講篇法，次須講音節。第一忌蕪音累氣，易成冗蔓。作詩要有氣格，歌行尤重。

律句宜少用虛字。

近體入理語要超妙，否則不似詩。絕句尤貴韻致，通首用字亦須相稱。

絕句用拗體，便全首拗，音節入古，亦可喜。若只用一句拗，每苦音調不諧。唐人絕句皆入歌，故尤以音節為重。

山谷〈快閣〉詩云：「落木千山天遠大，澄江一道月分明。」人多賞其雄放，不知乃自道其智證之境也。凡詩中用尋常景物語，須到境智一如，方能超妙。忌純用理語填實，便嫌黏滯。

後山學少陵，極有功夫，亦失之於瘦。其生處可學，澀處不可學。山谷才大，有時造語生硬，亦病於澀。東坡亦才大，但多率易，則近滑。從宋詩入者，易犯二病。少陵雖有率句，卻不滑；雖有拙句，卻不澀。義山麗而近澀，香山易而近滑。此亦不可不知。

詩中著議論，用義理，須令簡質醒豁與題稱。雖小篇，亦當步驟謹嚴。

「不學詩，無以言」，詩教亦是開權顯實。若是靈利漢，舉起便悟，不為分外。

熟玩盛唐，自知利病。能於四十字中不著一閒字，則近之矣。

作意先欲分明，再求深婉；遣詞先欲妥帖，再求精練；然後可議聲律。切忌晦澀率易，下字不典。詞雖不及詩之博大，亦殊不易工。

大凡作絕句，須宗盛唐，要氣格雄渾，音節高亮，方合，選字不可不慎也。

和韻全要自然，切忌生湊。

凡律詩，第一要講求音節，多讀三唐可悟。

禪要活，詩尤要活。

古詩用仄韻，上句末字平聲，至多到三聯必須改用仄聲字，否則便無頓挫，讀之不成音節。

以幻為真，是顛倒見；以真為幻，亦是顛倒見。真幻二俱不二，乃悟一真一切真。詩中理致如此，方是上乘（原作詠陽朔山水有句云「記取真山是假山」，先生改云「莫認真山作假山」）。

做五律要訣，在字字警切，而氣格安舒，不可著一泛語，方為得之。

律詩入經語最難。拈一莖草作丈六金身，將丈六金身作一莖草。作詩須具神通自在，乃有無入而不自得之妙。

唐人五律中，孟浩然能以古為律，往往不覺其對偶，此專以氣勝者。

孟詩高渾超邁，乃詩中之逸品。

劉靜修[4]出於《擊壤》，而文采過之。

東坡嘗云：「作詩必此詩，定知非詩人。」詩特託物起興，縹渺幽微之思，亦如雲氣變化，乃臻妙境。

先生為學者改〈雲海圖詩〉，有句云：「應知天路近，不礙白雲禪。」批云：洞山參龍山尊者，

4 指劉因。劉因（一二四九—一二九三），字靜修，元代詩人。

問「如何是主中賓」，曰「青山復白雲」。禪家多以青山表體，白雲表用。又：「白雲端禪師，楊歧下尊宿。」又批：大山出雲，喻從體起用。然此不可泥，有時亦以雲表障礙。

凡感時之作，須出以蘊藉。選詞第一要雅，用意尤不可怒。

俗語以四時為四季，奇謬奇俚，萬不可入詩。

近體入理語最難，過拙則不類詩矣。

詩以道志，須「清明在躬，志氣如神」方有好詩，不可強也。

凡近體入理語，須是變化無學究氣，方佳。

凡作詩，不可著閒言語，亦不可著一閒字也。

詩者，志也。志能相通，則無不喻。但用事須有來歷，體格氣韻亦別有工夫，此則非學之深且久未易驟悟。今人不學詩，詩教之用不顯，然其感人不在一時，雖千載之下，有聞而興起者，仍是不失壞也。

後山、遺山二子[5]，皆學杜而能得其骨者。

昨日作得一詩贈子愷（見《避寇集・贈豐子愷》），草草寫去。夜來思，其中字句尚有未愜，今改定別寫一本附覽，當以此本為正，昨所寄子愷初本便可廢之。此為子愷說法，於此悟去，便得畫三

5 指陳師道與元好問。陳師道（一〇五三—一一〇一），別號後山居士，北宋詩人；元好問（一一九〇—一二五七），號遺山，金、元著名文學家。二人與唐代李商隱（字義山）、北宋王安石（晚號半山）合稱「四山」。

味，亦是詩中上乘。歌行非理事雙融、境智具足，未易下筆。此詩氣格、聲韻均恰到好處，賢輩於詩用力未深，觀此卻可以資助發也。

國已不國，容身何處？明末桂王猶能支持十二年，今無瞿忠宣其人，真不堪設想也。朝野上下猶掩過飾非，自揚功烈，曾無哀痛罪己之意，此亦從來所無。雖同是門面語，並此而亦諱言，塗飾欺罔，舉國以為當然，真可異也。吾心惻然不能已，作得五言長篇一首（題曰〈革言〉，見《避寇集》），今以附覽。前寄子愷是變風，此卻是變雅，可當詩史，不為苟作。「不惜歌者苦，但傷知音希」，格局謹嚴，辭旨溫厚，雖不能感時人，後世必有興起者，賢輩勉之。

「瘠土人夭」，「夭」字可改作「細」字。《淮南》亦云「沙土之人細」，「細」字雙關，字面亦較潤也（「瘠土人多細」句，見《避寇集・花朝》第一首）。

後四句想入非非，言神相所不能識，龜策所不能知，時人所為微妙也。今之有國者其眩惑以求之事實，等於怪迂，故以封禪為喻（詩為《避寇集・花朝》第三首）。

昨復偶成一詩（《避寇集・題擊壤集用人字韻》），詩律頗細。人韻一聯，仍以陶詩對杜詩（〈憶昔〉第二首）。杜則反用其意，用陶下一「甘」字，將陶公一詩精神託出，頗見力量。陶〈飲酒〉二十首，此為最末，乃其真意所寄也。「吹劍」用《莊子．則陽》篇語。「栽花」羌無故實，然頗與杜詩「岸花飛送客，檣燕語留人」相似，而簡遠過之。結語乃出本題，實則讀《山海經》亦偶以寄興而已。

昨因聽鳥聲得二詩（〈杜鵑行〉、〈聽鸝〉，並見《避寇集》），此非好事之過，亦是自然流出。不特可悟唐賢三昧，亦可由比興之旨，而得取象之道耳。

〈清明憶杭州〉（《避寇集》上改題為〈歸思〉）首二句「長」字改「多」字，「猶」字改「時」字，此詩亦有寄託，非僅懷鄉之情。凡人未悟自性皆為客子，悟後之言則為鄉音。如此會去，則此詩亦非苟作矣。但此詩不可流布，以杭州尚陷虜中，亦恐人誤會也。

昨復得歌行一首（《避寇集・大麥行》），漢樂府有是題，少陵擬之，其義似未及今日之廣。〈詩序〉：「言天下之事，形四方之風，謂之雅。」此或可幾變雅之遺音，初不為一國一人而作也。詩成自詠，音節天然，似尚有元氣，此理終不可滅，但可為知者道耳。賢輩聽吾講說，似尚不及讀吾一詩，若有入處，亦堪與古人把手共行矣。結語不暇自哀而哀他人，此《春秋》廣魯於天下之旨也。

昨得二詩（〈野興〉，見《避寇集》），感於蘇、日締約之事而作。聊示諸賢，存此變雅之意。

昨夜月色甚佳，睡醒聞雷雨，於枕上得一律（題曰〈聞雷〉，未收入詩集），聊以寫示。世事皆作如是觀。以平淡出之，詩自圓轉無礙，此乃漸近自然。看來欲拔俗，非深於詩不可，胸中著數首詩，亦可減去俗病少許。亦有詩而俗者，乃非詩。詩與俗覿體相反，猶陽虎之論仁富也。

脫俗須具悟門，詩中實有三昧，古來達道者多從這裡過。然向上一路，千聖不傳，直須自悟始得。吾言亦猶谷響泉聲耳。既有好樂之心，不患不能深入也。

〈瘞貓〉第二絕（見《編年集》辛巳壬午卷）全用公案，然非作意安排，亦是自然流出，此亦偶得之耳。

頃寫示三絕句（〈暑夜偶成〉和〈秋詞〉二首，均見《編年集》辛巳壬午卷），其一灑落，其二深婉，此絕句中正聲，可開後人悟門，不為苟作。「漢將」一首喻安危利災者自詡智計，「秋風」一首指宣傳多非事實。

夜來將〈儒佛箴〉（後改題〈童蒙箴〉，見《濠上雜著初集》）了卻，此亦自然流出，雖不必有益於今，卻可俟後。終日對俗客無謂，了此亦以自解，尚不空過。賢輩他日到此田地，方覺此語親切，亦望勿以閒言語視之。著得些閒言語，亦是學也。

昨夜和少陵二律，意猶未盡，復成一首（〈八月十五夜月〉，見《編年集》辛巳壬午卷），似和韻為勝，然衰颯之音亦是自然流出，不可強也。

梅聖俞[6]論詩：「須意新語工，得前人所未道，方為善。必能狀難寫之景如在目前，含不盡之意見於言外，然後為至。」此語得之。拙詩多入理語，卻各有面目。昨復得二律（〈遣俗〉、〈禁詩〉，並見《編年集》辛巳壬午卷），安題頗有意思，二篇頸聯頗警策。亦聊與諸友一覽，多則可厭，亦不苟作也。

偶得〈數名詩〉二首（見《編年集》辛巳壬午卷），雖出以遊戲，隨手拈來，一俗一真，相映成趣，亦頗圓轉自在，聊復寫與諸友破顏一笑。此類體裁只可偶一為之，非詩家之常則也。

---

6 指梅堯臣。梅堯臣（一〇〇二—一〇六〇），字聖俞，北宋詩人。詩風古淡，與蘇舜欽合稱「蘇梅」，被譽為宋詩開山祖師。

〈獨漉篇〉（見《編年集》辛巳壬午卷）「高陵」、「深谷」句，「前」、「後」二字須改作「上」、「下」（刻本遺漏未改），增「往而不反」兩句，意方顯豁。少陵云：「新詩改罷自長吟。」〈學記〉言：「不學博依，不能安詩。」「安」字最有意味。蓋一字一語未愜，猶是功夫不到也。

〈寓言〉一首（見《編年集》辛巳壬午卷）頗細，但難會耳。

〈善哉行〉（見《編年集》辛巳壬午卷）「聲聞先退」，「先」字須改「屏」字。

昨方戲作〈雜擬〉七絕（見《編年集》辛巳壬午卷）。老來亦謬作綺語，然卻是好詩，欲以相示。其間用事稍隱，別紙疏示大意：㈠譏倭使聘美；㈡見某領袖參政會演詞，自居不世之功；㈢為參政會通電補作；㈣交戰國如博徒，各言最後勝利；㈤謂戰報多誇而少實；㈥羅、邱宣言不惟不能弭戰，益使諸夷以利器為可恃；㈦蘇、德戰未決，中國亦以反侵略陣線自豪。

昨偶得二詩，亦是緣感而作。然閔亂之言，初不為一國一時，頗得詩人深旨，聊與諸賢一覽。吾自信於五言最熟，此事亦分付不著人，自適其適而已（詩為《避寇集・花朝》第一、二首）。

欲鈔存拙詩，以時日先後為序，卷端亦須著大題，以備他日刪訂則可。但贈答諸篇，安題須簡。尺牘稱呼題款，俱當省去，亦勿雜入他種文字，方成詩稿款式。其實老拙並非有意為詩，有時率爾成篇，亦不欲盡存，鈔之徒費日力，亦無益於學詩。若能於一、二句下觸發，會心處正不在遠，如此方不虛費耳。

〈伏漲〉一首（見《編年集》辛巳壬午卷），真諦、俗諦一時畢露，不可作尋常言語會也。楊大年薄少陵為村夫子，使見此，或當爽然。賢輩猶以詩與道為二，吾是以不多說也。

昨偶思為琴曲，於枕上得一章，題曰〈思歸引〉（見《編年集》辛巳壬午卷）。雖嫌過質，而音節頗諧，以理語入歌，亦變調也。

謝先生〈飛仙亭〉原作以境語勝，拙作（指〈次韻和嗇庵飛仙亭詩〉，見《編年集》辛巳壬午卷）則似以理語勝，但俱難得解人耳。

朝來日出，隱深霧中，其光微透，映窗牖如雪後景，頗有虛室生白之象，因得一詩（〈冬日病起見晨光熹微寫示山中諸友〉，見《編年集》辛巳壬午卷）。聊以寫示，未足存耳。

懷人之作（〈歲暮有懷諸故舊〉，見《編年集》辛巳壬午卷），但寓懷舊之思，亦寄滄桑之感，此亦與人交之道，詩格頗具變化。世俗澆薄，友朋間多落落如路人。吾詩不必求人喻，但存此一段意思而已。

〈日食〉一首（見《編年集》癸未上卷），說理頗自如。

〈雜釋〉數首（見《編年集》癸未上卷），皆說理而不失為詩。詩與邏輯非盡相違，此乃十二面觀音，隨處與人相見，不妨變現不同，如此方許以詩說理。諸友忽得法眼淨時，便可唾棄矣。

「意生身」本謂菩薩境界，天上人間，隨意寄託，生死自由，不同眾生隨業受生，為業所縛，不得自在。不論善道惡道，皆屬業報身也。詩（〈風〉第一首，見《編年集》癸未下卷）乃借用，但謂禍福無不自己求之，即業由自作之義，非用其本義也。

〈蝸牛行〉（後改〈蝸角行〉，見《編年集》癸未下卷）「不知休」三字當改作「驅貔貅」。酬嗇庵詩第一首（〈得嗇庵中秋日見和之作再酬二首〉，見《編年集》癸未下卷）第六句「晰」改「淅」，第八句「消」改「除」。

今日寄答沈尹默一詩（〈上九得尹默和詩奉謝〉，見《編年集》乙酉上卷），風格峻整，音節高亮，律詩中上乘也。又〈獨坐〉（見同上）一首，意境超妙，亦非衲僧家偈頌所能到。

前見希之與星賢書，以足開宗派見推，不唯老夫不敢，意亦不欲，以向於呂紫微江西宗派之說不滿也。因此作一絕句（〈希之與星賢書，以開宗派見期，衰陋不足語此，因答希之，並示諸友〉，見《編年集》乙酉上卷），聊示諸友，覽後可寄希之，使知之。

今日寄答鍾山、希之一詩（〈得鍾山上九日自重慶見寄詩，約春水生相即於樂山，同日得希之貴陽人日見懷之作，喜而作此，寄答鍾山並示希之〉，見《編年集》乙酉上卷），中有「黑豆」、「黃梅」一聯，自謂不減謝先生見和「巴舞」、「蜀才」之句。大凡友朋贈答，俱有意義，不是空言，亦可以潤枯槁，但不識藥者不感興趣耳。

今日寄懷葉先生一詩（〈寄懷葉左文兼為其六十壽〉，見《編年集》乙酉上卷）。渠今年整六十，因以壽之。向來不作壽詩，今於葉先生破例為之，亦以念舊之情不能自已也。「萬山」、「百代」一聯，亦非葉先生不足以當之。

詩中因柳起興者，多敘離別征戍之感，此以〈小雅〉「楊柳依依」為祖。若泛言景物，意味已淺。大凡遣詞造意，先須審題。如此題（原作〈擬道上見楊柳〉，後改〈擬柳枝〉，見《編年集》乙酉上卷）亦以作絕句為宜，不宜作律句。漁洋〈秋柳〉乃詠史體裁，又當別論。遠征軍乃今日事實，故不曰「遠行」而曰「遠征」。

〈寇退口號〉（見《編年集》乙酉下卷）第二首「空村故里無人過」，「過」改「問」。第四首「受降城外水連天」，「水」改「海」。

在山（莫干山）作得五言一篇，寄藻孫。此詩有議論，氣格頗似少陵。吾後此亦不能多作，亦更無人能知其利病。發言莫賞，興味無存，未可如何也。

住山（廬山）兩月，絕少遊陟，得詩頗不少，皆遣興之作。率意出之，尚未孤負此山，不為空過而已。

〈廬山新謠〉多以新事物、新思想入古詩，尚不觸目。吾不自知其進邪、退邪，聊以自遣而已。〈漫興〉兩首（「層城樓閣」、「倦眼登高」，一九六〇年作於屏風山）頗有新意，可略見一斑。山中絕無朋友遊從之樂，獨謠自遣，乃廚川所謂「苦悶的象徵」，煙士披裡醇云乎哉。寫至此，擲筆一笑。

詩以道志，大抵所感真者，其言亦真。然法不孤起，仗境方生，吾體物之工不及古人，但直抒所感，不假雕繪，尚不為苟作而已。

今日得此詩（〈客思〉），聊復寫寄一覽。理境益深，解人益少。龐道玄云：「日用事無別，惟吾自偶諧。」此詩愉韻一聯（暫遣幽憂鄰戲謔，獨持枯槁近恬愉），亦吾之偶諧三昧也，皮膚脫落盡，惟有一真實，語彌質而情彌真，然言淡而無味，但可以道情目之，非詩也。

近作近體五首（〈還湖上口占〉、〈偶成〉、〈潦後感〉、〈麥杭道中〉、〈隤風〉），前二灑落，中一深穩，後二超曠。雖率爾之作，頗有新意，亦近自然。

此三昧境也，會此，則一切聲皆此聲。然言詩則寒瘦，可發一笑（此就一九六三年所作〈天寒入市就客館取暖口占〉言）。

〈雪晴〉一首頗似治世之音；〈人日雪〉則為中印邊界問題而作，亦絕句中上乘。

皋亭植樹，復得一詩。墟墓日近，感不絕心，然以詩言，固從天性流出。負土之志，乃是誠言，非同壯語（詩有「誓將負土補天工」句）。

偶得一律（〈蘇庵約遊玲瓏山未果〉），尚灑落，今以寫奉，可資助發。

衰朽不能為新體詩，今試以舊詩詠新事（〈喜聞核試驗成功〉、〈送青年至農村勞動〉），未知有當於古為今用之旨否？

昨寄絕句，首用「豐亨萃聚」，字未愜，應改作「銷兵猛志壓群雄」較為醒豁。五律昨所作者不及今作，然究竟古典氣太重，雖庶幾治世之音，不可以喻俗也。

昨為諸子改詩，不愜老僧意，因更成一律（〈上巳日偶成用前韻〉，見《避寇集》），卻不是湊韻。於此可悟比興法門，頗有羚羊掛角之意。此亦胸襟流出，拈來便用，山谷所謂「不煩繩削而自然合轍」一也。

〈樂記〉曰：「絲聲哀，哀以立廉，廉以立志。」陳氏《集說》曰：「人之處心，雖當放逸之時，而忽聞哀怨之聲，亦必為之惻然而收斂，是哀能立廉也。」〈小雅〉怨誹而不怒，聖人錄之。近偶為詩，亦是惻怛動於中而自然形於言者，亦自覺其衰颯，怨而未至於怒，哀而未至於傷。雜以放曠則有之，然尚能節，似未足以損胸中之和也。

「我生之初，尚無為；我生之後，逢此百罹」，「苕之華，蕓其黃矣，心之憂矣，維其傷矣」，此變風變雅之音也。樂天知命，為自證之真；憫時念亂，亦同民之患：二者並不相妨，佛氏所謂悲智雙運也，但所憂者私小則不是。

予嘗觀古之所以為詩者，約有四端：一曰慕儔侶，二曰憂天下，三曰觀無常，四曰樂自然。詩人之志，四者攝之略盡，若其感之遠近，言之粗妙，則繫於德焉。因草是篇，以俟後之君子推而廣之（〈詩人四德序〉，見《編年集》甲申下）。

既曰〈漫興〉（見《編年集》癸未上），自非有所指目，不為一人而作。樓子和尚聞山歌而發悟，歌乃與彼無干。即滄浪孺子之歌，亦自稱口而出，本無寓意，聖人聞之，便教弟子作道理會。詩無達詁，本自活潑潑地，不必求其事以實之，過則失之鑿矣。禪語皆以「到家」喻見性，「客子」喻在迷，用慣亦不覺其贅。「越鳥背南」乃謂向外，「門前式蛙」實譏瀆武。第三首係用〈紫芝歌〉，亦泛言天地否塞之象而已。

胸中著得幾首好詩，亦可以拔除俗病。

說王王秋題扇詩云：此人一生學《老》、《莊》，故其論扇，以為見捐者恆為紈素，常見者反在蒲葵，至於文人畫家之所題繪，往往藏之篋中，備而不用。總之，其意以為用者不好，好者不用而已。頗得《老》、《莊》之旨，然非有道者之言也。

作詩貴有比興之旨，言在此而意在彼，方能耐人尋味。唐詩云「夜半鐘聲到客船」者，無人相送，不勝寂寞之感也。「輕煙散入五侯家」、「簾外春寒賜錦袍」者，君恩只及貴幸也。「樂遊原上望昭陵」者，雖以罪言去官，而眷眷不忘故主之恩溢於言表。昭陵，太宗之陵也。「眾鳥高飛盡」，以比利祿之徒；「孤雲獨去閒」，以自況也。「相看兩不厭，惟有敬亭山」，言山色之外，不堪舉目也。

問黃仲則「十有九人堪白眼」之句，先生笑云：何笨重乃爾，了無餘味矣。

《選》詩非熟讀不可。唐詩當取盛唐之音，晚唐多失之纖巧，清人詩不看可也。

漁洋《萬首絕句選》頗好，《古詩選》次之。漁洋亦長於絕句者。絕句須流利，古詩可出以鄭重。《唐詩三百首》中絕句多佳。

七言絕句平起，第二句第三字必須平聲，音節乃調。單拗一句，應在第三句，否則全拗。

伯夷、叔齊扣馬之諫，見《呂氏春秋》，蓋即太史公所本。然〈采薇〉之歌體裁不類《三百篇》，反與後世〈紫芝歌〉有相似處，當是春秋戰國間，諸侯以暴易暴，民怒沸騰，而又不敢直指當時，託古以諷之作耳。

論《白沙詩教》[7]云：白沙自敘甚好，湛甘泉序便嫌太長。

談舊作〈寄答洪巢林〉（見《蠲戲齋詩前集》下）云：「今月猶古月」言性，「晴雲雜雨雲」則說習氣也。

宋詩兼融禪學，理境過於唐詩，惟音節終有不逮。宋詩中山谷、後山為最，荊公次之，東坡、放翁又次之。蘇門六君子頗有青出於藍者，以視韓門諸子才學均出其下者，有過之矣。

談舊作〈再答嗇庵兼示巢林〉（見《蠲戲齋詩前集》下）云：「一庭白雨群疑盡，滿目青山萬法如。」上句用《易．睽卦》，下句對以佛經。

談舊作〈題鍾氏父子鄉試硃卷〉（未刻）云：制舉時代，猶非寢饋經術，文不能工。顧亭林《日知錄》慨歎唐宋詩賦變為制舉，今則每況愈下矣。此題無話可說，籍端興感而已。「四本清言」原論不傳，《世說新語》猶可考見，以對「五經異議」，甚工。「壞壁弦歌」，以喻鍾文；「空倉雀鼠」，以喻今日也。

談舊作〈答趙綸士元日見贈〉（見《蠲戲齋詩前集》下）云：起句以原詩用陶詩，即以陶詩之意答之；頷聯羌無故實，「麇鹿窺牖」指趙來訪；頸聯「同坑」、「異土」、「處夢」、「經年」借用禪語，屬對自然，一喻人性皆善，一喻時間之幻；結語活潑潑的，「梅邊」、「柳邊」隨人自會。論學術，則如朱子所謂「高明者蹈於虛無，卑下者流入功利」。論時事，則同為功利，又有兩派，不是左派，便

7 全名《白沙詩教解》，明湛若水（一四六六－一五六〇，號甘泉）撰。本書係湛若水注釋其師陳獻章（一四二八－一五〇〇，因遷居白沙鄉，世稱白沙先生）部分古體詩的著作，二人皆為理學家。

是右派，實則悟到「同坑無異土」便無「梅邊」、「柳邊」矣。夫子言「有鄙夫問於我，我叩其兩端而竭焉」，兩端便是梅柳，鄙夫便是兒童。隨物所見，即物起興，信手拈來便是，可見詩人之皆多不易會。

談陶詩云：殊不易讀。舉〈連雨獨酌〉一首云：此在集中，詞句多拙，而確係淵明說理，自道所悟境界語。「天豈去此哉，任真無所先」，便是忘情先後；「雲鶴有奇翼，八表須臾還」，以喻一念周遍法界；「顧我抱茲獨，僶俛四十年」，造語奇異，豈有飲酒而須「僶俛四十年」者？是知「獨」者，獨知之境界也。又〈飲酒〉之十三云：「一士長獨醉，一夫終年醒。」屈原對漁父言「眾人皆醉我獨醒」，以為醒勝於醉；靖節則自託於醉，以為醉勝於醒。「規規一何愚」，言醒者之計較利害也。「兀傲差若穎」，言醉者之忘懷得失也。「寄信酣中客，日暮燭當炳」，若曰當續飲也。是故其所為酒，不必作酒看；其所謂醉，不可作醉會。吾嘗謂靖節似曾點，以其綽見天理，用現下語言說現前境界、本地風光，略無出位之思。所謂「曾點、漆雕開已見大意」者，於此為近。

作詩亦須自有悟處，陶詩好處在於無意超妙，而自然超妙。論者言顏詩如「錯采鏤金」，謝詩如「初日芙蓉」。謝之視顏，自是較近自然，然猶有故意為之之處；陶則本地風光，略無出位之思，不事雕繢而自然精鍊。似此境界，卻不易到，東坡和陶儘多無一首相似。如〈和飲酒〉云「三盃亡六國，一盞銷強秦」，則劍拔弩張矣。王摩詰詩自有境界，如〈終南別業〉「中歲頗好道」一首，大似陶詩，〈辛夷塢〉「木末芙蓉花」一首，亦是眼前景物，信手拈來。

詩貴含蓄，忌刻露，意在可見不可見之間者為佳。李太白「眾鳥高飛盡」兩句儘好，「相看兩不厭」兩句便失之刻露。宋詩刻露益甚。《三百篇》亦有刻露之作，如「人而無禮，胡不遄死」、「投畀有北，有北不受」等。然亦有須各人自己理會者，如「籜兮籜兮，風其吹汝」，《詩集傳》以為淫女之辭，以予觀之，意味深厚，類似〈風雨〉、〈雞鳴〉之章，當是賢人處亂世，以危苦之詞互相警惕而作。予嘗有意選詩，但其事殊不易，唐一代已自浩博矣。

詩人聞道者固不多。就詩而論，一代不過數人，一人不過數篇而已。亦非是教人不學詩，但古之為詩其義大，後世之為詩其義小耳。

為人改詩，有句云「萬國河山經亂日，一天風雨未歸人」，時方避寇在蜀，故云。

談舊作〈寒露菌〉（見《蠲戲齋詩前集》上）云：此詩乃刺時諷世之作。「憐彼根蒂微，豈識秋旻高」，譏政客也；「出門虎跡亂，倚樹方鳴鴞」，言天下之亂也；「寄語采芝人，勿受商山招」二句點題，用四皓應呂后之招，卒為出山事，又四皓嘗有〈紫芝歌〉也。

嚴羽《滄浪詩話》云：「詩有別才，非關學也。」實則此乃一往之談。老杜「讀書破萬卷，下筆如有神」，可知學力厚者，所感亦深，所包亦富。但如王王秋教人學詩，純用模仿；如明七子擬古，章句不變，但換字法，自是不可為訓耳。《易》云「修辭立其誠」，誠之不足，則言下無物，近於無病呻吟，當然不可。乃至音節韻律亦須是學，唐人音節極佳，宋人則雖東坡、荊公、山谷、後山諸賢，詩非不佳，而音節則均遜於唐矣。說至此，適有雞啼，因言雞啼亦有抑揚，牛鳴亦有雄壯意味，彷彿律應黃鐘之宮，鳥語轉變，自然成韻。乃至《高僧傳》，記佛圖澄聽風鈴而辨言語，事雖奇異，亦有此理。鈴既無心，風亦無意，相遇成韻，聽之者適逢其會，心有所感，遂若聞其談說，理自可通也。〈樂記〉：「聲成文謂之音。」「知聲而不知音者，禽獸是也；知音而不知樂者，眾庶是也；惟君子為能知樂。」韻律亦須學，多讀自然見得。至於白話之漫無音節者，則終不能成立。西洋詩亦有抑揚高下音韻，而十四行詩格律謹嚴，亦豈漫無準則耶？

先生與葉左文、陳伯治同遊衢州爛柯山，登石梁，成紀遊詩一首（見《蠲戲齋詩前集》上）。因談葉先生博聞強識，熟於《宋史》，方以《宋會要》（自《永樂大典》輯存，原書久佚）校《宋史》，又見商務印書館出版之《放翁年譜》錯誤甚多，另成一書。惜其溺於考據，讀書而不致力窮理，紀遊詩暗示此意。葉先生詩云：「石渠淩空起，馬子在上頭，我與伯治父，梁下空搜求。」蓋深致推服，亦自承考訂之事賢於博弈而已。

先生遊金華北山三洞，成七言歌行一首（見《蠲戲齋詩前集》上），出示學者云：五言求其謹嚴，七言歌行則須有開闔動蕩之勢。此詩可謂盛唐之音，山谷、荊公均不能到。詩人所感，每以眼前景物興起，所感深者，理趣亦深。讀詩者須有同感，便與詩人之心合而為一，猶治義理之學至於純熟，則其心與聖人之心合而為一也。唐詩說理者少，李東川（頎）能之，《雜興》一首確是好詩。吾此詩音節似之，而說理較大。

談〈避兵桐廬留別杭州諸友〉（見《避寇集》）云：老杜有此風格，無此議論，以其所見者小也。

吾詩首四句先言處災變之禮，次言禍亂之源，次言飛機之慘忍，次自述，兼及故人。避兵桐廬，只用「逝從大澤釣，忍數犬戎厄」二語一點，層次井然。宋鈃、墨翟雖非攻寢兵，其意猶起於功利計較，故終無補，猶今之和平會議也。「礫轢」二字用以形容爆炸之慘，甚得當。「登高望九州」二句，老杜能之。「甲兵其終偃」二句係倒裝句法，老杜亦能之。「儒冠甘自棄」二句用字有謝詩意味，非老杜所能。結處二句甚有力量。通篇一字難移，可傳之作也。又云：勞者之歌，少蘇其氣，此亦出於自然，不容強勉。即如全用仄韻，乃有悲痛之音，亦是下筆自來，莫之為而至者。

〈留別杭友〉一首，音節哀而促；〈郊居述懷〉一首（見《避寇集》），較為舒緩，雖在患難，詞不迫切。前篇禮意重，故謹嚴；後篇樂意多，故和易。

談〈村舍偶成〉（見《避寇集》）云：此詩大似老杜，末二句饒有精采，足見懷抱。無此則為閒適詩，不切時局矣。

先生說杜詩「無邊落木蕭蕭下，不盡長江滾滾來」兩句用疊字，即以狀落葉、江濤之聲。因自述〈和肇安法師落葉詩〉云「夢中一夜蕭蕭雨，腳底千巖颯颯風」（見《蠲戲齋詩前集》下）字法相同，又〈病懷〉云「一春黯黯長逢雨，四海茫茫久罷琴」（同上）亦用疊字。

先生嘗有意選詩，學者請問義例，答云：或問王輔嗣《易》以何為體，答曰「以感為體」。余謂輔嗣此言未盡其蘊，感者《易》之用耳。以感為體者，其惟《詩》乎。在心為志，發言為詩，志即感也。感之淺者其言粗近，感之深者其言精至。情感所發為好惡，好惡得其正，即禮義也。故曰「發乎情，止乎禮義」，「惟仁者能好人，能惡人」，此孔子說《詩》之言也。詩教本仁，故主於溫柔敦厚。仁，人心也，仁為心之全德，禮樂為心之合德，禮樂由人心生，是以《詩》之義通於禮樂。程子曰：「窮神知化，由通於禮樂。」故《易》為禮樂之源，而《詩》則禮樂之流，是以《詩》之義通於《易》。政事之得失寓焉，是以通於《書》。民志之向背見焉，是以通於《春秋》。六藝之旨，《詩》實該之，詩教之義大矣哉！（文章亦可以此選取。班〈志〉列辭賦、詔令兩類，詞賦本於《詩》，詔令本於《書》，後世選本《文章正宗》尚知此義）《三百篇》以降，代有作者。後之選者識不及此，各以己見為去取，或求備乎體制，或取盈於篇章，博而寡要，於義無當也。吾嘗欲綜歷代詩總別諸集及論詩、評詩諸作，博觀而約取，刪繁而擷要。其世則漢魏六朝唐宋遼金元明清，其體則樂府五七言歌行律絕，其義則風雅正變，足以考見一代民志之所向，國政之所由，世運之升降污隆皆繫於是。好惡不失其正者，大抵一代不過數人，一人不過數篇。體不求備，惟其人，所以昭其志也；斷代著錄，所以著其事也。詳其來歷，通其旨意，以便教學。善讀者潛心以求之，庶幾繼軌《三百篇》，而六藝之旨可以概見。以是為教，其必有感發興起者矣。今者，遭世衰亂，書史蕩析，避處空山，無復取材之資，豈天之將喪斯文耶？雖然，使世有好學深思，心知此意者，踵吾規模而為之，則是書也固不必自我成之矣。

〈詩大序〉及鄭康成〈詩譜序〉兩文，說詩之義盡之矣。〈大序〉云：「治世之音安以樂，其政和；亂世之音怨以怒，其政乖；亡國之音哀以思，其民困。」〈詩譜序〉云：「勤民恤功，昭事上帝，則受頌聲弘福如彼；若違而弗用，則被劫殺大禍如此。吉凶之所由，憂娛之萌漸，昭昭在斯，足作後王之鑑，於是止矣。」

先生說〈丁丑除夕書懷呈葉君左文〉（見《避寇集》）云：此詩用經說理，義兼賦比，沉痛不減老杜，而理境過之。「嗟予德未修」兩語，自六朝以來詩人未嘗說及此也。

先生自言：四歲就學，從何虛舟師讀唐詩，多成誦。師嘗問詩中最愛何句？脫口應曰：「茅屋訪孤僧。」師異之，以語先君云：「是子其為僧乎？」今年已耆艾，雖不為僧，然實自同方外。當時甫四齡，豈知此詩意味，然竟以此對者，過去生中習氣為之也。山谷八歲詩云：「□□長風吹上天，吹到玉皇香案前。為語當日黃庭堅，謫在人間已八年。」亦絕不類小兒語。《大智度論》中有佛弟子畢稜伽婆嗟為阿羅漢，嘗欲渡河，呼河神為「小婢」。河神訴之佛前，佛囑陪禮，即曰：「小婢，我今懺謝汝。」河神不悅，以為戲侮。佛云：「是其心中，我慢確已淨盡。但彼過去五百生為婆羅門，尚有餘習未盡耳。」河神不服，因喻之云：「如以香水儲瓶中，傾瀉出之，涓滴無餘，不可謂非淨盡。但以鼻嗅之，則香氣猶在，此即餘習之謂也。」可見習氣廓落之難。

宋詩山谷、後山均佳。放翁以多為貴，僅比元、白，視白尚有遜色。梅聖俞雖嘗見稱於歐陽公，而意境殊不高，非上乘也。

湛甘泉說白沙詩為詩教外傳。往年見而好之，比更展視，頗惜其說之繁。孔子說「天生蒸民，有物有則，民之秉彝，好是懿德」，但云：「故有物必有則，民之秉彝也，故好是懿德。」著一二虛字而已。〈棠棣〉之詩，本懷人之作，孔子說來，則成講道之詩。亦只云：「未之思也，夫何遠之有？」皆著墨不多，而意味自足。《詩．小序》雖不盡可據，亦無支蔓。

李嶠〈汾陰行〉、元稹〈連昌宮詞〉，雖去《三百篇》遠甚，猶是風人之旨。

吾〈贈賀昌群〉詩（見《避寇集》）有云：「靈山咫尺能相見，玉海千尋不可量。」上言道不遠人，「一日克己復禮，天下歸仁」；下言性德無量。《南齊書．張融傳》：融善玄言，自名其書為《玉海》，或問何義，融答曰：「玉以比德，海崇上善。」比喻體用兼備。其後王應麟亦以《玉海》名其書，然王書乃為制舉而作，未稱斯名也。

先生為賀昌群改詩一聯云：「伊洛淵源歸太極，唐虞事業訊鴻蒙。」因言此聯甚工。太極是理；鴻蒙則元氣也，見《莊子》。下句即「一點浮雲過太虛」之意。

問詩。答云：盛唐音節響亮，句法渾成，晚唐便失之雕琢。宋詩音節便啞，雖荊公、山谷亦然。東坡於詩並不用功，只憑天才，失之率易。王壬秋[8]教人為詩，篇模句擬，大類填詞，方法太拙，往往只具形式。渠長於《選》體，歌行亦能為之，而短於律詩、絕句。張文襄[9]亦頗能詩，晚近則有陳散原、鄭孝胥。鄭詩頗類後山，固不必以人廢言。陳石遺[10]能評詩，所作詩話頗可觀，及其自為之，

8 指王闓運。王闓運（一八三三—一九一六），字壬秋，清末經學家與文學家。

9 指張之洞。張之洞（一八三七—一九〇九），謚文襄，與曾國藩、李鴻章、左宗棠並稱晚清四大名臣。

10 指陳衍。陳衍（一八五六—一九三七），號石遺，清末民初詩人，其《石遺室詩話》係「同光體」詩派的

乃不能悉稱。樊樊山[11]、易實甫[12]雖搖筆即來，不為無才，而體格太率，僅可託於元、白而已。中國文學流派太多，歷史太長，欲於各家各體一一沉浸精通，大非易事。是以胸中不可無詩，筆下則不必有詩。必欲學詩，古體從漢魏入，近體從盛唐入。先須泛觀各家，繼乃專看一兩家，方有入處。選本如《唐賢三昧集》，專選盛唐，所收均好。至於綜合歷代精英彙為一編，分別加以論斷，吾嘗有志於是，而未暇也。問總選如成，前五名當誰屬？曰：李、杜、陶、謝（康樂）諸公足以當之矣。

王昌齡詩云：「赤日蕩中原，烈火無遺巢。一人不見用，萬里空蕭條。」韓致堯[13]詩云：「當街一盞辭春酒，明日池塘是綠陰。」王詩益怒，韓詩益哀。呂本中[14]詩云：「雪消池館初春後，人倚欄干欲暮時。」謝榛[15]盛稱之，采入《四溟詩話》。此詩雖有遲暮之感，卻無怨怒之意。池館雪消，庶幾治世先聲。

重要評論著作。

11 指樊增祥。樊增祥（一八四六—一九三一），一號樊山，清末大臣、文學家，詩文豔俗，有「樊美人」之稱。

12 指易順鼎。易順鼎（一八五八—一九二〇），字實甫，清末民初詩人，與樊增祥、袁昶並稱「南皮三弟子」。

13 指韓偓。韓偓（八四二—九二三），字致堯，晚唐詩人。擅寫宮詞，多寫豔情，人稱「香奩體」。

14 指呂本中。呂本中（一〇八四—一一四五），初名大中，號紫微、東萊，北宋理學家。為與其後代呂祖謙相別，呂本中又稱「大東萊」，呂祖謙則稱「小東萊」。

15 謝榛（一四九九—一五七九），字茂秦，明代文學家，為研究詩體與詩格的重要學者，著有《四溟詩話》十卷。

古者朝聘往來，賦詩見志，以微言相感。微者，隱也，不必明言，貴在暗示。實則一切言語皆屬於詩，真有至誠惻怛之懷，發之於言，自是感人。慈母之愛子，不學而能歌，赤子之於母，聞聲而相喻，幾以真情感通之故。即如吾今為諸子說此，諄諄之意，或有所感，亦是相愛無已之意為之耳。

杜詩最深厚，是儒家氣象，但不能為絕句，惟〈贈李龜年〉一首為佳。謝詩最華妙，陶詩最玄遠，太白最豪放。韓詩精練，柳詩理境格調學謝，用字用韻在韓之上，但不成大家，名家而已。絕句，王昌齡、李太白為佳。

學詩須讀《三百篇》《楚辭》、漢魏晉宋各家，以及唐人。（《唐賢三昧集》甚可觀。）又須兼看詩話，如《苕溪漁隱叢話》等。（《詩比興箋》亦佳。）風、雅、頌是用，賦、比、興是體。風則比、興兼之，雅則用賦，惟頌最難。佛經讚頌，差可比擬，《聖經》讚美詩，亦英文中出色文字，後之人無復聖德，此體亦漸稀矣。讀《三百篇》須是味其溫厚之旨，虛字尤須著眼，如「庶幾夙夜」之「庶幾」字，「尚慎旃哉」之「尚」字，意味均甚深長。又如「大風夙退，無使君勞」、「緇衣之衣兮」云云，其言皆親切懇摯，愛人如己，「道之云遠，曷云能來」亦復同此意味。孔子說詩，但加一二虛字，如「有物必有則」，「民之秉彝也，故好是懿德」，便自意味深長。程子亦善說詩，謝顯道稱之，見《近思錄》卷三。

太白豪放，得騷人之旨；工部惻怛，有〈小雅〉之風。

論太白者，每以其好言神仙，歌醇酒美人而少之，由今觀之，實多有託之詞，未可據成說為定論。且彼言神仙，實曾修練、知丹訣。〈弔比干〉文，則儒家言也。〈為竇氏小師祭璿和尚〉文，則明於義學。文字亦皆上承六朝，異於韓柳，古人要為不可及也。

先生〈和少陵夏夜歎〉（見《編年集》辛巳壬午卷）出示學者，因言：和詩有次韻、和韻、同韻之別。次韻以原作韻腳為序，一字不可移；和韻雖用原韻，而不拘次序；同韻則但韻部相同，不必原字。唐人不用次韻，荊公、東坡、山谷始多為之。山谷才大，驅遣得動，往往四和、五和而不相蹈襲，荊公亦佳，東坡和陶則有率易處，然宋詩音節終不及盛唐之鏗鏘，此則時為之也。和詩當過於原作，否則亦與之埒。吾欲和杜詩數十首，略存〈小雅〉之意，雖視杜未知何如，固當過於東坡。吾詩尚有古人軌則，而非模仿，惜此事亦難得解人耳。

杜詩〈夏夜歎〉佳處在「虛明見纖毫，羽蟲亦飛揚，物情無巨細，自適固其常」四句，見其體物之細。以下興起戈士之苦，則惻怛之懷也。細讀之，覺其音調鏗鏘，此唐詩宋詩之別。

《太白集注》引山谷言有云：「太白乃人中麟鳳，雖夢囈或作無益語，決無寒乞相。」此說良是。太白、東坡於義理固說不上，然天才豪放，胸襟灑落，不似今人滿肚皮計較。

往在杭州時，曾夢成《詩人社會》一書，醒而怡然，猶記彷彿。將來得暇可為之，改號《詩人國》。斷自屈原，一代不過數人，上下千載，集於一堂，高談清言，各明素志，而采其集中傑作最足表現其為人者附焉。學詩者得此一編，勝讀選本多矣。

《選》體詩當熟讀。宋人荊公、山谷不可略，然不讀《景德傳燈錄》，亦不能讀山谷詩也。

謝无量先生說李義山〈賈生〉詩云：賈生但知有政治經濟，漢文畢竟高超，二千年來帝王，幾人解問鬼神事耶？其言超曠玄遠。

吾詩在此時無所用之，亦沒處說去，所謂「只可自怡悅，不堪持贈君」也。吾方為古詩，憶平生所居首會稽，次西湖，次天台、黃山，次富春、金華、桂林，可各為一首，成十章（後只寫成七首，無桂林，有天目，見《編年集》辛巳壬午卷，題為〈七思〉），但未嘗親至其境者，讀之便索然無味。讀古人詩亦猶是也，不能得古人之用心，則味同嚼蠟。治義理之學亦猶是也，未嘗親證灼見，則聞而恐臥矣。

舉賈誼〈惜誓〉「黃鵠之一舉兮，知山川之紆曲。再舉兮，睹天地之圜方」，「使麒麟可得羈而繫兮，又何以異乎犬羊」，〈弔屈原〉「鳳翱翔於千仞兮，覽德輝而下之」，及屈子〈遠遊〉「悲時俗之迫阨兮，願輕舉以遠遊」等語示學者，因言：病莫大於俗，俗病最是難醫。滿腹計較，汩沒日深，久乃習而安之以為樂，有欲振拔而出之者，非惟不肯相從，反而怨之。如身處戰壕，巨炮轟擊，飛土幾沒其頂，而不肯聽人援手，自以為得，雖有力者亦未如之何矣。或問吾輩恐亦在汩沒中，先生笑云：賢輩自是出來好！

〈鵩鳥賦〉與《莊子》同旨，而語更簡要，亦賈生胸襟超邁，乃有此文。

昔聞廖季平以《莊子》為《詩》傳，頗覺可異。由今觀之，《楚辭》實通於《易》，不明乎《易》，亦不能盡通《楚辭》也。

說《編年集》云：吾非欲以此博詩名，作詩人，欲稍存變風變雅之意，為天地間留幾分正氣耳。往者亦是全身遠害之意多，惻怛為人之意少，故不願流布。今則戰禍日烈，是非日淆，此亦不得已之言也。

近作〈善哉行〉、〈短歌行〉、〈獨漉篇〉（均見《編年集》辛巳壬午卷），三首皆用漢樂府神韻，而理境之深，古今獨步。

樂府詩〈獨漉篇〉義取報父讎，《太白集》中所存則報國讎也。

杜詩排律出於齊梁，能得其細，此前人未發之論也。齊梁詩向每病其綺靡，比稍覆視，乃知其細，簡文之作尤佳。

朱竹垞[16]詩，在清朝不失為大家，讀書多，亦工亦博（查初白[17]尚可觀，吳梅村[18]固不逮也），文則欠排奡，視詩有遜矣。偶觀其年譜，六歲時，塾師指王瓜屬對，信口答曰「后稷」。師怒，欲撲之，不知適以自彰其陋，即此可以見其天才矣。

16 指朱彝尊。朱彝尊（一六二九—一七〇九），號竹垞，明末清初政治家與文學家。其博通經史，擅長詩詞，為浙西詞派的創始者，與同代詩歌大家王士禎齊名。

17 指查慎行。查慎行（一六五〇—一七二七），本名嗣璉，晚年居於初白庵，故稱查初白，清代詩人，其詩作主要師法北宋蘇軾與南宋陸游。

18 指吳偉業。吳偉業（一六〇九—一六七二），號梅村，明末清初詩人與政治家。其長於七言歌行，與錢謙益、龔鼎孳並稱為「江左三大家」。

談趙堯生先生[19]詞云：在清代當成一家，雖細密不及朱彊邨，而雄壯有得於辛稼軒。〈生日〉一首可見，即此一篇，足以傳世矣。

趙堯老詞大有功夫，無一首率易之作，四五十歲已自成就。集凡三卷，上卷稍遜，中卷漸勝，末卷彌見精采，亦晚而益工也。如詠園蔬雜花，數十闋無一不佳。讀書多，用事精切，蓋畢生所讀書皆用之於詞矣。惜格調不甚高，可為名家，不可為大家。其於詩卒無所成者，亦以此故。太白詞格之高，亦以其得力於詩者深耳。

謝无量先生近作五言廿首，一片天機，空靈動蕩，的是天才。作書亦未嘗臨帖，而自然佳妙。吾所和廿二首（見《編年集》辛巳壬午卷，題為〈和嗇庵山中雜題二十二絕〉），第一首便答來訪竟，以下或針對原意，或自抒懷抱。五絕難於七絕，以字數更少也。

先生閱《六十種曲》，因言：詩外有事，作曲亦然。如《屠龍記》，作者實亦博極群書，乃能為此。義學、禪學，以及道家玄言，無一不通。吾如為之，布局或較靈活，博洽當有遜色，以此知古人信不可及。因出《曇花記》及《盛明雜劇》二冊令學者讀之。且曰：試看閻王斷案，字字皆有分寸。賢輩出語下筆，往往不妥。古人如除官制誥，到任謝表，字字皆不可移，真所謂「懸之國門，一字千金」。朱子言，為文無他巧，但使字字妥當耳。荊公、東坡集中此類文字極多，荊公尤勝。賢輩總由平常太不留意，故自己下筆不知分際。

19 指趙熙。趙熙（一八六七—一九四八），字堯生，清末民初文學家與書法家，世稱「晚清第一詞人」。

問白香山〈動靜交養賦〉，先生云：兩頭語耳。似此則動靜仍是兩截，香山蓋未解一如之理，故說來便錯。性道超乎動靜，不可強為分屬，陷於偏曲。天道歲功，亦復如是。譬如「天何言哉」，疑若靜矣；「四時行，百物生」，疑若動矣。然方其無言，亦行亦生，則靜亦動也；既其行生，未嘗有言，則動亦靜也。香山此賦取義老氏，然亦不見其奧。大抵魏晉人說老莊得其玄旨，唐以後便不足觀。

胡元瑞《詩藪》[20]以漢樂府桓帝初童謠「小麥青青大麥枯」與少陵〈大麥行〉「大麥乾枯小麥黃」比較言之，以為即此便是漢唐音節之別。前者用虞韻，便有含蓄；後者用陽韻，便覺高亢。吾嘗有取於其說。以詩而論，少陵亦更進一步，故彌覺發揚蹈厲也。大抵唐詩高亢響亮，晚唐便哀蹙。義山詩雖工，音節已哀。李後主詞未嘗不妙，而純是亡國之音。北宋詞亦多哀音，山谷、後山詩自工穩，音節終不及唐。推而上之，正風、正雅音節舒暢，變風、變雅便見急促。惟文亦然，六朝徐、庾駢體，句句工整，而靡弱已甚，此亦有不可強者。故聞鈴鐸而辨治亂，聽鳥鳴而知安危，有時下筆成詩，押一韻腳，往往出於自然，非由安排也。

作詩學字，均須自解作活計。禪師家有「教子作賊」之喻，語雖鄙俚，而取譬甚切。

先生生辰，白尹雕石章作彌勒像，呈進為壽並附詩。先生答詩有云「石頭寸寸是瓊瑰」（見《編年集》辛巳壬午卷），因言本是瓊瑰，方堪雕琢；非待雕琢，乃成瓊瑰。吾嘗見美玉多在璞中，鑿去

---

20 明胡應麟（一五五一—一六〇二，字元瑞）撰，共二十卷。本書收集自周朝至元的詩集，多循王世貞的《卮言》，敷衍其說，以詩體為綱，朝代為序。

粗皮，乃見美質。人但苦自己不能捨棄耳。

曹纕衡來說，附詩有句云：「僧舛遠分千嶂雪，菜畦長辦一年春。」先生頗稱道之。

洪樵舲先生為人篤厚，詩從義山入手，惜稍為所縛，止於晚唐。吾嘗勸其作古詩，又見沈培老為題其詩集數行，亦欲其進而求之《楚辭》、《文選》，融會禪理、玄言。惜其不及試也。培老有胸襟，有眼光，近體亦學義山，古詩則學昌黎，而玄義紛綸，氣格峻整，雖所作不多，以較王壬秋為高，然亦終是未熟，尚費氣力。鄭蘇戡[21]詩亦站得住，佳者亦近韓柳。趙堯老古詩不多見，近體偶有率易處，吾未能知其所詣也。吾昔有詩贈嘉興印人郭君（題為〈贈郭起庭〉，見《蠲戲齋詩前集》上），培老見之，以為渠與金甸翁詩均可廢。又嘗贈弘一法師詩，有句云「衲僧三印水空泥」，太炎見之云，全章只解得三成，亦可見其坦率。

作詩須是自解作活計。改詩如改口供。詞非不佳，其如不由己出何！

謝无量先生〈青城山雜詩〉超妙自然，全不費力，如行雲流水，求之今日，殆無匹儔。

問古詩用韻。答云：可據《詩本音》及《屈宋古音考》，五古可依《文選》。

寄黃離明詩，用劍峽放木鵝事，亦見《燈錄》，喻不逢人也。詩家用公案，或反其意，或取其詞，變化自如，皆是信手拈來，不可泥著。山谷才大，用事尤須活看。

先生嘗有意作《六藝論》、《四學考》，日寇入侵，避亂轉徙，史書蕩析，喟然歎曰：後世有欲知

21 指鄭孝胥。鄭孝胥（一八六〇—一九三八），號蘇龕、蘇戡、海藏，清末政治家與書法家，曾任溥儀帝師。

某之為人者，求之吾詩足矣。

談詩樂云：西樂繁弦促節，使人悲，使人哀，非和平中正之音。中土樂亡已久，晚近工琴者，浙有張味真，湘有楊時百。又有魯人王露者，嘗見稱於章太炎。楊、王亦均物故。吾昔鼓琴，雖不能自製譜，而能知音。琴操雖有詞，向不歌詠，但以微妙之思寄之十指，須是聞其聲而知其意，故曰「志在高山，志在流水」，不待文字語言，自然會解。其或鼓琴者，心意散亂，或意有所注，則不成曲調矣。

學詩須知：詩之外別有事在，學琴亦然。總須先有胸襟，聖人感人心而天下和平。先有詩意，乃能為詩；先解樂意，乃能學樂。

古來詩選儘有佳者，《文選》尚矣。《唐文粹》著錄亦精，而不及律詩，是其闕略。

杜詩注儘多，近覺《心解》頗好，此書分體編輯，非選本。

論韓、柳詩云：柳學謝，勝於韓。韓有氣勢而少韻，所為琴操俱勝。柳所為騷亦佳，騷固不易為也。

先生為說近作和謝丈七律「忘機魚鳥傍人多」（見《編年集》辛巳壬午卷，題為〈再酬嗇庵〉）一首，首用老杜對荊公，次用「穿網食」及「門外草」兩語所據公案。因言古人語脈乃在鏟除知見，層層逼拶，益覺鉗錘妙密。

先生出示近作〈漫興〉一首（見《編年集》辛巳壬午卷），因言凡未悟者皆是醉人（亦即客子），聽其言皆醉語也。

又示新詩一首：「良駟追風靜不驚，鸞和微動御天行，只因苜蓿添凡骨，日日長楸策下鳴。」釋之云：「良駟追風」不待鞭影；「鸞和微動」，自然御空而行。長討言語，便如待苜蓿而後飽，待鞭策而後行也」。

山谷〈快閣〉詩均佳，而「萬事轉頭同墮井，一身隨世作虛舟」、「落日荷鋤人著本，西風滿地葉歸根」、「落木千山天遠大，澄江一道月分明」等句尤為妙語。

《選》學實甚要緊，而詩賦尤當精研。如〈蕪城賦〉雖僅短篇，而深悟無常。全文四段，前後對照，盛衰興亡之感，可謂深矣。人多坐不知常，故妄作，妄作故凶。老子所以稱「知常曰明」也。〈蘭亭序〉亦佳文，昭明偶有遺略，不足為右軍病。「夫人之相與」一段，亦是深悟無常，「列序時人」以下，則又不墮斷見也。至於班固〈幽通〉，平子〈思玄〉，實繼〈離騷〉而作，並有深旨。〈天台山賦〉亦存玄言。乃至〈三都〉、〈兩京〉，雖侈陳宮殿，勸百諷一，而無常之旨亦可概見。他如干寶之〈晉紀總論〉，陸機之〈辨亡論〉，皆極佳文字，古人信不可及也。

陶公時有玄言，託興田園，而詞多危苦；謝客兼通義學，寄情山水，而歸於平淡。讀其詩者，能於樂中見憂，方識淵明；能於憂中見樂，方識康樂耳。大抵文章之作，皆由豪傑之士與俗相違，是以形於篇章，寄其幽憤。陶則較為含蓄，故得全首領；謝則過露才華，故不免刑戮。沈約作《宋書》列傳，但論謝之文章，而不及其政治抱負，蓋亦恐觸犯忌諱。吾詩「被褐幸粗完」（見《編年集》辛巳壬午卷，題為〈歲暮述懷寄天樂〉），亦猶淵明之志也。

〈至日遣懷〉及〈送寒〉二詩，一是樂中有憂，一是憂中有樂。「送寒」二字，似較昌黎「送窮」題目稍闊大。

先生有〈題山中臘梅〉及〈歲暮書懷仍用前韻〉各二首（見《編年集》辛巳壬午卷），自記云：寄託頗深。又云：憂而不傷。

今人以感情歸之文學，以理智屬之哲學，以為知冷情熱，歧而二之，適成冰炭。不知文章之事發乎情，止乎禮義，憂樂相生，有以節之，故不過；發而皆中節，故不失為溫柔敦厚。看古人詩總多溫潤。如云：「雖無旨酒，式飲庶幾；雖無佳肴，式食庶幾。」情意何等懇摯，讀之者深味而有得焉，乃能興於詩。移刻薄為敦厚，轉粗獷為溫潤，乃能「立於禮，成於樂」，亦即變化氣質之功。味者反是，但以增其回邪耳。

詩不可勉強，要須出以自然。如阮大鋮[22]集中，亦作閒適沖淡之語，而其偽不可掩。老杜雖有時亦樸拙，然語語皆真，真便好。

元、白亦是古典文學，非不用典，但用典使人不覺。以元、白為不用典，直是胡說。

老杜〈石壕吏〉、〈無家別〉等篇皆出於王仲宣〈七哀詩〉。曹子建亦有〈七哀詩〉，視仲宣故不

22 阮大鋮（一五八七—一六四六），字集之，明末政治家與戲曲家。其詩宗陶潛，錢鍾書批其「著痕跡而落言詮」。

逮也。

《禮記．儒行》不甚醇，〈緇衣〉卻醇，全是說詩。

沈培老論詩有「三元」之說。「三元」者，開元、元和、元祐也。余為增元嘉，成「四元」。元嘉有顏、謝，開元有李、杜，元和有韓、柳，元祐有王、黃。透此四關，向上更無餘事矣。

詩人胸襟灑脫，如陶公者，略無塵俗氣，出語皆近自然。謝靈運華妙之中猶存雕琢，視陶自是稍遜。太白天才極高，古風至少三分之二皆好，然學力不到。老杜則深厚懇惻，包羅萬象。退之於詩非不用力，子厚詩極幽秀，過於其文，顧皆未能免俗。荊公才高，亦有率易之作。山谷理境自佳，頗喜逞才。至其稱東坡〈卜算子〉「缺月掛疏桐」一首為「不食煙火語」，允為知言。東坡此詞，幾於全首集句，然固過於其詩，以襟懷之超曠也。總之，李杜文章，光焰萬丈，但使文字不滅，精氣亦長存人間。讀者有以得其用心，斯與古人把手同行，無間今昔。

學詩貴有神悟，可得而傳者皆是死法。詩話、詩評不妨探詩借助，及其成就，則皆我所有事，一切用不著矣。

詩貴自然，實至名歸，亦非出於安排。刻意求名，終不可得，亦俗情也。

陶淵明〈和張常侍〉詩，可見樂中有憂之意。

李義山絕句在杜之上，排律只能作十韻，至多二十韻。若夫洋灑千言，極開闔動蕩之妙者，則古今詩人惟有少陵耳。

先生作〈丘里謠〉（見《編年集》辛巳壬午卷），末首改「攻取」為「取捨」，示學者云：一字出入，大有關係。「物情蔽一察」，則是有取；「天行百無廢」，則是不取。取捨兩忘，則言非向背，而不妨有向背；本末一貫，則不立同異，而不礙有同異。禹、稷、顏子，易地皆然，跡雖不同，本自是一。正如吾往說《孝經》，近講《卮言》，皆不宗朱子，乃所以尊朱子。禪師家呵佛罵祖，無施不可，貶剝不作貶剝會，皆所謂報佛恩也。

說〈十五夜月〉詩（見《編年集》辛巳壬午卷〈八月十五夜月〉）云：雖蒼涼衰颯，故自沉雄。當時信筆寫出，並未更改，亦是自然流露，不容勉強。但使中國文字不滅，吾詩必傳，可以斷言。此時雖於人無益，後世聞風興起，亦可以厚風俗、正人心，固非汲汲流傳，以取虛譽也。老杜所以為詩聖，正在其忠厚惻怛，故論詩必當歸於溫柔敦厚。時賢如謝先生，詩才非不高，亦有玄旨，然所得者老、莊之粗耳，其精處固另有深遠者在。至於儒術，彼固未嘗致力，故終嫌其薄。其於人世亦只是優遊卒歲，即此亦便是不敬也。吾於今世，氣類之孤也久矣，獨尚友千載，開卷則親見古人，有以得其用心，下筆則確乎自信，知古人之必不我違，為可樂耳。

先生出示近作，為講解云：「吹律」（見《編年集》辛巳壬午卷，題為〈多雨閉門晴則聞警感而作此〉）一首述懷，〈瘞貓〉（見同上）一首刺詩，〈丘里謠〉（見同上）九首則說理之作，三者多用《燈錄》公案。前二詩甚工，後九首則理境之高，荊公、山谷所不及。但能從片言語入，可以悟道。說理之作，至是極矣。吾於此事，亦吩咐不著人。賢尚有好樂，惜讀書太少，無可驅遣，胸襟未能灑落，所關尤大也。

「吹律」一首，第五句用荊公「薄晚林巒往往青」之句，稍加點竄，意境乃截然不同。彼時雖非聖君治世，故是暢悅之音；今則時危道喪，遂見悲憫之旨。微特國運如斯，吾身亦復不異。此後相聚為日無多，甚望賢輩猶能有悟入處。今縱未解，過此當思吾言。

先生出示慰葉先生詩：「勿問車牛裂，先憂劫火燃。空華紛降地，怒羽久翻天。曆在無秦統，《書》亡有伏傳。未宜消息斷，占夢遠山巔。」其中頷聯惡事美化，句法取自荊公〈寄蔡氏女〉「積李兮縞夜，崇桃兮煊晝」，此東坡所謂「屈宋以後千載無聞」，而荊公亦以自負者也。頸聯是主旨所在，出語典重，筆力雄健。時葉先生居開化，敵機肆虐，著述盡燬，因作此詩。

排律之工，老杜古今獨步，篇篇俱佳，非特百韻長篇，即二三十韻，亦復沉雄細密，極開闔動蕩之致。後人如李義山，學杜律極工，而排律終不能及。宋人雖荊公、山谷亦然，東坡更遜一籌矣。清人朱竹垞有〈風懷〉一首，三百年來可稱壓卷。但其事無足存，以視老杜之題目正大，魄力沉雄，去之遠矣！謝先生宣統間有排律一首八十韻紀歸蜀事，甚好，吾亦曾報以長篇。吾詩所以不及杜者，一則才力未逮，二則末法時代，亦無許多大題目也。

作詩須有材料，驅遣得動，又須加以烹鍊。如庖人然，無米固難為炊，百肴雜陳，生冷並進，則亦不堪下箸矣。此自關於學力，所謂「老去漸於詩律細」也。至於秉賦太薄，不能為敦厚之音，此則限於性情，無可勉強。

先生為學者說自作詩云：〈杜鵑行〉（見《避寇集》）以喻國也。「華陰道士」隱以自喻，「丹訣」非趁韻泛語，即「盈虛往復辨天根」一句是也。此詩起筆用王維《隴頭吟》起法。原詩「關西老將」實以自喻，詩人多如此，作老將會則淺矣。〈清明〉（後改題〈歸思〉，見《避寇集》）一首，「遠天無盡」言理之常存，「行庭力微」惜教之不行也。〈胡旋曲〉（見《避寇集》）「舞衣」喻軍備競爭，「魯酒」喻縱橫反覆。「天半笙歌」，美俄猶未可測；「尊前笑語」，松岡西去徒勞。「西鄰」綜指列強，「餓人」兼譬中國也。〈黃柑行〉（見《避寇集》）首四句說柑已了，次八句撫今思昔，對物興懷，「客養」以下推開說去，理境玄遠。全詩音節流利，作來略不費力。〈燕尾謠〉（見《避寇集》）似漢樂府。燕尾短，以喻中國之弱；雉尾長，以喻外國之強。「霸因」二句筆力雄舉，言強梁終歸消亡也。

余向論詩，推盛唐王、岑、高、李，比來稍有不同。香山一年作樂府五十首，佳者可得三分之一。元微之才短，只和得十二首，無一佳作。溫飛卿雖晚唐亡國之音，而所為樂府，字字精練，亦不易到，古人不可及也。義山絕律好，吾能之，香山樂府亦可及，溫則難能，杜則時有相類處而已。

請選詩。先生云：須摒除餘事一年，抄錄亦須一年乃可畢事。斷自漢代，從馮惟訥《詩紀》、《樂府詩》、《全唐詩》等書取材，另加按語，乃可抉出古人之用心。

邵子詩〈答人書意〉、〈無妄吟〉二首，乃是聖賢血脈所在，今人未嘗夢見邵子毫毛，而輕肆譏議，真不可教。

荊公詩云：「事變有萬殊，心智才一曲。讀書謂已多，撫事知不足。」以荊公之才高學博，而又深於經術，不能濟世，反成病民，用世豈易言哉！

為學者說除夕詩〈庚辰歲除遣興〉（見《避寇集》）云：第一首起首對句便見力量，上用「頭白齋心」，故下用「宵殘炳燭」。又「宵殘」亦示除夕，如作「殘宵」，則屬對既疏，意境又泛矣。「言因俗異真俱遣，行與憂違樂可常」，以《肇論》對《易經》。上言「真」亦在當遣之列，下言違「憂」乃能有樂。「憂」字所表者廣，如利害計較、習氣纏繞皆是。迷者不悟，或以可憂者為樂，不特不肯相違，反從而增上焉，則亦焉能樂耶！「夢來春日似還鄉」改為「春來清夢似還鄉」，「春來」較自然，「清夢」對「蒼生」，亦較穩當。「遍地」改為「一世」，以對「九陽」，句首、句尾自相對也。第二首「伐竹苦傳供美箭」一語，便包得工部〈石龕〉一首。用典使人不覺，而隱諷羅斯福《爐邊閒話》所謂「當使美國成為被侵略國家之兵工廠」，尤為古人意境所無。「種桑悔不植高原」，以陶對杜，銖兩悉稱。小而書院，大而一國，更大而天下之事，皆一語盡之。

自古以來，治日常少而亂日常多，君子常少而小人常多。陶詩云：「汲汲魯中叟，彌縫使其淳。」真能得聖人之用心。

晉宋詩人，只陶、謝時有玄旨。謝詩雖寫山水，著玄言一兩句，便自超曠。唐人王摩詰最善用禪，故自高妙。宋人詩用禪理者，山谷、荊公、後山、東坡皆能之。山谷才大，當推第一，荊公次之，東坡於禪未深，在四人中為最下。山谷詩如：「凌雲一笑見桃花，三十年來始到家。從此春風春雨後，亂隨流水到天涯。」喻悟道之後，更無遠近方所，無入而不自得也。時山谷方在戎州，即今之敘府，蓋亦兼寓身世之感。荊公〈拜相〉詩云：「霜筠雪竹鍾山路，投老歸漁寄此身。」〈觀戲〉詩云：「侏優戲場中，一貴復一賤。心知本是同，所以無欣怨。」想見此老胸次亦復超逸。但惜操術未當，至於引用小人，遂以誤國耳。

談近人詩云：趙堯生猶是江湖詩人，陳散原用力甚勤，失之沾滯，俱無胸襟。沈寐叟[23]胸襟較高，而學義山、韓、孟，失之艱澀。鄭孝胥較笨重，而站得住。謝无量先生胸懷超曠，惜亦有學仙習氣，未免以服食攝養為大事，而悉心以求之。故余贈詩有云：「還丹駐世應無疾，天眼觀身是眾緣。」（見《避寇集》，題為〈无量見枉山中留止旬日以將如青城遂還成都別後卻寄〉）意謂身是四大合成，不妨土木形骸也。謝先生天資高，知吾微諷之意，故答句云：「觀生何日不乾乾？」此語亦易及，而出句「伐鼓四鄰聞坎坎」，以卦名疊字相對，卻虧他想得到。

學詩須知詩之外另有事在。得詩教之意，則所感者深，自無俗情。

往日不欲流布詩稿，邇來頗思多作幾首，以潤枯澹。際此兵戈流離，瘡夷滿目，佛家言「觀受是苦」，人生之苦，蓋未有甚於今日者，有此亦可稍資調濟。吾詩當傳，恨中國此時太寂寞耳。

吾詩長於五古，〈金華北山三洞歌〉一首（見《蠲戲齋詩前集》上）似李東川。近多為律詩，此後當多作歌行。

作詩須是所感者深，胸襟廣大，則出語不落凡近。詩中著不得一個閒字，言之精者為詩，故視

23 指沈曾植。沈曾植（一八五〇－一九二二），晚號寐叟，清末學者與詩人，樸學宗師。

文為尤難也。

為學者說〈花朝〉一首（見《避寇集》，共五首，此指第一首）云：末兩句以十字為一句，「萬物入於機」全用《莊子》，特見筆力。

問〈擊壤謠〉二首（見《避寇集》），答云：獨語曰謠。「擊壤」者，在野之言也。二詩有陶之拙，兼杜之放，而理境過之。亦用《易》理，亦有玄言。問似陶、似杜各句，答云：「黃屋」四句是杜，「六籍」二句是陶，「道衰」二句是建安七子，而「辭危識心苦」一語可以綜括二詩。第二首較深。「本不異淄澠，何由判蘭艾」二句，對仗雖工，讀之殊不覺，斯為上乘。

答謝先生五律十二首（見《避寇集》，題為〈江村遣病〉），老杜以後，無此筆力。此詩音節是杜，而用事之博，說理之深過之。如「長年惟杜口，萬事莫藏胸」之句，對仗亦復無跡可求。如「崩崖從古赤，沙草暫時青」，便是老杜句法，上喻戰爭，下況邦國，固非僅寫目前風景而已。「蒼鵝」典出《晉書》「蒼鵝衝天」，識者預知五胡之亂。「老農」實以自喻。「打魚」、「撲棗」全用杜，故引起「杜甫羈蜀」之句。問「書從六國傳」，曰：中國文物已盡，故「詩到三唐盡」，而學術但知稗販歐美耳。問「除三害」、「駕六龍」，曰：建立新秩序，統一全世界，皆駕龍之想也。「三害」，隨人會解，軸心國即是一例。「明珠」喻神州，「可賣」則傀儡之事，此亦難以一例盡。「可話桑麻」二語全用陶，但「可」字一換，便覺今日氣象與當年迥別，用古直須如此方活。「卒爭渡」以譬爭霸，「商船上灘」意指趨利。「吳地」、「杞天」，對仗工穩，「河伯」、「王喬」，銖兩悉稱。「幾人留少莊」，

「人」以喻國，盛必有衰也。

詩須老而後工。吾自視四十以前之作，近多不愜，四十以後可存者多，五十以後則幾何篇篇可存。

陶詩甚少對仗，偶一見之。謝詩較多，故讀之覺其氣不如陶之暢適。杜則用對偶而加以變化，往往層出不窮，自有一幅面目。吾詩近亦自有面目。如〈擊壤〉二首，可謂成熟，屬對雖似難工，當其下筆之際，竟與神會，脫手而出，卻亦不期其然而然，不必煞費安排也。

〈花朝〉第二首專用險韻，取義深隱，以諷參政會。「橘踰淮」對「龍在野」，匪僅句工，意亦甚廣，如中國人裨販西洋制度、學術皆是其例。

〈謝北叟〉（見《避寇集》）用問答體。昔陶公有「清晨叩門」之篇，工部有〈羌村〉「驅雞」之作，並託始屈子，上擬〈漁父〉。東方〈答客〉，子雲〈解嘲〉，以及枚乘〈七發〉，孟堅〈賓戲〉諸篇，皆本於屈，但兩漢各家衍為騷賦，晉唐詩人自出機杼。陶則明用「汩泥」，顯有線索；杜則託之「傾榼」，渾無跡象耳。吾詩「南翁」實以自喻，「北叟」不必有人。「不除陵氣」二句說理，「聖者自堯」四句心平氣和，以視老杜用「直如弦，死道邊；曲如鉤，反封侯」事演為五言，意存憤世嫉俗者，又貌似而神過之矣。

昨說一切法界皆入於詩，恐學人難會此旨，實則盈天地何莫非詩？詩通於政事，故可統《書》；以聲教感人，故可統《樂》；「邇之事父，遠之事君」，故可統《禮》；「天地感而萬物化生，聖人感人心而天下和平」，詩之效也，故可統《易》。子夏〈詩序〉：「正得失，動天地，感鬼神，莫近於《詩》。先王以是經夫婦，成孝敬，厚人倫，美教化，移風俗。」〈太史公自序〉：「夫《春秋》，上明三王之道，下明人事之記，別嫌疑，明是非，定猶豫，善善惡惡，賢賢賤不肖，存亡國，繼絕世，補敝起廢，王道之大者也。」「撥亂世反之正，莫近於《春秋》。」二說不別，故可統「《詩》亡而後《春秋》作」，則知《春秋》之用即《詩》之用，撥亂反正之心，即移風易俗之心也。如是廣說，不可終窮。比及證悟，則皆剩語也。

昨因答學者問，說一切法界皆入於時，遂得詩二句云：「安詩惟法界，觀象見天心。」因是律句，上加二語云：「草木同榮悴，山川自阻深。」後四句待續（續成後為〈花朝〉五首之四，見《避寇集》）。「自阻深」者，能度者不覺其阻深，不能者乃見山之阻、水之深耳。山川本來如此，其阻深皆人之自取之耳。〈繫辭〉云：「夫乾，天下之至健也，德行恆易以知險；夫坤，天下之至順也，德行恆簡以知阻。」明以險阻與易簡對說，可知「易簡而天下之理得矣」，反之，險阻而天下之理失矣。此乃是「彰往察來」，乃是「告往知來」。

謝先生〈青城〉二詩，空靈動蕩，有仙乎仙乎之趣，東坡不及也。吾詩（見《避寇集》，題為〈无量見示青城二律率和〉）「歸」字一聯用《法華》對《莊子》，似又過之。「十年觀樹得」，「得」字用得好。憶杜詩有「老樹中庭得」句，殆有類焉。「山川空渺邈，蘭芷不芬芳」，用徐孝穆語對《楚辭》，意亦及原作。「樂物」二句用《丹經》對《莊子》。

陳君所集放翁絕句，亦非吾意料所及。然放翁才故不高，頗沾滯，吾所不喜；東坡較空靈，亦是失之率易耳。吾答詩（題為〈陳藹士集劍南句四絕見貽次韻奉酬〉，見《避寇集》）第一首，謝集句意已說盡，三、四兩首意度玄遠，「蚊蝱」以喻戰爭，「淒成秋氣」一聯以《莊子》對□□，「平疇」七字約陶詩兩語為一句。

和王靜伯詩（題為〈奉酬王靜伯惠詩用人字韻〉，見《避寇集》）「親」、「鄰」二韻均自然，「江風」句約李義山兩語為一句，原作殊費力。

〈題擊壤集〉（題為〈題擊壤集用人字韻〉，見《避寇集》）一首，首句言時事，次句說中國，亦以自喻。以下三、五承首句，四、六承二句，每下一語，輒進一層。詩律甚細，即此一篇，可悟律詩法門。

補上巳詩十韻（題為〈香宋先生以上巳見枉烏尤……〉，見《編年集》辛巳壬午卷），於事之始末該攝無餘，亦無一贅語。「禾黍」之感，既指趙堯老之念勝朝，亦寓吾人之哀新國。「故松」以表桑梓，「零雨」以見羈旅，故下接「羈心積離堆」。明用羈旅，則失之黏滯，此字法也。

〈伏漲〉一篇（見《編年集》辛巳壬午卷），真諦俗諦一時畢露，不可作尋常言語會。

說〈寫真自題〉第一首（見《編年集》辛巳壬午卷，題為〈自題六十攝影〉）第六句云「日月終年開佛面」，出圓悟勤禪師《碧巖集》馬大師不安公案。僧問：「和尚等候如何？」答曰「日面佛，月面佛」。第二首（未刻）第三句云「要識吾真非這漢」，係翻黃龍南意。原句云「百年三萬六千日，翻覆原來是這漢」，所謂「無一字無來歷」也。學者問公案未解。答云：不解且置，但論詩須知來歷耳。

就近日所為詩〈病中示問疾諸友〉（見《編年集》辛巳壬午卷）云「海晏河清人可俟」，猶「人皆可以為堯舜也」。寄湯拙老五古（見同上，題為〈歲暮述懷寄天樂〉）似漢樂府。「被褐」用《老子》，以喻危行言巽。〈病起見晨光〉（見同上，全題為〈冬日病起見晨光熹微寫示山中諸友〉）頷聯上句是寂，下句是感。惟「寂然不動」，乃能「感而遂通」；惟「廓然大公」，乃能「物來順應」；惟「一理渾然」，乃能「泛應曲當」，是為理境之極致。「風林墮葉」、「寒鳥收聲」，惟靜中乃能領略耳。

先生嘗曰：詩以感為體，必有真情實感，然後下筆，詩味自有不同。又言：自古以來，歷代詩人多如牛毛；然真正到家，一代不過數人；精心之作，一人不過數篇。詩學甚大，不僅文詞雕琢。學詩得其門徑，亦須十年工夫。若言詩學精微，則是終身之事。

〈新秋月色如水夜起獨步中庭得此〉，此亦不食煙火語，惜不令東坡見之。

文藝篇

《說文通訓定聲》[1]是應讀之書。清人治《爾雅》者有郝懿行、邵晉涵兩家，郝書較好。《說文》：「有，不宜有也。」與「幻有」之說相合，疑非許叔重創說，當本古書。「惟初太始，道立於一，造分天地，化生萬物」，亦不似許氏之言。是必有所本，而不可考耳。

見惠影印馬遠畫山水冊，極佳。觀題跋，審為王弇州舊藏，尤可喜。陳老蓮[2]畫雖微遜，亦入能品。畫師各盡物態，所謂「無聲詩」。如馬遠，蓋有神韻在筆墨蹊徑之外，今時談藝術者未足與於此也。

看電影，可悟相續相是妄。若取電影底片視之，本各各不相連。九觀中「觀識如燈」，正謂前焰非後焰，前念滅已，後念更生，遂成相續云。實則當體即空，妄計成片段耳。《楞伽經》謂「當生即有滅，佛說剎那義，但為智者說，愚夫不能知」。此實易明事，爭奈眾生總是執有。若看似費解，便且置，切忌穿鑿下語，縱饒下得相似，必不是也。

1 清朱駿聲（一七八八－一八五八）編，係一部按古韻部改編《說文解字》的著作。

2 指陳洪綬。陳洪綬（一五九八－一六五二），號老蓮，明代畫家。其山水畫有裝飾趣味，花鳥挺勁堅硬。

請學文。答云：寢饋經術，熟於義理，自然能文，不必刻意為文人也。記先生論及韓柳語，未得當。批云：貶駁韓柳，下語須有分寸。凡議古人之失，皆須極其謹嚴，不可輕下一字。又云：凡說經及古人得失處，下語極須斟酌，有分寸。

論中西畫法云：西人對中國書法固不了解，而中國畫之意境亦所不知。郎世寧可謂義大利人之留學中國者，雖得中國鉤勒之法，畫馬極工細，與趙子昂幾不相上下，而著色則一呆一活，大不相同。中畫講渲染，著色如不在紙上，西畫則堆垛而已。吳墨畊[3]篤信天主教，是以中畫參用西法者，故用墨甚濃，然其術及身而絕，未聞後繼之人。

請學為文，先生云：文章當根本經術。漢人文字如董仲舒、劉向，非後人所及，以其經術湛深也。鄭玄說經之文亦佳。韓退之文章技巧可謂到家，而經術尚疏，骨幹便缺，故〈原道〉一類文字說理多疏。後世如朱子之文，以技巧論似有可省處，而說理則甚精。伊川《易傳》、《四書集注》文字，兩漢以降鮮能及之，雖郭象注《莊》，輔嗣讚《易》，方之皆有遜色。《集注》尤字字精當，天地間之至文也。《禮記》，七十子後學所為，文章平實，為學文計，亦當熟讀，但讀《禮》殊不易耳。說者或言學周秦諸子，諸子之文如《莊子》，豈可學而致哉！又，四史熟者文章必佳，韓退之得力於《史》、《漢》，東坡手鈔《漢書》幾遍，近世如汪容甫之熟《後漢》，章太炎之熟《三國志》，皆可觀於其文而知之。

3 吳墨畊為訛誤，應為倪田。倪田（一八五五－一九一九），字墨畊，清代畫家。

先生臨王右軍《曹娥碑》、虞世南《夫子廟堂碑》，出示學者云：自漢碑以下，無論魏、晉、李唐，結體儘管各不相同，而用筆祕訣則在筆筆斷。如「山」字、「國」字、「糸」旁、「示」旁，轉折處無一不斷，楷、隸、章草皆然。特碑帖鐫刻有顯有不顯，學者或不悟耳。黃石齋一生學鍾、王，書非不佳，終有不足處，不悟此訣故也。

先生避日寇，暫住桐廬陽山畈湯莊。豐子愷來謁，為論藝術云：辜鴻銘譯「禮」為 Arts，用字頗好。Arts 所包者廣。憶足下論藝術之文，有所謂「多數的統一」者，善會此義，可以悟得禮樂。譬如吾人此時坐對山色，觀其層巒疊嶂，宜若紊亂，而相看不厭者，以其自然有序，自然調和，即所謂「多數的統一」是也。又如樂譜必合五音六律，抑揚往復而後成，然合之有序，自然音節諧和，鏗鏘悅耳。序、和同時，無先後也。禮樂不可斯須去身，平時如此，患難中亦復如此。困不失亨，而不失其亨之道，在於貞。致命是貞，遂志即是亨。見得義理端的，此心自然不亂，便是禮。不憂不懼便是樂，縱使造次顛沛，槁餓以死，仍自不失其為樂也。顏子不改其樂，固是樂，樂必該禮。而所以能是者，則以「其心三月不違仁」。故仁是全德，禮樂是合德。以其於體上已自會得，故夫子於其問為邦，乃就用上告以四代之禮樂。會不得者，告之亦無用。即如此時，前方炮火震天，衝鋒肉搏，可謂極亂，而吾與二三子猶能於此負暄談義，亦可謂極治。即此一念，便見雖當極亂之時，治機固未熄滅。擴而充之，未必不為將來撥亂反正之因。非是澹然漠然不關痛癢，吉凶與民同患，自然關懷，但雖在憂患，此義自不容忘，亦非故作安定人心之語。剋實而言，理本如此，所謂真語者，實語者，不妄語者也。禮樂之興，必待其人，苟非其人，道不虛行。吾今與子言此，所謂「千鈞之弩，不為鼷鼠發機」，善會此義，而用之於藝術，亦便是最高的藝術。人之大患在於習氣增上，己見猶存。玄奘《西域記》記提婆學於龍樹，學既成，欲往破外道論議。龍樹止之，因設為主客，力扶外道義，與之論難，盡三日夜，外道義窮。龍樹曰：「可矣。」提婆遂往，盡破外道之說。其後外道遣人刺之，剚刃入腹。提婆自理其腸，顧謂其人曰：「我諸弟子己見猶存，汝當速去。」既而弟子畢集，覩狀悲憤，咸欲得外道而甘心。提婆止之曰：「彼自殺其福報耳，焉能殺我哉？」寥寥數語，人己之見泯然淨盡。所以然者，色法可毀，心法不可毀。提婆以身殉道，色身雖毀滅，而其所證之理則為法身，無始無終，永不毀滅。欲壞虛空，何從下手。吾前與子書有云「敵能治我都市，不能夷我山川」，猶是淺言之耳。今世所謂國家、種族，皆是緣生法。凡須緣生者，皆無自性，故可毀滅。自來夷狄入主中原者，清祚最長，蒙古盛極一時，元魏亦百數十年。然其始也雖勃然而興，其終也亦忽然而亡。看來雖似年代久長，其實不過一瞬。時間之久暫，本是自心流注想相所現耳。《世說新語》記殷仲文討桓玄，師次廬山下，往見遠公[4]談玄，臨別請一言為贈。遠公云：「願檀越安隱，彼亦無他。」仲文聞之爽然。知道人之懷，固非常情所能窺測也。遠公之言，不知者幾疑為悖，實則自彼視之，孰順孰逆，猶之小兒攘臂，不過五十步百步之間，正不須強生分別也。今人但於習氣中生活，故不見性，習氣廓落淨盡，真性乃見。須知國土性空，本無此物。朱元璋之滅元，

4 指慧遠。慧遠（三三四—四一六），俗姓賈，東晉高僧。

論者咸以為不世之功。不知種族革命直是誑人語，彼曹亦是階緣時會，貪天之功以為己有。蒙古人自取滅亡，非彼能亡之也。《春秋》書「梁亡」，《公羊傳》曰「自亡也」（僖十九年）。如今日日本人亦豈能亡中國？中國若亡，亦是自亡耳。

近讀《楚辭．遠遊》，其文甚美，頗憶三十年前在日本從烏瀉隆三讀歌德之《浮士德》，意境有相似處。

先生暫住桐廬船形嶺，為黃賓鴻說漫畫與藝術云：漫畫重現實，藝術則以美為歸宿。現實不必盡美，故漫畫不足以言藝術。現實有美，亦有醜惡，藝術家須是獨具隻眼，加以別擇，美者存之，醜者去之，乃能成其為名世之業、不朽之作。漫畫則重在題記，意託諷刺，可以謀生而不可以傳世者也。譬之山川，固是自然生成，畫家卻須胸中丘壑，超脫自然，然後運思落筆，乃能巧奪天工。即以桐廬山色而論，江北不及江南，陽山畈不及皇甫村，船形嶺則了無足觀，七里瀧中多幽秀，烏石灘以上則有遜色。漫然不分美惡，一一寫之，即使逼真，固已瑕瑜互見矣。又如樹木，一林之中，不必皆美材也；一本之上，不必皆秀枝也。畫家具有剪裁手段，便能刪繁刈穢，擷英擢秀。即以攝影而論，取材無非現實矣，然能者為之，亦須覽勝尋幽，久而得一佳境；既得之，又必審其方位，度其距離，夫而後或綜覽全局，或剪取一角，著手若是其不苟也。〈學記〉所謂「釋回增美」，實為教育根本，亦即藝術原則。「釋」，捨也。「回」訓邪，即指不善。美即是善。為學務在變化氣質，畫家本領則在於變化景物，去其不善而存其善。會得此理，乃可以言藝術、言教育矣。子為畫家，又為小學教師，當深體此意。學畫貴能師古，尤貴深研理論。深研理論乃知美惡之別，師古乃有法度可尋。西洋畫中，希臘、羅馬所遺宗教文物多可觀者。中國畫秦以前不可見，傳世者當以武梁石刻為最古。顧愷之依《魯詩說》畫〈關雎〉詩意，猶存倫敦博物館中，皆古樸。唐人王摩詰畫中有詩，作《雪裡芭蕉圖》，雖現實所罕見，而設想甚奇。元人畫以倪雲林為最高，題詠亦佳，枯木竹石，澹澹數筆，令人想見高士雅致。明人畫，余嘗見董玄宰著色《秋林圖》[5]，渲染甚工，驟看似是信筆點去，諦觀之，則遠近濃澹躍然紙上，蓋皆點染五、六次而後成者，絕非一番工夫所能就也。又嘗見王遜達藏八大山人畫明月西瓜立軸，題以禪語，意境亦非常人所有。詹允明藏石溪《風雨歸舟圖》，懸之壁間，便覺涼風滿堂，山雨欲來。是皆非率爾可以幾及者也。清人惲南田[6]有《五清圖》，以松一枝，竹數竿，溪流一曲，白石數峰，明月一輪，合為一幅，設想之工，堪稱神品。陳老蓮工人物，宗李公麟，衣褶全用篆書筆法。西泠五布衣[7]奚鐵生、金冬心等皆能繪事。冬心又宗老蓮。諸如此類，更僕難數。總之，博觀古人名作，深究藝術理論，而後可以合真、美、善於一爐。此言雖淺，實則最高藝術亦莫之能外，子其勉之。

嘗見辜鴻銘以情、理、事、物當文學、哲學、史學、科學，雖未盡當，亦自有其見解。

---

5 全名《秋林晚翠卷》，又名《秋林晚景圖》。

6 指惲壽平。惲壽平（一六三三—一六九〇），初名格，號南田，清代畫家，世稱其筆有仙氣。

7 指吳穎芳、丁敬、金農、魏之琇、奚岡五位清代篆刻家。上文鐵生為奚岡之字，冬心為金農之號。

問：王夢樓書法是否近似董香光？[8][9]答云：王書無骨。鍾太傅云：「多骨豐筋者聖，無骨無筋者病。」

談西洋文學云：浪漫主義失之淺，古典文學多有可觀。浪漫主義之在中國，當於袁中郎、袁子才一輩人見之。西洋文學如莎士比亞之戲曲，群推為至高之作，其狀人情亦頗深刻，然超世出塵之境界則絕少。歌德之《浮士德》略有此意，如元曲則數見不鮮矣。問：此是道家影響否？答云：來源不一。《老》、《莊》自有影響，然如神仙之說、佛氏之道亦均有關係。西人少鑑別力，伏爾德譯《趙氏孤兒》為法文，盛稱之，不知此在元曲中最為俚俗。如馬致遠之典雅，則非彼所能了解矣。黑格爾嘗稱中國喪禮，然〈喪服傳〉固非彼所能知，〈祭義〉更無論矣。禮誠難講，以其博大之至，無所不貫也。

問：《西遊記》可謂浪漫主義作品乎？答云：不然。此在中國，神仙家以為必讀之書。孫悟空表心，唐僧表元神，八戒、沙僧亦皆各有所指，而不出乎一人之身，自應歸入宗教小說。西洋雖亦有宗教小說，無非寄幻想於天國，求如《西遊記》者亦不可得。

8 指王文治。王文治（一七三〇－一八〇二），號夢樓，清代文學家與書法家。其行草尤擅勝場，能得董其昌神髓，時稱「淡墨探花」、「談墨翰林」。

9 指董其昌。董其昌（一五五五－一六三六），字玄宰，別號香光居士。其擅繪山水，喜純用水墨，與邢侗、張瑞圖、米萬鍾合稱「晚明四家」。

西人所譯中國經典，或紕謬百出，或俚俗不堪。吾人如能自譯，庶幾此學可明於海外。顧此亦大難。中國學術固須通明，西洋文字尤貴暢達，能通希臘、拉丁文，則西文原字不敷用時，不妨自鑄新詞。中國人能為拉丁文者有馬相伯，而年事過高，又於中國書閱讀太少，亦難著手。林語堂等英文雖好，而見解錯誤，但足以欺西人耳。

問繪畫，答云：此是游藝之事，當在依仁之後。既有興趣，不必抑止。但須知最高藝術，當以胸中至美至善之理想，改正現實之醜惡。今人論畫，說輪廓線條，其說皆粗；古人論畫，則說氣韻，其說甚細。

說畫法流變概略：大抵初期但有人物故事。佛法既入中土，乃有造像，道教造像亦雜其間。唐代山水分南北二派，五代孟蜀盛倡花鳥。宋徽宗創設畫苑，畫法工細，極一時之盛。元人四大家[10]一變而為枯木澹煙，乃有寫意，所以寄其不滿當世之思。明初畫法，稍復宋代畫苑之舊，而寫意山水亦有名家。清人稍有受西洋影響者，如吳墨畊是。至於晚近海派如吳昌碩輩，氣味惡劣，不可嚮邇矣！

問西洋論文學者，向有一派，主張應與道德分開，各不相謀，答云：此則我所不解。即以藝術作品而論，既是文字，總有意義，似此何所取義？桐城派曾滌生等，嘗謂古文不宜說理。說理固非易事，然遠稽往古，〈繫辭〉，孔子說理之至文也。老、莊皆說理，老子言簡，莊子全是文學意味。《禮記》亦儒家說理之至文也。魏晉玄言，如王輔嗣、郭象、張湛，皇侃《論語義疏》所引十餘家，

10 指馬致遠、關漢卿、白樸與鄭光祖四位元代曲劇家。

以及《弘明集》，文字皆佳。唐人漸有遜色，猶能說佛法。《通書》文字甚精，二程、橫渠以及朱子《四書集注》皆說理精當，朱子集中文字亦然。即捨義理而專論篇章，亦均自有結構，古文何嘗不能說理？惟韓愈以降所謂「八家」，均短於此事，彼始無理可說耳！

先生為印人馬萬里題字云：行布不離圓融，圓融不離行布。客問何義，答云：出此《華嚴經》。行布是禮，圓融是樂。「禮主別異，樂主和同」，故曰：「天高地下，萬物散殊，而禮制行矣；流而不息，合同而化，而樂興焉。」「禮者天地之序，樂者天地之和。」無序則不和，故序和同時。然序非人為，和貴自然。勉強而為之序，終不能和；人為之和，亦不能久。以藝術譬之，如萬里先生善治印，字畫排列必有當然之序，既得其序，自然可觀，即是和也。又如音樂歌譜，必有抑揚高低，不容顛倒，是為序；得其序，則鏗鏘悅耳，便是和。和即圓融，序即行布也。

論樂云：今日大學無國樂，有樂悉是用夷變夏，亦是怪事。西洋音樂多發揚蹈厲之意，或為靡靡之音，歌聲顫動，弦索亦然。中國古樂和平中正之音，當不如此，惜淪亡已久（縱有琴瑟，亦歌詞同奏）耳。

集部，唐以前家家可讀，唐以後便太多。荊公集可全讀。東坡、放翁則無論如何讀不完，以其詩多率易，文亦不必全存也。

談書法云：昨為張知白寫一聯云：「萬事從來風過耳，一生幾見月當頭。」略無筆墨痕，直是神品。何子貞一生不能到此境界，伊墨卿庶幾近之，然猶著急。何書結構本好，只是太著意。吾書乃了無意。是日作書廿餘件，神品惟此一件，此亦不可強求者。

董文敏書視趙子昂有骨幹，畫不常見。曾見黃賓鴻所藏《秋林圖》一幅，施丹黃，絕無筆墨痕，直是化工，亦神品也。

唐宋以降，各代文學皆自有其面目，而清最黯然無色。迄於今日，但有新考據，上承乾嘉之餘韻，旁挹歐美之流風，此外毫無所有矣。

觀豐子愷畫展，先生言：筆墨痕跡太重，亦是未臻超脫，未能空靈。名家傑作，令人望去幾乎不知是畫，此乃空靈之妙也。

說書畫之益云：可消粗獷之氣，助變化之功。吾書造詣，亦知古人規矩法度而已。每觀碑帖，便覺意味深長，與程子讀《論語》之說相似。

倪雲林畫入逸品，雖只枯木竹石，而饒有精神，絕不枯澹。

北宋李誡[11]有《營造法式》[12]一書，敘歷代建築沿革及宮殿構造形式甚詳。所用名詞，悉皆典雅。又：雕刻已有西來之風，如拂菻者，則出於希臘，乃天神之傳翼者也。至於埃及獅身人面像，亦經采錄。大抵六朝以來，外國建築漸入中土，至唐益盛。此書世少傳本，民初朱啟鈐為中國工程學會

---

11 李誡（？—一一一〇），一說李誡，北宋宮廷建築師，著有《營造法式》等。

12《營造法式》係中國第一本詳細論述建築工程做法的官方著作，其對於古建築研究、唐宋建築的發展與當時的施工組織管理具有深入的研究。

會長時曾為印行，所據本著五彩，甚精緻。今則言工程者群以西洋為法，此書乃罕有知者，數典忘祖，是可歎也。

北京宮殿建築，大都遼金以來遺物。明有匠人雷姓者，有巧思，凡都門或大內有興造，圖樣皆出其手，號「樣子雷」。子孫世其業，亦以「樣子雷」為號，清末猶不衰。吾嘗於南京展覽會見其宮殿模型，甚精好，尺度一一有定制。以視舊京宮闕，但有小大之殊耳。

欲作文字，當致力於經，言之乃能有物。參之《左》、《國》、《史》、《漢》，方知文章體制，下字乃能不苟。如韓、柳文字，非不著意求工，猶不免疏於經術，故有時說義理或未當。《左氏》不可作經讀，說義遠不及《公》、《穀》。《國語》文字較精練，陳義亦不苟，可與《禮記》相發，與《左傳》不必定出一人之手，然序次有法，斷制謹嚴，往往以一句結之，而全篇歸宿於是可見。漢人雖作小文字，如詔令尺牘，不必有意為文，而無一不佳。

先生論晚近書法云：有清一代，當以伊墨卿[13]為第一，以其兼該眾體，有魏晉氣味。錢南園[14]學顏平原，亦其亞也。劉石庵[15]結體自佳，而傷於癡肥。乾嘉間趙、董盛行，往往流於輕，一二學古者亦

13 指伊秉綬。伊秉綬（一七五四－一八一五），號墨卿，清代政治家與書法家。其行楷有顏真卿之神韻，隸書則從漢碑中汲取神理。

14 指錢灃。錢灃（一七四〇－一七九五），號南園，清代政治家與書法家。其書法剛勁有力，得顏真卿之神。

15 指劉墉。劉墉（一七一九－一八〇五），號石庵，清代政治家與書法家。其書法造詣深厚，世稱「濃墨

未免於俗。包慎伯[16]學北碑，獨好〈刁惠公〉[17]，亦不知擇。近人惟沈寐叟晚年書以章草閣帖參之北碑，融為一家，自具面目。張季直亦有來歷，鄭孝胥結體未善。若民國諸賢以書家稱者，吾不欲觀之矣。弘一法師一生不出《張猛龍》，亦自有其面目，晚年微似枯槁。謝无量先生不好臨摹而天才卓異，隨手揮灑，自然佳妙。至於學力，吾或差有一日之長。所謂大家者，取精用宏，不名一家，不拘一體，然後能語於此也。

古人不可輕易貶剝，如韓退之〈進學解〉與班孟堅〈賓戲〉、揚子雲〈解嘲〉更無優劣，韓文之至者無愧漢人也。

俗所稱仿宋字，不知起於何時。以吾所見，元本猶不類此。明初陶宗儀刻《說郛》，字體乃漸方正，南北監本及汲古閣所刻書皆然。清初刻本多用楷書，實較精美，《全唐詩》、《全唐文》猶然。武英殿聚珍本字用銅鑄，乃用仿宋體，自較木板鉛字為佳，後乃漸為宦官盜賣，良可惜也。

昔人評鍾元常書，謂其「沉著痛快」。吾比臨古人書，頗識此意。反觀自己所為，沉著則有之，痛快猶未也。作書亦可悟道。推而言之，作詩亦須沉著痛快，說話作事亦須沉著痛快。忠信篤敬，談何容易！篤實便是沉著，反之則是不誠。

宰相」。

16 指包世臣。包世臣（一七七五－一八五五），字慎伯，清代書法家，特別推崇北朝的碑刻書法。

17 全名〈雒州刺史刁惠公墓志銘〉，又名〈刁遵墓志〉，碑刻融合了兩晉書風與北朝書法特色。

梁肅〈心印銘〉[18]，杭州萬松嶺附近原有摩崖。公路興修，石刻竟燬，拓本乃不可復得。「常昏而未嘗不昏」句，當作「常昏而未嘗或昏」方合。

問：黃山谷書勢勁挺，撇畫或類竹葉，鄭板橋是否從此悟人？答云：山谷間架闊張，用筆自是二王遺法，板橋則失之野。

包慎伯之為人，余所不喜，寫大字不甚好，而小楷頗精。跋白真真題壁詩極可觀，詩亦當是依託之作，蓋以自寄懷才不遇之感者。

往在杭州，閱宋吳仁傑〈離騷草木疏〉[19]。意吳越之與楚中，水土氣候不甚相遠，得好事者依此偏求而樹藝之，為〈離騷〉草木圃，使遊人一目了然，豈非藝苑佳話。

18 唐梁肅（生卒年不詳）撰，後刻於玉皇山南石龍洞外，係北宋楷書的經典範本。

19 南宋吳仁傑（生卒年不詳）撰，係一部考釋《楚辭》草木的著作。

贈豐子愷

昔有顧愷之，人稱三絕才畫癡。今有豐子愷，漫畫高文驚四海。但逢井汲歌者卿，所至兒童識姓名。人生真相貌不得，（君自題其畫曰「人間相」。）眼前萬法空崢嶸。《護生》畫了畫《無常》。（《護生》、《無常》皆君畫集名。）緣緣堂築禦兒鄉。（君家崇德。榜其居曰「緣緣堂」，今燬於寇。）吳楚名城一朝燼，輾轉流離來象郡。誰言殺盡始安居，（龐居士偈云：「護生須是殺，殺盡始安居。」此言殺者，謂斷無明也。）此是無常非歲運。亂峰為筆雲為紙，點染虛空如妙指。晴陰昏旦異風光，萬物何心著憂喜。每憶棲霞洞裡遊，偎靈魑魅話無休。（在桂林時，與君同遊是洞，導遊者歷指洞中物象述成故事，言皆謬悠。予因謂君世間歷史或亦類此。）石頭何預三生業，國史猶爭九世讎。吾欲因之鏟疊嶂，不見神堯天下喪。書契結繩等膠漆，雞狗比鄰相譙讓。琴臺漢上已成灰，破壘焦原百事哀。巴蛇吞象知無厭，黃鶴西飛遂不回。豪情壯思歸何處？夢中動業風前絮。（君在漢上曾詒書見語朝野抗戰情緒之烈。）豈如華子解操戈，不信留侯能借箸。伏波山下酒初醒，一別灕江入杳冥。丹穴空桐堪送老，白龍青鳥惜零丁。（白龍洞、青鳥峰並在宜山。）若知緣起都無性，始悟名言離四病。如江印月鳥飛空，幻報何妨論依正。畫師示現無邊身，（《華嚴》偈云：「心如工畫師，能出一切相。」予每謂君三界唯心，亦即三界唯畫。若問：畫是色，法無色界，作麼生畫？答曰：空處著筆。）癡與無癡共一真。騎得虎頭作龍猛，會看地獄變天人。（顧愷之小字虎頭。龍樹菩薩，玄奘譯名龍猛。騎虎頭把虎尾，禪師家恆言，亦即龍猛真智也。君嘗題其畫曰「人間相」，其實今之人間，殆與地獄不別。予嘗謂君：畫師之任，在以理想之美，改正現實之惡。故欲其畫諸天妙莊嚴相，以彼易此，使大地眾生轉煩惱為菩提，則君之畫境必一變至道矣！）

政事篇

政府領袖如不得人，徒以厲民而已，民亦何賴有此政府邪？

耿天台[1]所為書中，記王龍溪歸自都門，往晤王心齋，兩家弟子侍從頗多。心齋自候於大門之外，遣弟子迎之，揖讓而入。旋同登山，弟子從焉，登臨歌嘯，各適其適。既而歸，心齋設筵相款，賓主酬酢，縱論帝王雜霸之事，弟子聽焉。俄而門外喧嚷，遣人視之，則輿夫也，喻而止之。龍溪因言「皇王霸者之氣象，今日盡見之矣」。弟子未喻。申之曰：「登臨之樂，陶然相忘，非二帝之事乎？揖讓酬酢，進退以禮，非三王之事乎？怒目惡聲，攘臂相向，非雜霸之事乎？」聞者悅服。

當軸雖有意提倡，但於書院之性質未能認識明瞭，又無魄力，真乃所持者狹而所欲者奢，未足與語。吾之三原則：㈠不隸現行學制系統之內，㈡不參加任何政治運動，㈢任何儀式不阿俗舉行。與彼實大相逕庭。其關於學術統類，尤非時人所能驟喻。故知其未必能相容，或且以為忤，以為謗己，亦未可知。然彼無如予何，吾自行吾素，不能枉道徇人。書院之成與不成，於道無所加損，於

1 指耿定向。耿定向（一五二四—一五九六），曾在天台山上築天台書院，人稱天台先生，明代政治家。

吾亦無所加損也。

昔賢遭亂世，猶可於深山窮谷之中隱居講學，今日已不可能。故同一處困，為時不同，則處困之道亦異。但心亨之義不可變易，義理所安處即是亨，「求仁而得仁」是也。舉世所由皆不仁，相率以即於危亡之途而不悟，言之益深悲涮！一身之計，真有所不暇耳。

古人處災變之禮，如亡邑亡國，變之大者。「國君去其國，則止之曰：奈何去社稷也。大夫則曰：奈何去宗廟也。士則曰：奈何去墳墓也」（文在〈曲禮〉），此義非今人所知。今人勸人避害為義，不知義當止則止之，義當去則去之。所謂害者，以義為斷。義當止而去，則害義；當去即止，亦害義。今吾尚可以去，可以無去，翔而後集，非迂迴也。若避亂不成，但有俟命。實則何必擇地乃為首陽。困而不失其亨，亡而不失其正。處危亂之道盡此二言，識之！益以衰朽，憚於轉徙，其或不為齏粉，尚堪假息衡門，賢輩勿為吾憂也。

衲僧家每謂達摩東來，只覓一個不受人惑的人。吾行天下，亦只明得一義，覺人我之間，本無間隔，但習氣差別萬殊，淺深不同，卒難與除。若令心習頓盡，則全體是性，更有何事？此程子所以言：「我這裡只有減法，減盡便無事也。」今學校正是習氣窠窟，吾持此術以德，直乃「驅耕夫之牛，奪饑人之食」。然吾不能變其彀率，救得一分是一分也。來此（注：指泰和）已五日，不見一兵，但見平原曠野，清江叢林，老樟合抱，蔭及數丈，窗牖洞明，天宇廣大。視開化之山水峭急，頗覺彼土偪仄而此則坦夷。所憾者，無葉先生之人物耳。

來此已將旬日，居處一切粗定。但感家具缺乏，無處可借，真如淨名空諸所有，唯置一榻，安住而臥。然雖家徒四壁，窗牖虛明，天宇曠闊，頗足開豁胸襟，不似在開化時終日如達摩面壁也。吾平生最愛老樹，此間隨處皆有之，尤多楓與樟，皆數人合抱，百餘年物。樟則盤拏如蓋，楓則修直干雲，各有意態。朝暮雲煙變幻，日月出沒，憑窗可觀。自昔住焦山，三十年來未有此境。所不及者，枕底無江聲可聽耳。山谷〈快閣〉詩有「落木千山天遠大，澄江一道月分明」之句，吾嘗讀而喜之。今來此，猶彷彿此景象。若在太平時，亦可卜居，然若非避難，吾亦安得至此？釋氏「業風吹動」之說，真不虛也。……顧亭林猶能載書行天下，彼草《日知錄》多在行旅之中，吾今日殊不能及也。

自柳州至大塘，頗多平疇，可喜。遠山巉崿，不覺可厭。過大塘以上，則山徑盤迂陡仄，至慶遠，始有平原。雖城市，而頗具鄉村風味，在平世亦可居也。

大局已成孤注，亦何所容身，將來志事，絕不能如梨洲、亭林之安然肥遯，可知也。譬之弈然，全局已無一活子，而猶自詡國手，其誰信之。吾行如得免溝壑，當思如何綿此聖學一線之傳，如何保此危邦一成一旅之眾，如何拯此生民不拔之苦，此乃今日士類人人當負之責也。乃見聞所及，猶是虛憍矜伐，塗飾欺國故習，豈復有望？不學之害，一至於斯，可哀也已……世間事無定相，業風所吹，不由自主。所能自主者，但審之義理，當行則行，當止則止。至於行止之利害，不能逆睹，不可計，亦不必計。如此，則隨處皆可綽然矣。

曼倩[2]玩世，梁公屈身，未足語於心齋也。

大刑用甲兵，其次用斧鉞，非有心於刑人。人之陷於刑辟者，實自刑也，故曰「天討有罪」。今之習言「永存」，「永存」者，超乎時間。人人覺得有個不能自已，覺得非如此不可，不如此不行，此便是性，便是誠，便是無妄。太極也，無極也，皆此之謂也。然此非初學所知，要在自己體會。又云：雖惡如桀、紂，終有本性發露時，亦是不能已處。方望溪〈原人上〉[3]揭出此意，可選作國文教材。

唐太宗確有帝王之略，貞觀之治可稱小康。當時所定書，如《唐六典》（開元時定）、《唐律疏義》，均見開國規模。《群書治要》、《魏鄭公諫草》等書，皆可存之作。惜其雖有知人善任之才，而不學無術，家庭父子兄弟之間竟不可問耳。

友人某君當日在杭州教陸軍小學，日寫小篆、飲酒、作《選》體詩，甚恬澹，頗好議論。嘗云：西洋 politics 與 policy，police 皆出一源，而 policy 則起於希臘之 city，citizenship 所謂議會，亦即沿襲當時之市府會議。實則希臘之文化，海盜商人之文化也。酒色歌舞，好勇鬥狠，故其政治只尚力。中國則政者正也，所以正人之不正也。王者之政，自是以德化為本。虞芮訟田，入境而返。不怒而威，不言而信，無所用力，尚安用警察為哉！當日言論如此，不意後來一變至是。方其初辦刊物，

2 指東方朔。東方朔（前一五四—前九三），字曼倩，西漢文學家，以性格詼諧著名。

3 清方苞（一六六八—一七四九，晚號望溪）撰。

亦只以維持生計，意在標新領異，用以取悅於人。既其騎虎不下，只得變本加厲，此亦始願所不及料者也。

李長者，唐之宗室。隱居山中，著《華嚴合論》，多精義。惟語文字處，其說多陋，如荊公所謂「波為水皮」之類。

民族、國家等主義，同人於宗，吝道也。

《申報》載美國亞歷山大教授 Prof. Hartlay. B. Alexander 在浙大講演，略謂中國雖需要機械文明，而機械文明一事，實不足以盡人生。西人之於人生，往往不見其全，中國人所見遠過歐美，以其能求真、善、美之生活也。大抵單調雷同，便滅殺生趣。各民族各有其文化，應互相了解尊重，而不必強歸一律云云。先生云：今日情形，真所謂單調雷同。亞歷山大教授之言，不為無見。特彼所謂真、善、美之生活，既當作一件事物，向外求取，便無從得。性者，真、善、美兼具者也。然而合下現成，不待外求之義，恐非所及知耳。

戰禍愈擴愈大，將來一切機械多歸破滅，人之好殺或倦而知返。《春秋》之義，王者有征無戰。須是國聯有兵，而各國無兵，乃能保持和平耳。

羅斯福雖亦資本主義者，而力倡非戰，冀保西半球之和平，有足取者。問西人戰禍之愈趨愈烈，達爾文生存競爭學說有以啟之。先生云：亦是推波逐瀾。縱無達爾文，亦復如是，以其處處從利上著想也。聖人之言，非彼所知。如武王所謂「萬方有罪，罪在朕躬」之義，彼中殆難了解。故對治西人之病，當參用老氏之旨。

客來談遊覽。先生因言：瀑布可觀不可聽，其聲暴厲。古人造字，「瀑」字從「暴」，蓋有取於是。往在焦山枕江閣聽江聲，愛其動中有靜。又灘聲亦較輕鬆，勝瀑聲多矣。

報載丹麥科學家波耳言：研究原子，知雖在細微之物，其中亦秩然有序而不可亂。又言：科學無國界。理有可信，言有可采。

論漢初人物云：蕭何、張良輩均不足數。蕭為刀筆吏，陳平六出奇計，世莫得聞，總之不出今人金錢收買運動一類伎倆。又如漢武以子少母壯為非國家之福，而殺鉤弋夫人，曰：「汝不得活！」復語侍者曰：「此非汝曹所知，不見呂后事耶？」其為人亦自可知。而褚先生乃盛稱之曰：「諡為武，豈虛哉！」其陋可笑。

談戰事云：日人自以為求民族生路，實則以此求生，真所謂斬頭覓活。中國士氣之盛，猶是尊王攘夷之思，先王之遺澤歷數千百年而未泯者。為士卒者雖不必人人識字讀書，而耳熟焉，而非近幾年來某某等幾人訓練之結果。至於漢奸之多，卻是嗜利無恥之訓練所致，此則今人所不識者也。

常人之情，聞勝則喜。實則消除戰禍，端在哀矜一念。殺念之動，在佛法便是業，是業便有報。蚊蚋嘬膚，一拍而死，出於無心，等於誤殺。怒而殺之，便有業報。

戰事未可預料，而將來生活方式總須變更。財可私有，產不可得而私有。井田之制不可復，井田之意在均平，仍當取法。物質享受，須是化除懸殊，去泰去甚。農工自食其力，商則消費合作，辦法尚為近理。士則勞心，亦須善於教人，非同裨販，乃為有益於人。今人言生活，雖引車賣漿者皆知養家，家以外能推而及之者實少。須知生活不為一己方好。

此時縱不高談仁義，但以現代國家而論，如蘇俄未嘗不膚革充盈，望之儼然，而其腹心之中未必無疾；如中國則百孔千瘡，內外交病者也。

談種族云：女生為姓，先有姓而後有氏。如王氏出於王子晉，姬姓之後；馬氏出於馬服君趙奢，為嬴姓之後。姓氏書云：十四姓皆出於黃帝。今內地不開化處，猶有兩姓械鬥之風，結黨成群，儼然國際戰爭之雛形。六朝時代猶有門閥階級，不通婚姻。自唐興科舉以後，白屋可至卿相，世家或夷為庶人，而階級漸泯。今大多數人民以姓氏不同而互相歧視者，固已絕無矣。不特此也，吳越當日世讎，今則化為一家。由是言之，則今日國際種族之界限，將來亦終當消滅。義大利人某君著《政治罪惡論》*Political Crime*，余嘗依日人譯本重譯之，原稿登於《民立報》，未竟。彼意直以為政治便是罪惡。又如羅素對於現代國家亦深致不滿，托爾斯泰亦然。所惜者，彼等於中土聖人學術大本大源尚無所見，有如佛經所謂邊僻之人不得聞佛法者然。使此等人可以多得數輩，不過三言兩語，可以開悟。人人性分具足，非待取而與之故也。

先生由桐廬赴開化避寇，江行多灘，水聲時急。灘盡水平，聲亦寂然。舟近龍游，先生云：深則平矣。

日本將來之崩潰，當由一部分軍人思想之左傾，而推翻萬世一系之天皇，預料事亦不遠。但中國之危視日本為更近耳。

「支那」之名，不始於日本，佛書中已有之。明人陳士元著《象教皮編》，《學海類編》中有之，釋「支那」云「文物之邦也」。

嘉慶初，阮芸臺[4]撫浙，時海內承平，公務清簡，乃集其督學浙江時所取門下士為《經籍纂詁》，以陳仲魚鱣主其事。當時涌金門茶肆為文士聚集之所，討論漢學訓詁，皆在杯壺茗肴間。書成，遂為講訓詁者必不可少之典籍。俞曲園[5]生時較晚，亦聞其風而悅之者。前代掌故，昔賢風流，由今追憶，殊足動人向往。

今之中日，猶昔之吳越，今之俄德，猶昔之秦楚。春秋戰國之際，縱橫捭闔，此起彼仆。由今觀之，同是中國，何有畛域？將來世界大同，中外一家，後之視今，不猶今之視昔乎？

三代學制，書闕有間。自漢以來，學制固可考見，而學校從未辦好，人材亦從不出於學校。兩漢經師，均非博士俗學可比。後漢郭林宗頗事標榜，大學生時或干政。魏、晉以降，遂不復有學校，乃以九品取人，大中正掌進退之權，漸成門閥之風。唐、宋以科舉取士，而後來國子監以及府縣各學，乃至僅存虛名，實無一人。四十年來廢科舉，代以學校，求其真能化民淑世者無聞焉。吾意學

4 指阮元。阮元（一七六四－一八四九），號芸臺，一號雲臺，清末政治家與經學家。其任浙江巡撫時，曾討伐海盜、興修海塘。

5 俞樾（一八二一－一九〇七），號曲園，清末樸學大師，亦為繼阮元之後的經學大家。

校欲辦好，必也主其事者稍知辦學之要，慎選人師，日共講論。至於技術人才，只可別立專科學校，不必於大學造就。

問辦外交者忠信不能兩全。答云：此言只是隨人起倒。今之外交，無非縱橫捭闔，更無信義。須知世界不能長此混亂。或云：在此過渡時代，總是如此。答云：所以成為過渡時代者，正以舉世顛倒，執迷不悟耳。吾人信念終不可無，第一當信性善，第二當信聖人可學而至。徐徐體究，真有所知，則不至隨俗起倒，可以立矣。

諸葛武侯一法家耳，猶知「宮中府中俱為一體」，開誠佈公，集思廣益。今人則予智自雄，絕無虛心咨詢之意。孔子之對哀公曰：「惟其言而莫予違，不幾乎一言而喪邦乎？」是可畏也！

問制度變革與頓漸。答云：頓漸本說修省工夫。然內聖亦可說頓，外王亦可說漸。

中國學制不能自立，全用抄襲，名詞多不妥。如大學有「校長」，不稱「學長」。書院之山長，今之講師、導師，皆出佛經。山長本之諸山長老（講師則本禪師、律師），日人襲之而不知所自來。中國復襲日本，不待兵戎相見，而國已亡矣！

清廷之於亭林、船山、梨洲，待以寬大，徵聘不至，聽其講學。將來中國若亡，虜輩必無如此度量。古人一成一旅猶可中興，今則不能。頗冀於深山窮谷中，集有志之士，相與致力此學。人數不可多，不預政治，庶免遭忌。然是非所在，固當詳論及之，但不可發表耳。又如中土終不可居，則羈旅異域，如昔之馬克思，今之愛因斯坦，亦何不可。如能得精通西文人十數輩，可以說明此理，公之於世，庶幾或有明眼人，可以留下幾許種子。故外國文自是緊要，非不可學，但須別於今之所以為教者耳。

問師範國文教材，答云：可選授《孟》、《荀》、《國語》，《孟子》可多選。因言：保氏教國子以六書，識字在古人是小學之事，今則在大學為專科。《凡將》、《訓纂》、《急就》皆古人之小學教科書，然多枯燥；如以六書授學生，為言象形、指事，自然有趣，惟假借、轉注稍難耳。吾意小學教本當用《論語》、《孝經》，使了文義，能背誦、能默寫。義理不妨稍遲，及其記憶力之強而授之，可以終身不忘。此外則數與方名，擇要授之，使通珠算，足備日用。如是，則小學卒業，文理通順已過於今之大學矣。英文、幾何之類，本不必人人學習，徒耗腦力。有志於工程機械一類職業者，可入專校，各就所需選習之，則所學所用，不至判然兩途矣。

講學誠不可已，然形式則不必具。書院成否，有何加損？聚人雖多，不必有益。姚興供養鳩摩羅什，徒眾三千餘人，而高足弟子不過生、肇、融、睿四人。孔門弟子三千，身通六藝者七十有二，真得聞道者，亦只顏、曾二人，游、夏之倫但能說《詩》而已。釋迦福報過於孔子，弟子盛極一時。魏文侯之於子夏，齊宣王之於孟子，視定、哀、季康子之所以待孔子者，殆有過之。吾觀近日所接人，如陳百村以軍人來問儒學，意態懇摯，如賴振聲以歷史為理欲消長之紀錄，如王駕吾駁陳獨秀論孔子與中國，似吾窮居閒談，無意中亦未嘗毫無影響，又何以形式為？

「物不可以終難，故受之以解」。《劉靜修文集·讀藥書漫記》有云「嶺南多毒，而有金蛇白藥以治毒；湖南多氣，而有薑桔茱萸以治氣」云云，以譬天將降亂，必生弭亂之人也。

先生草書院簡章畢，出示學者，因言：宗教家置身政治之外，故叢林會堂能不隨朝代之轉易為興亡。邱長春之白雲觀至今無恙，而唐、宋寺院猶有存者，且逾千年矣。儒家則每以達官致仕，主講院中，或名士論政，足以左右輿論，遭忌賈禍，書院遂不能久。其為當道所延攬者，又不免望風承旨，同於博士之陋，是以皆不足以治學。此文之作，超然政制之外，經濟亦屬之社會而不仰給於政府。冀創立之後，可與叢林教會同其長久也。尚嫌時間短促，不及詳細規劃，得暇當參考《百丈清規》，重立規模。此亦儒家鄉所未有，所謂「有王者起，必來取法」，不必自我成之也。

北宋王質相太祖，嘗言鼻中須能吸得三斗熱醋，方可為宰相。太祖在軍閥中可謂寬厚，而為之相者其難如是。故錢若水之事太宗，未及四十歲便求引退。可見後世君臣之際無道甚矣。

「五族共和」本是欺人之語，不妨各自為政，而合為聯邦。將來世界大同，終須由此而成。亞、美、歐各洲先各自成一聯邦，擁戴共主，比於天子。有王者起，百年之後可矣。

伊川語韓持國：「當自求士，不當使士來相求。」持國雖未能用其言，聞之猶爽然自失。今則並持國其人者亦無之矣。

強敵壓境，淪亡可懼，當思所以保存文物，綿延先聖血脈之計。張蔭麟謂，墨者之鉅子即是領袖，弟子數百人實有組織。誠得有心人於今日，可以略仿其意。謀生之道，各聽其便，仕宦商賈，一概不加限制，但須有聚集之所。生事無憂者，以其所餘供養大眾。而所為大眾者，亦皆求力能自給。百工之事，不待外求，庶幾退足自存，進可以易風移俗、淑世救人。此中最要一事為不爭政權，否則必不容於今之世矣。

兵之為物，只能備而不用，用之則危，故曰「聖人以此毒天下」。先儒於「毒」字曲為之解，惟伊川《易傳》以「害」字釋之為得其義。用兵焉得無害！

川中以產藥名，而求藥於肆，乃往往不可得，得之亦每不堪服食。藥材遍山野，而人多不識，識之者乃在田夫野老，緇衣黃冠。彼其伏處巖穴，不與人世相交接。樵蘇之餘，時有所得，僅以自服，或以施人。其意未嘗不美，惜其於種植之方，培養之道，種性科別之要，不加之意。加意於花木者，乃在大學生物系，而其心思之所營注，又僅止於種植培養區分而已，於其用途，則未嘗盡心，無怪貨之棄於地也。古人賣藥，傳為美談。使吾人能自辨藥物，躬親種植，不惟自用，兼可濟人。亂世能是，足以自活，較之仰給嗟來之食，豈不大佳。天下事可為者多，但不遇有心人，終於無可奈何耳！

書院講義理，違俗好，相去太遠。吾嘗思之，捨義理而談詞章，亦可以專明詩教。然詞章亦豈易治？先須熟讀古籍，經部必不可少，次則《國語》、《老》、《莊》、《楚辭》、《史記》、兩《漢書》、《文選》，皆當熟。熟於兩漢文字者，可以明文章體制。然講師亦難其人，吾一人力有不足，只合杜口。此有近於老氏之旨，不得已而遁於二氏，後之人必有以此議我者矣。

浙江圖書館有覆刻北宋本《四書》，余借取一觀，並不甚好。後記並姓名而無之，當是坊本。宋本不必盡善，世人每視為古玩。傅沅叔自言近得《周易》單疏宋本，書只兩冊，二三百頁，至以萬三千元購之，而津津樂道，以為宋本以經為貴，經以《易》為首，而單疏又為海內孤本，日本人各經單疏本皆有之，獨缺《易經》，吾今得之，書目增光不少云云。此等人只知版本，校勘且未之敢許，題跋且不盡通，書之內容則不問也。張菊生跋張子韶《孟子傳》，但云書經朱子評駁，遂至湮沒，今復得以問世，引以為幸，至於兩家是非，可以存而不論云。既無真知灼見，亦只得存而不論耳。

先生嘗論中國與夷狄之辨曰：分中國與夷狄，不可專從地域與種族上計較，須知有禮義即是中國，無禮義則為夷狄。夷狄尚知禮義，則夷狄可變為中國；中國人不知禮義，中國即變成夷狄。內中國而外夷狄者，乃重禮義而輕視非禮無義之謂。由此可知，區別文明與野蠻，亦當以有禮義、無禮義為準。有禮義謂之文明，無禮義謂之野蠻。非曰財富多、物質享受發展快便是文明也。

先生曰：我為學得力處，只是不求人知。

第四輯

論道學與佛學

提要

本輯選錄兩篇大文章，在篇幅與研究上都輻射廣遠。

較早成篇的是〈法數鉤玄〉，最能具體看出馬一浮曾經在佛學上下的深厚工夫，也更能夠理解他後來之所以轉向理學、「新儒學」，是真的對宋儒當年和佛教的一番思辨搏鬥有過真切的體會，沿著同樣的思而困、困而思的螺旋道路走過來的。

受到印度發達數學觀念的影響，佛教教理中有很多「法數」，也就是羅列出來如同清單的分類項目，在佛經中這些「法數」往往以縮寫表出，預設讀者、信眾已了然於其內容。然而繁多的「法數」不可能靠理解收納，要完整記誦也很困難。顯然馬一浮自己修習時深受其困，因而動念將「法數」全面收羅，編出一份目錄。這樣的作業，當然對習佛者有很大的幫助，不過在讓馬一浮統合掌握佛法系統的層面上，作用更深刻。

〈鉤玄〉從極為龐大難理的「三十七道品」開始，一一論列，層次井然。如「四念處」必先解釋「念」與「處」的各自意義，然後聯結「五陰」與「四倒」說明為什麼是『四』念處」，此數來源何方。然後進入「身念處」、「受念處」、「心念處」、「法念處」的分別細節，語言簡要，但總不脫佛學架構的脈絡，和其他觀念相互呼應。

於是如此一篇大文章，不應被單純視為查考辭書般的內容，事實上它構成了極佳的佛學入門材料。先通讀取得基本印象，再重讀將各「法數」一一聯結對照，偌大的佛教教理世界就在心中展開了一幅清晰的地圖，絕對比閱讀經文本身，或其他二手簡介可以更快又更精確掌握基本信念。

在引領讀者進入易象思想領域上，〈觀象卮言〉則發揮了同樣的作用。馬一浮的「易學」以《易．繫辭》為基底，展現了驚人的廣度與深度，卻又絕對不以炫耀其廣其深作行文的目的。他集中以幾個主題觀念來涵蓋《易經》內容與傳統「易學」的外延發展。

先「本象」，確立「易」由「觀象」而來的特殊知識性質。繼之以「吉凶」和「德業」的配合互動關係。這是將《易》從象數卜卦抽離出來，賦予更廣大人文意義的必要說明，「吉凶」不是命數偶然所決定的，而是牽涉到人主觀追求與努力產生的「德業」。

接著討論《易經》內容規範「言行」的部分，特別凸顯「易」（簡易）和「庸言」、「庸行」的義理關係。然後「辨小大」，從十個方面解釋《易經》之「大」，整理出清楚的易教價值觀──「周遍」、「包蘊」、「自在」、「無礙」、「無盡」、「無方」、「無為」、「不測」、「即物」、「無我」。光看標題也就能感受到其中有援引道家和佛家觀念的融合之處。

然後延伸分段解釋「十大」的應用，「教大」、「理大」、「德大」、「位大」、「人大」、「業大」、「時大」、「義大」、「器大」、「道大」，明顯要將價值觀再拉回儒家本位，至少是理學本位，充分反映了馬一浮以儒學、道學來包納道家、佛家的思想主體。

觀象卮言

序說

天下之道統於六藝而已，六藝之教終於《易》而已。學《易》之要觀象而已，觀象之要求之《十翼》而已。孔子晚而繫《易》，《十翼》之文幸未失墜，其辭甚約而其旨甚明。商瞿、子夏之徒初不聞別為之傳，（今傳子夏《易傳》是晚出依託。）自漢而後，師說始分。由京、孟逮於虞、荀，雖各有所推衍，或出緯候，其書亦闕不具。王輔嗣始創忘象之論，其後言象者寖流於方伎。直至伊川特重玩辭，然辭固未能離乎象也。邵氏長於極數，然數固未嘗不本於理也。清儒力攻圖書，將「天一地二」之言亦可廢乎？近人惡言義理，將「窮理盡性」之說為虛誕乎？何其若是之紛紛也？大抵觀變者不必尚占，觀象者先求盡辭，故說義不能祧王、程，玩占不能廢京房。在漢則子雲之《太玄》，在宋則堯夫之《皇極》，象數之宗也。若必以伏羲為先天，文王為後天，則與〈文言〉不符。不有《十翼》，《易》其終為卜筮之書乎？「聖人設卦觀象，繫辭焉而明吉凶」，皆憂患後世不得已而垂言。

《易》者，象也。象也者，像也。卦固象也，言亦象也，故曰「聖人立象以盡意」，「繫辭焉以盡其言」，所以設卦為觀象也，繫之以辭為明吉凶也。能盡其意者，非由象乎？明吉凶者，非由辭乎？然則觀象者，亦在盡其意而已，何事於「忘」？乾馬坤牛之象，易知也；吉凶悔吝、剛柔變化之象，微而難知也。未得其意而遽言忘象，未得其辭而遂云忘言，其可乎？且忘象之象亦象也，忘言之言亦言也，是以聖人曰「盡」而不曰「忘」。尋言以觀象而象可得也。尋象以觀意而意可盡也。數猶象也，象即理也，從其所言之異則有之。若曰可遺，何謂「以言乎天地之間則備」邪？與其求之後儒，何如直探之《十翼》？今為初學聊示津逮，未遑博引，但欲粗明觀象之法，直抉根原，刊落枝葉，必以《十翼》為本。間有取於二氏之說，假彼明此，為求其易喻。然臨機施設，未能精思，略引端緒，不務幽玄，廣可千言，約則數語，了不次第，故題曰「卮言」。冀或少助學者尋繹，匪敢自居於說《易》也。

附語

〈繫辭傳〉曰：「夫《易》何為者也？夫《易》開物成務，冒天下之道，如斯而已者也。」《易》為六藝之原，亦為六藝之歸。〈乾〉、〈坤〉開物，六子成務，六藝之道，效天法地，所以成身。「以通天下之志」，《詩》、《書》是也；「以定天下之業」，《禮》、《樂》是也；「以斷天下之疑」，《易》、《春秋》是也。冒者，覆也。如天之無不覆幬，即攝無不盡之意。知《易》「冒天下之道」，即知六藝冒天下之道，「無不從此法界流，無不還歸此法界」。故謂六藝之教終於《易》也。《華嚴》「法界」之名與《易》義相準。

「忘象」之說本於莊子，然莊子即是深於觀象者，其所言莫非象也。《河圖》數即本於〈繫傳〉「天地之數五十有五」一節。《太玄》一六共宗，二七同道，三八為朋，四九為友，五五相守，畫出來即《河圖》也。《洛書》九宮出《乾鑿度》，皆出漢人，不始於宋也。

占是古法。「觀變」云者，不必定指卦變。人心一動，變即從此始矣。有變而之吉，有變而之凶，其象亦見於卦。占者據卦象以斷，其吉凶可知也。然吉凶之道，皆由自致，初不待於占。玩占者，在觀其吉凶之所由，而慎之於動，豈必日事蓍龜哉！

司馬溫公曰：「《易》有七、八、九、六，謂之四象。《玄》有一、二、三，謂之三摹。」按揚雄立天、地、人三玄，玄即道也。其畫以⚊為天玄一方，⚍為地玄二方，☰為人玄三方。是以一為天數，二為地數，三為人數，人道必兼天地之道也。三摹而四分之，為方、州、部、家，極於八十一首以當卦，合為七百二十九贊以當爻，所謂準《易》也。

揚雄善用奇，邵子善用偶。

先天而天弗違者，得乎理而一於天者也；後天而奉天時者，順乎理而合於天者也。老氏謂「吾不知誰之子，象帝之先」，佛氏謂「一心遍現十法界，當知法界性，一切唯心造」，先天也。「上律天時，下襲水土」，「存心養性，所以事天」[一]，後天也。老氏亦言治人事天。性德是先天，未見氣時，此理已具，所謂「沖漠無朕」者也。修德是後天，形而後有，「善反之而存」者也。所謂「體信達順」，「配義與道」者也。是知不可以先天、後天分屬伏羲、文王。

象是能詮，意是所詮。

吉凶是《易》之情，辭是聖人之情。《易》之情見於象，「聖人之情見於辭」，「是故其辭危，危者使平，易者使傾」也。

數在象後，理在象先。離理無以為象，離象無以為數，物之象即心之象也。

題「卮言」者，亦有二義：一不執義，二不盡義。不執者，郭象云：「卮滿則傾，空則仰，非持故也。況之於言，因物隨變，唯彼之從。」此言不執持一己之見，乃隨順舊師所說，亦不主於一家，但取言說方便足以顯義而已。不盡義者，卮本酒器，滿亦無多。又其為器也形圓，故司馬貞以為支離無首尾之言。然如人飲海，雖僅一滴，而鹹味具足，但取知味，不盡其量也。

又莊子所謂「和以天倪」者，自釋云「不言則齊，齊與言不齊，言與齊不齊也，故曰無言。言無言，終身言，未嘗言；終身不言，未嘗不言」，夫是之謂「和以天倪」。

約旨　卦始　本象

〈說卦傳〉曰：「昔者聖人之作《易》也，將以順性命之理，是以立天之道曰陰與陽，立地之道曰柔與剛，立人之道曰仁與義。」〈繫辭傳〉曰：「《易》之為書也，廣大悉備，有天道焉，有人道焉，有地道焉。兼三才而兩之，故六。六者非他也，三才之道也。」是知三才之道所以立者，即是順性命之理也。凡言理，與道有微顯之別。理本寂然，但可冥證，道則著察見之流行。就流行言，則曰三才；就本寂言，唯是一理。性命亦渾言不別，析言則別。性唯是理，命則兼氣。理本純全，氣有偏駁，故性無際畔，命有終始。然有是氣則必有是理，故命亦以理言也。順此性命之理，乃道之所以行。不言行而言立者，立而後能行也。順理即率性之謂也，立道即至命之謂也，故又曰「窮理盡性以至於命」，此《易》之所為作也。知聖人作《易》之旨如此，然後乃可以言學《易》之道。

聖人作《易》，乃是稱性稱理，非假安排。〈繫辭傳〉曰：「《易》有太極，是生兩儀。兩儀生四象。四象生八卦。八卦定吉凶。吉凶生大業。」當知言「有」者，謂法爾如然，非是執有；言「生」者，謂依性起相，非是沉空。從緣顯現故謂生，乃不生而生。遍與諸法為體故謂有，乃不有而有。太極者，一理至極之名；兩儀者，二氣初分之號。一理不可見，於二氣見之。畫卦之初，以奇偶象陰陽，亦以象動靜。動靜無端，陰陽無始，本不可思議。欲擬諸形容，唯奇偶之相似之。一奇一偶，其數為三。蓋有一則有二，有二則有三。老氏曰「一生二，二生三，三生萬物」，邵氏曰「《易》有真數三而已」是也。一分為二，二分為四，四分為八，則八卦成列矣。（附圖）

兩儀　（儀者，匹也。董生云：「自內出者，非匹不行；自外入者，無主不止。」從體起用謂之「自內出」，會相歸性謂之「自外入」。太極為主，兩儀為匹，兩儀所以行太極也。出入、內外皆是假名，不可執礙。）

⚊陽

⚋陰

四象（陰陽之中，復分陰陽，則成太、少。太陽為陽中之陽，少陰為陽中之陰，少陽為陰中之陽，太陰為陰中之陰也。）

⚌太陽

⚍少陰

⚎少陽

⚏太陰

八卦（凡為陽爻者十二，陰爻亦十二。自〈乾〉至〈震〉順觀之，自〈坤〉至〈巽〉逆觀之，則陰爻陽爻互易，所謂八卦相錯也。）

☰乾一

☱兌二

☲離三

☳震四

☴巽五

☵坎六

☶艮七

☷坤八

因而重之，八分為十六，十六分為三十二，三十二分為六十四，則六十四卦具，（於奇偶之畫上再加一奇一偶，凡六位而成。圖略。）此謂「分陰分陽，迭用柔剛」。「剛柔相推而生變化」，此謂「上下無常」，「剛柔相易」也。《易》之名書，本取變易為義。聖人觀於此變易之象，而知其為不易之理，又有以得其簡易之用。故鄭氏以三義說之，為能得其旨也。（唐釋杜順作《華嚴法界觀門》，實與三易之旨冥符。真空觀當不易義，理事無礙觀當變易義，周遍含容觀當簡易義。易即一真法界也。此義恐初機難喻，不欲敷演，如有善學者，可自思之。）此為八卦生起之序，（吉凶、大業向後別釋。）觀象須從此起。重卦六十四，即此八卦之行布陰陽、剛柔、往來、上下、進退、消息、變化之象也。太極以象一心，八卦以象萬物。「心外無物」，故曰「陰陽一太極也」。「天地設位，而易行乎其中」，「乾坤成列，而易立乎其中」，故曰：「乾坤，其易之緼邪？」又曰：「乾坤，其易之門邪？」「闔戶謂之坤，闢戶謂之乾，一闔一闢謂之變，往來不窮謂之通。」統之以乾坤，而天地之德可通也；約之以六子，而萬物之情可類也。故以氣之流形言之，則為天、地、雷、風、水、火、山、澤之象；以其德之力用言之，則為健、順、動、入、陷、麗、止、說之象；（動、陷、止皆健之屬，入、麗、說皆順之屬。）以其相對言之，則為剛柔、起止、上下、見伏之象；以其相成言之，則為定位、通氣、相薄不相悖、相逮不相射之象；以其屈伸聚散言之，則有動散、潤烜、止說、君藏之象，亦即雷霆、風雨、日月、寒暑之象：所以行變化、成萬物者，略攝於是矣。觀於天地之道而人道可知，觀於〈乾〉、〈坤〉六子之象，而六十四卦之象可知，而一心、陰陽、動靜之象可知。「乾道變化，各正性命」，非精義入神，其孰能與於此，此性命之原也。如是觀者，是名貞觀，此觀象之初門也。

〈繫辭傳〉曰：「《易》之為書也不可遠，為道也屢遷。」「以言乎遠則不禦，以言乎邇則靜而止。」「近取諸身，遠取諸物。」又曰：「無有遠近幽深，遂知來物。」此何謂也？道在近而求諸遠，不知其不可遠也。道無遠近，遠近由人。若一往說向外去，是遠之也。昔有設問曰：「眼何不自見其睫毛？」答曰：「只為太近。」思之。

「屢遷」謂吉凶情遷，然「變動不居，周流六虛」，直須見其不遷始得。說「屢遷」便作屢遷會，也只是參死句。初機聞說觀象便執有外境，不知象只是自心之影，切忌錯會。

附語

《易》即是明此太極以下之理耳，非謂《易》之下有一太極。猶無極而太極，不是說太極之上更有一無極也。《易》與太極總是假名。一切名言施設皆不得已，執即成礙，故言「生」言「有」皆須活看。

邵子曰：「心為太極。」此語最諦。又曰：「道為太極，心外無道也。」按邵子用老氏「天法道」之說。

「神無方而易無體」，「無方」言其妙，「無體」言其寂，非謂虛無也。一切諸法皆其用之神，由此可知其體無乎不在，而非有一定之形體也。故不落有無，不涉生滅。

有一物於此，必有其兩端，是有奇，則偶已在其中矣。是以一涵三為圓，圓者，徑一而圍三。三即三其一也。偶者必方，方者，徑一而圍四。四即二其二也。三其一仍為奇，二其二仍為偶，如是可至無窮。舉本而言，則奇偶盡之矣。偶生於奇，由兩而四而八，即加一倍法也。

太極無象，本不可圖。周子以圓相表之，明其無終始耳，豈可執圓相以為太極哉？

從體起用，即本隱之顯；攝用歸體，即推見至隱。

有象斯有數。陰陽，氣也。氣之未形，氣之方始，未有形質。亦不可象，強以奇偶象之，有奇偶之畫則有數矣。故天數一，地數二，合之則三。天渾圓，故一。地與天對，故二。人在天地之中，故三也。

程子曰：「理必有對，生生之本也。有上則有下，有質則有文，一不獨立，二必為文。非知道者，孰能識之？」

董子謂「凡物必有合，上下、左右、前後、寒暑、晝夜，皆其合也」。此程子所謂「寓事萬物，皆相對出來」。

分為四象，則四時五行之理具焉。其象則二陽二陰者二，一陽一陰、一陰一陽者各一。合太、少之數均為五，(太陽一，太陰四，少陰二，少陽三。一與四合為五，二與三合亦為五也。又一、二、三、四之積為十，亦為五與五之合。）其序則一、二、三、四中含九、八、七、六而兩，其五行之理已具於中，《河》、《洛》之數亦於此見之。

太陽	水	一	九
少陰	火	二	八
少陽	木	三	七
太陰	金	四	六

《河圖》之數五。一得五則為六，故一六共宗。二得五則為七，故二七同道。三得五則為八，故三八為朋。四得五則為九，故四九為友。

《洛書》之數十。九者，十分一之餘，故九與一對。七者，十分三之餘，故三與七對。八者，十分二之餘。六者，十分四之餘。故二、四、六、八分布四隅，亦各相對也。

周子謂陽根於陰，陰根於陽，一動一靜，五為其根。張子謂陰陽之精互藏其宅，於四象見之。分四象為八卦，則一歲十二月二十四氣亦已具於其中，萬物生成之理備矣。演之為十二消息，實即〈乾〉、〈坤〉二卦之六爻也。至用六十四卦，如孟喜之卦氣、（卦氣亦出於《乾鑿度》。）京房之六十律、邵子之方圓圖，而律曆之數理無遺矣。

王輔嗣曰：「處璇璣以觀大運，則天地之動未足怪也；據會要以觀方來，則六合輻湊未足多也。」孰謂輔嗣而不知觀象哉？

邵子曰：「八卦之象不易者四：〈乾〉、〈坤〉、〈坎〉、〈離〉。反易者二：〈震〉反為〈艮〉，〈巽〉反為〈兑〉。」

陽卦多陰，陰卦多陽。〈震〉、〈坎〉、〈艮〉皆二陰，〈巽〉、〈離〉、〈兑〉皆二陽。三男皆得〈乾〉之一爻，以陽統陰。三女皆得〈坤〉之一爻，以陰御陽。所謂「陰陽合德，而剛柔有體」也。

九宮數則〈坎〉一、〈離〉九、〈震〉三、〈兑〉七、〈坤〉二、〈巽〉四、〈乾〉六、〈艮〉八。

天地之道變易而成化，人道亦須變易而成能。變易之象易見，不易之理難見，見此則簡易之用得矣。「仁者見之謂之仁，知者見之謂之知，百姓日用而不知，故君子之道鮮矣。」天地之道即聖人之道，即君子之道，不見則不免為小人。問：如何得見此道去？答曰：直須變易一番始得。

云「各正性命」，是物物一太極也。性命本正，而不知順其理者，乃違性而逆命。孟子曰：「盡其道而死者，正命也；桎梏死者，非正命也。」未至生順沒寧，皆為桎梏，可不懼哉？

精義入神，以致用也。神即是用，故術家以八卦為八神。六子效乾坤之用以成萬物，人必效六子之用以合乾坤，方可「盡性至命」。所以觀象，其義在此，不精於義，安能得之？

原吉凶　釋德業

「八卦定吉凶，吉凶生大業」，何謂也？「八卦成列，象在其中。因而重之，爻在其中。剛柔相推，變在其中。繫辭焉而命之，動在其中」。此言有象斯有爻，爻即象也；有動斯有變，變即動也。觀乎八卦之象，則六十四卦之變可知，不待於占也。象者，象天下之賾者也。爻者，效天下之動者也。「爻象動乎內，吉凶見乎外」，「吉凶悔吝者，生乎動者也」。夫天下之至賾至動者非心乎？心外無物，凡物之賾、動皆心為之也。心本象太極，當其寂然，唯是一理，無象可得。動而後分陰陽，斯命之曰氣，而理即行乎其中，故曰「一陰一陽之謂道」。天地萬物由此安立，其象已具於八卦，故曰：「八卦以象告，爻象以情言，剛柔雜居，而吉凶可見矣。」「道有變動，故曰爻。（不曰卦有變動，是知觀變不在占也。）爻有等，（「方以類聚，物以群分」，所謂「等」也。）故曰物。（「乾，陽物也。坤，陰物也。」物雖多，陰陽盡之。「有天地然後有萬物」，故乾坤為大父母，六十四卦之陽爻皆〈乾〉也，其陰爻皆〈坤〉也。）物相雜，（「六爻相雜，唯其時物」，即「剛柔雜居」之謂。）故曰文。（兩故文。）文不當，（陰陽、剛柔不當其位。）故吉凶生焉。」是知吉凶定於八卦者，實則定於一心之陰陽動靜耳。

程子〈易序〉曰：「萬物之生，負陰而抱陽，莫不有太極，莫不有兩儀，絪縕交感，變化不窮。形一受其生，神一發其智，情偽出焉，萬緒起焉。（《太極圖說》曰：「形既生矣，神發知矣，五性感動而善惡分、萬事出矣。」程子之言本此。）《易》所以定吉凶而生大業。故《易》者，陰陽之道也；卦者，陰陽之物也；爻者，陰陽之動也。卦雖不同，所同者奇偶；爻雖不同，所同者九六。是以六十四卦為其體，三百八十四爻互為其用。（按，體用相望，實有四重，程子於此只說得一重。以六十四卦望八卦說，則八卦為其體，六十四卦為其用；以八卦望〈乾〉、〈坤〉說，則〈乾〉、〈坤〉為其體，六子為其用；以兩儀、四象、八卦望太極說，則太極為其體，而兩儀、四象、八卦為其用也。）遠在六合之外，近在一身之中，暫於瞬息，微於動靜，莫不有卦之象焉，莫不有爻之義焉。」「時固未始有一，而卦亦未始有定象；事固未始有窮，而爻亦未始有定位。（按，此深得「變動不居，周流六虛」之旨。）以一時而索卦，則拘於無變，非《易》也。以一事而明爻，則窒而不通，非《易》也。知所謂卦爻象象之義，而不知有卦爻彖象之用，亦非《易》也。故得之於精神之運，心術之動。」「然後可以謂之知《易》也。雖然，《易》之有卦，《易》之已形者也；卦之有爻，卦之已見者也。已形已見者可以言知，未形未見者不可以名求。則所謂《易》者，果何如哉？此學者所當知也。」觀於程子此言，應知卦象爻義不可但求之於《易》之書，當返而求之於一心之動靜，可以無疑也。

〈繫辭傳〉曰：「變動以利言，吉凶以情遷，是故愛惡相攻而吉凶生，遠近相取而悔吝生，情偽相感而利害生。」（「利者義之和」，然則害者即義之賊也。「利物足以和義」，然則傷物則害義矣。「乾始能以美利利天下，不言所利，不矣哉。」和義故美，害義則惡。不言所利為大，言所利則小。《易》之言利害也如此，其諸異乎後世之言利害者夫。）曰攻、曰取、曰感，皆指一心之動象，所謂情也。遷即易也。吉凶、悔吝、利害皆無定而可易，及其已形已見，則定矣。《易》之為教，在隨時變易以從道，故「懼以終始，其要無咎」，「因貳以濟民行，以明失得之報」。貳者何？吉凶是也。動而得其理，則陰陽、剛柔皆吉；失其理，則陰陽、剛柔皆凶。故陰陽有淑慝，剛柔有善惡。「吉凶者，言乎其失得也。」此如佛氏之論染迷悟，非同世俗之計成敗禍福。聖人之言實至明白，若無此二途，則《易》亦可不作，何由生大業邪？故曰：「乾坤毀，則無以見《易》。《易》不可見，則乾坤或幾乎息矣。」

曷言乎失得也？此當求諸乾坤。「乾知大始，坤作成物。乾以易知，坤以簡能。易則易知，簡則易從。」「易簡而天下之理得矣。天下之理得而成位乎其中矣。」（「成位」猶言成性、成能。）「夫乾確然，示人易矣。夫坤隤然，示人簡矣。爻也者，效此者也。象也者，象此者也。」「夫乾，天下之至健也，德行恆易以知險。夫坤，天下之至順也，德行恆簡以知阻。」由此觀之，險阻者，易簡之反也。得之以易簡，失之以險阻。易簡為吉，險阻為凶。不得乎易簡者，不能知險阻，即不能定吉凶也。（下文曰「定天下之吉凶，成天下之亹亹」，是即「生大業」之謂。）「動而貞夫一」，不亦易乎。「承天而時行」，不亦簡乎。「因其時而惕」，是知險也。「先迷後得」，是知阻也。「知進而不知退」，則險矣。「疑其所行」，則阻矣。君子得乾之易以為德，故可久；得坤之簡以為業，故可大。可久故日新，可大故富有。「乾知大始」，故主乎知而為樂。「坤作成物」，故主乎行而為禮。「知崇禮卑，崇效天，卑法地」，故樂由天作，禮以地制。大樂必易，大禮必簡。明乎天地，然後能興禮樂。和且序，夫何險阻之有？此謂吉凶貞勝，此謂盛德大業。黃帝、堯、舜垂衣裳而天下治，蓋取諸乾坤易簡之道也。觀象之要莫先於四句：「吉凶者，失得之象也。悔吝者，憂虞之象也。變化者，進退之象也。剛柔者，晝夜之象也。」初句實攝後三，故曰「吉凶生而悔吝著」。已知失得者吉凶之所由致，當知悔吝者吉凶之萌漸也。悔則來者可追，尚可至於吉。吝則執而不捨，終必至於凶。憂思虞度，皆疑而未得之象，不知變易從道者也。知進退，則知變化矣；知變化，則知失得矣。變化不出剛柔，進退亦猶晝夜。或進而上，或退而下，「上下無常」也。明暗相代，猶「剛柔相易」也。下言「六爻之動，三極之道也」，是知道之變動，地道必承於天，人道必兼法天地，然後無失道而常吉也。

德業者，體用之殊稱，知能之極果，亦即禮樂之本原，乾坤之大法也。「開物」為德，「成務」為業。「知周萬物」者，德也。「道濟天下」者，業也。大故配天，廣故配地。「寂然不動」者，德之至也。「感而遂通天下之故」者，業之神也。「明於天之道」，德也。「察於民之故」，業也。「觀其會通」者，德也。「行其典禮」者，業也。「唯極深而後能通天下之志」，德也。「唯研幾而後能成天下之務」[二]，業也。「定天下之吉凶」者，德也。「成天下之亹亹」者，業也。合深與幾謂之神，合德與業謂之道，合易與簡謂之《易》。故曰：「神無方而易無體。」體乾坤，則能知《易》矣，是以觀象必先求之乾坤。

附語

世人迷執心外有物，故見物而不見心，不知物者是心所生，即心之象。汝若無心，安得有物？或若難言「人死無知，是心已滅而物現在」，此人雙墮斷、常二過，心滅是斷，物在是常。不知心本無常，物亦不住。前念滅已，後念續生，方死方生，豈待命斷？是汝妄心自為起滅。智者觀之，一切諸法以緣生故，皆是無常，是名變易。而汝真心能照諸緣，不從緣有，靈光獨耀，迥脫根塵，緣起不生，緣離不滅，諸無常法於中顯現，猶如明鏡，物來即照，物去仍存，是名不易。離此不易之心，亦無一切變易之物。喻如無鏡，象亦不生。是知變易故非常，不易故非斷，非常非斷，簡易明矣。

當知真心，不落生死，是即恆性。緣境而生之心，是妄心也。以離境則無心，故凡夫所執，即是此緣心。故曰：「以緣心聽法，則其法亦緣。」

《易》言「寂」、「感」，寂謂真常絕待，故非斷；感謂緣起無礙，故非常。喻如鏡體不動，而能現諸相，諸相無常，而鏡體自若。凡夫謬見，以寂為斷，以無常為常，真顛倒見也。又法喻難齊，不可執礙，此亦假彼明此，不得已之言。《圓覺》云：「妄有緣氣於中積聚，是名為心。」此即凡夫所執之妄心也。

妄心即當人心，真心即當道心。然非有二心也，只是一心迷、悟之別，因立此二名耳。

「神一發其智」，此神謂識神，此智非真智，乃情解，亦名識心分別。定者，有主之稱，猶俗言「有把柄」。邵子曰：「思慮未起，鬼神莫知。不由乎我，更由乎誰？」思之。

實則觀象即是觀心，天地萬物之象，即汝心之象也。道即汝道，物即汝物，動即汝動。若離汝心而別有卦爻，此卦爻者有何用處？

一念應健，則是〈乾〉象。一念應順，則是〈坤〉象。「動乎險中」，則是〈屯〉象。「險而止」，則是〈蒙〉象。剛反則是〈復〉象。柔遇則是〈姤〉象。一念陽亢，則是「亢龍有悔」之義。一念陰凝，則是「履霜堅冰」之義。一念「正中」，則有「君德」之義。一念「直方大」，則有「不習無不利」之義。例此，可知「六爻之義易以貢」，故爻以義言也。

用九、用六之變，是用爻象，象是用卦。此指大象言。

義由《易》顯，用之在人。果能知易，即能用《易》。

〈坤·文言〉：「至柔而動也剛，至靜而德方。」

攻者，敵對之意，「主客相形」、「攻守異勢」皆名為攻。情莫甚於愛惡，「愛之欲其生，惡之欲其死」，「是惑也」。愛惡得其正則吉，失其正則凶。愛惡在物而不在己則無私，又何咎？言攻者，由其出於私也。遠者為物，近者為身，身見、物見皆各為取。悔者，悔其有取，近陽，可至吉。吝者，執取益堅，近陰，故終凶。情者，實也。偽者，妄也。誠感則通，故利。妄感則礙，故害。

無小人則無君子，無亂則無治，無凡則無聖，無眾生則無佛，無煩惱則無般若，皆貳也。一得一失，一吉一凶，然後天下之變不可勝窮也。

理在氣中，性在情中，如水中鹽味、色裡膠青。

以兩儀望太極，則太極是理，兩儀是氣。兩儀即乾坤。以乾坤相望說，則乾是氣之理，坤是理之氣。氣之理為知，理之氣為能。萬物資始於理，資生於氣。全理在氣，故易知；全氣即理，故簡能。不言氣而單言理者，乾坤知能即氣也，是氣必得是理而後順，亦即是順性命之理也。故曰成位即成性、成能。天道不已，故確乎不拔，人之性也；地道無成，故隤乎其順，人之情也。全氣是理，即全情是性矣。

德行亦體用之名，體用重重無盡。乾坤相望說，則乾為體，坤為用，乾為德，坤為行。就乾坤對待言之，則乾坤又各有其體用也。

險阻並不難會。險即陽陷陰中之象，恆易則不陷於陰，知險而能出。阻即陽為陰阻之象，恆簡則不阻於陽，動而不括。是氣也，莫非天理之流行矣。

佛氏謂「如來藏在纏，法身流轉五道」，即險阻也。「翻三染成三德，轉眾生五陰成法性五陰」，即易簡也。

動必以天，「貞夫一者也」。情順乎性，氣順乎志，「承天而時行」也。

轉七識為平等性智，轉八識為大圓鏡智，「日新之謂盛德」也。轉六識為妙觀察智，轉五識為成所作智，「富有之謂大業」也。

六根門頭全是大用。富哉，業乎！

樂是文殊妙智，禮是普賢萬行。

「翻三染成三德」者，謂翻苦身成法身德，翻煩惱成般若德，翻結業成解脫德也。

佛氏用業字不是好字，無論善業、惡業，業總以動作為義。《易》中用業字即碩異。此業唯是清淨相，亦即是無相，行乃是大用現前之義。「大業」云者，略如佛氏所謂無量、無邊功德也。執名言則不可通。

「天高地下，萬物散殊，而禮制行矣；流而不息，合同而化，而樂興焉」。散者必合，殊者必同，行者必化，是謂乾坤合德，禮樂同原。序則無險，和則無阻也。

發心是悔，二執是吝。

若猶有礙膺之物，豈能免於悔吝？

古德云：「出息不涉眾緣，入息不居陰界。」是真能隨時變易以從道者也。

進退猶消息，晝夜即明暗。人有剛明氣分，方可入德；柔暗者，終墮險阻而已。可不懼哉！

「夫《易》，聖人所以崇德而廣業也。」又曰：「夫《易》，聖人所以極深而研幾也。」是知「極深研幾」即所以「崇德廣業」，即所以「開物成務」。極深研幾是成性，崇德廣業是成能，開物成務是成位。略如佛氏之三身，極深研幾成就法身，崇德廣業成就報身，開物成務成就應身，亦即法性身、般若身、解脫身也。

「合深與幾謂之神」三句，亦如《涅槃》所謂圓伊三點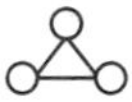，非三非一，而三而一。唯周濂溪

為知此理，故曰：「誠精故明，神應故妙，幾微故幽。誠、神、幾曰聖人。」《易》言「深」，《通書》言「誠」，其義一也。

無方故無乎不在，無體故遍與諸法為體。

「陰陽合德，而剛柔有體。以體天地之撰，以通神明之德。」何謂天地之撰？易簡是也。神明亦謂天地。天神地明。得乎易簡之旨，乃能體乾坤矣。

「方以類聚，物以群分，吉凶生矣」，方、物二字須著眼。方乃寄位以明義，物則雜物以撰德。如〈坤〉之彖曰：「『西南得朋』，乃與類行。『東北喪朋』，乃終有慶。」西南陰位，東北陽位。〈艮〉象曰：「君子以思不出其位。」〈恆〉象曰：「君子以立不易方。」〈艮〉、〈震〉、〈巽〉皆陽位也。〈同人〉象曰：「君子以類族辨物。」〈未濟〉象曰：「君子以慎辨物居方。」天與火皆上，是類也。又〈離〉為日，「日月麗乎天」，故為天之類也。君子觀於此象，當辨物之各有其類。族，即聚也。〈未濟〉三陰、三陽皆失位。君子觀於此象，當慎辨其物，慎居其方。是則未來之吉凶可得而定，故謂「吉凶生大業」也。略舉一例，在學者自思之。書不盡言，言不盡意也。

又：「龍戰於野，其血玄黃。」〈文言〉曰：「為其嫌於無陽也，故稱龍焉。猶未離其類也，故稱血焉。夫玄黃者，天地之雜也。」此言陰陽相薄則皆傷也。

審言行

夫學《易》者，匪曰吾於《易》之書能言其義而已，將求有以得乎《易》之道也。已明觀象必首乾坤，於乾坤而得其易簡，斯可以成盛德大業，是知順性命之理，而人道乃可得而立也。易簡之理於何求之？曰「敬以直內，義以方外」，則可以入德而幾於易矣；「庸言之信，庸行之謹」，則可以居業而得於簡矣。或疑既言德本於乾知，業本於坤能，曷為〈乾〉、〈坤〉、〈文言〉乃互易之？曰：昔賢以〈坤〉六二為賢人之學，當知坤承天而合乾德，易乃所以為簡，氣順於理也；〈乾〉九二為聖人之學，當知乾道變化流形則為坤業，簡必根於易，理見於氣也，此之謂天地合德。乾以統天，地在其中；坤以應地，天在其中。乾坤一元也，易簡一理也，德業一心也。故言德必該業，言業必舉德。是故「忠信所以進德」，「修辭立其誠所以居業」，於〈乾〉之九三言之；「敬義立而德不孤」，「不疑其所行」，於〈坤〉之六二言之。學者苟欲求學《易》之道，捨此末由也。

知易斯能用《易》矣，盡性斯能至命矣。觀〈乾〉、〈坤〉則知其用備於六子也，順性命則知其理不離五事也。蓋六子各得〈乾〉、〈坤〉之一體，故欲體〈乾〉、〈坤〉則必用六子。五事並出性命之一源，故欲順性命則必敬五事。效〈乾〉、〈坤〉之用者莫大於〈坎〉、〈離〉，順性命之理者莫要於言行，故上經終〈坎〉、〈離〉，下經首〈咸〉、〈恆〉。聖人示人學《易》之要，所以「崇德廣業」者，必以言行為重也。天地之道，所以行變化、成萬物者，雷、風、水、山、澤是已；人之道，所以定吉凶、生大業者，視、聽、言、動、思是已，豈別有哉！六子並統於〈乾〉、〈坤〉而五事約攝於言行，故聖人重之。（視聽者，思之存；言行者，思之發。思貫五事而言行亦該餘三，就其見於外而能及人者言之也。）既於〈乾〉之九二著「庸言之信，庸行之謹」為君德，復於〈大畜〉之象著之曰「君子以多識前言往行，以畜其德」；於〈家人〉之象著之曰「君子以言有物而行有恆」。（〈大畜〉言其遠者，〈家人〉言其近者。）〈繫辭傳〉說爻象最先者，特於〈中孚〉之九二（「鳴鶴在陰，其子和之」，物類猶然，而況於人。）暢發其義曰：「君子居其室，出其言善，則千里之外應之，況其邇者乎？居其室，出其言不善，則千里之外違之，況其邇者乎？言出乎身，加乎民。行發乎邇，見乎遠。言行，君子之樞機，樞機之發，榮辱之主也。言行，君子之所以動天地也，可不慎乎？」〈繫辭上傳〉終之曰：「神而明之，存乎其人。默而成之，不言而信，存乎德行。」此明德行既成，乃不待於言也。〈下傳〉終之曰：「將叛者，其辭慚。中心疑者，其辭枝。吉人之辭寡。躁人之辭多。誣善之人，其辭游。失其守者，其辭屈。」明六人之中，吉一而已，五皆由其言而可以知其失也。聖人言之，鄭重分明如此，今觀天下之為言者應在何科，吾人日用之間自居何等，奈何不之察乎？

今以五事配八卦，明用《易》之道，當知思用〈乾〉、〈坤〉，視聽用〈坎〉、〈離〉，言用〈艮〉、〈兌〉，行用〈震〉、〈巽〉。（此先儒所未言，然求之卦象，實有合者，故稱理而談，俟之懸解耳。）何以言之？「順性命之理」者，必原於思。思通乎道，則天地定位之象也，亦乾君坤藏之象也。（人受氣於天，受形於地。資乾以為知，資坤以為能。思也者，貫乎知能，即理之所由行也。汝若不思，同於土木；

汝若邪思，則為凶咎。思睿作聖，乃知天命。佛氏謂之「法身」，亦曰「慧命」，此純以理言。若夫分段生死，隨氣聚散，佛氏歸之結業。凡愚執為己命者，此乃夭壽無常，安能成位乎其中哉！若透得此關，一生參學事畢。）視極其明，聽極其聰，聲入而心通，物來而自照，此水火相逮之象也。「或默或語」，〈艮〉、〈兌〉之象也。（〈艮〉止，〈兌〉說。）「或出或處」，〈震〉、〈巽〉之象也。（〈震〉起，〈巽〉伏。）「言出乎身，加乎民」，山澤通氣之象也。「行發乎邇，見乎遠」，雷風相薄之象也。（先儒以此為先天八卦，實則以顯用中之體也。）

更以重卦言之，用〈乾〉、〈坤〉則兼〈泰〉、〈否〉。「性其情」者，理主乎內，氣順乎外，則為〈泰〉；反之，則為〈否〉。用〈坎〉、〈離〉亦兼〈既〉、〈未〉。觀乎「重明」、「繼照」，以「化成天下」，所以「與日月合其明」。觀乎「習坎」、「心亨」，以「習教事」，所以以音聲為教體，（教從聞入，習坎也。心聞洞十方，心亨也。）視聽之功也。〈既濟〉「剛柔正而位當」，收視返聽而得其理也。〈未濟〉「不當位而剛柔應」，徇聲逐色而失之外馳也。合〈艮〉、〈兌〉而成〈咸〉。「聖人感人心而天下和平」，言之感以虛受也。合〈震〉、〈巽〉而成〈恆〉，「聖人久於其道而天下化成」，行之久而不易也。下經首〈咸〉、〈恆〉，明人道之應乎〈乾〉、〈坤〉也。故曰「言行所以動天地」，觀其所感、觀其所恆而天地萬物之情可見矣。又觀於兼山而得內外皆止之象，則動靜、語默一如，莫非止也。觀於麗澤而得彼己皆說之象，則主伴相融、機教相感，莫非說也。觀於「洊雷」而得「震來虩虩」之象，則恐懼修省不容已也。觀於「隨風」而得「申命」之象，則重言反復不為贅也。此並通言行言之，故〈艮〉、〈兌〉、〈震〉、〈巽〉皆在下經，其義可見。所以終於〈既〉、〈未〉者，又以示〈坎〉、〈離〉之用有當有不當也。大哉，言行乎，人道之所由立矣！

「帝出乎〈震〉，齊乎〈巽〉，相見乎〈離〉，致役乎〈坤〉，說言乎〈兌〉，戰乎〈乾〉，勞乎〈坎〉」[三]，下又言「萬物出乎〈震〉」，何也？帝者，心也。物者，法也。帝出則物出，猶言心生則法生也。上言心而下言物，心外無物，斷可識矣。「出乎〈震〉」，大用始興也。「齊乎〈巽〉」，萬法森然也。「相見乎〈離〉」，萬物並睹也。「致役乎〈坤〉」，萬物並育也。「說言乎〈兌〉」，感應道交也。「戰乎〈乾〉」，濟於險難也。（陰陽相薄，猶言理欲交戰。聖人示之以「克己復禮」，是猶撥亂反正矣。故曰「我戰則克」。）「勞乎〈坎〉」，歸根復命也。（伊耆氏《蜡辭》曰：「土反其宅，水歸其壑，昆蟲毋作，草木歸其澤。」此言萬物之所歸也。）「成言乎〈艮〉」，終則有始也。此文專顯大用之神，特寄位以明其義。（先儒以此為後天八卦，實則以顯體中之用也。）〈艮〉、〈兌〉明著以言，其餘皆是行攝。又言行並是思攝，萬物並是帝攝，善會可知。又復當知「敬以直內」是用〈艮〉也，「義以方外」是用〈兌〉也。說言則義，成言則敬。「說言乎〈兌〉」是權，「成言乎〈艮〉」是實。開權以顯實，為實以施權。大哉，言行乎，《易》道之所由行矣！

附語

聞說易簡，便以為已得之，談何容易，須知求之實有功夫在。又聞說敬義，亦只是換一種名言，若不實下「直內」、「方外」功夫，濟得甚事？學若不能入德，只是說閒話。

「庸言」、「庸行」，人最易忽，不知此乃是入聖之要門。聖人吃緊為人處，便教汝謹其言行。然不用敬義夾持功夫，開口舉足便錯，如何得相應去？各宜自勘，勿以為老生常談。若於此無入處，亦更不欲饒舌矣。

〈乾〉九四〈文言〉，亦以「進德修業欲及時也」為言。

知是知其義，用是行其道。

理氣合一，方可言至命。

〈震〉、〈坎〉、〈艮〉本〈坤〉體，各得〈乾〉之一爻，則為陽卦。〈巽〉、〈離〉、〈兌〉本〈乾〉體，各得〈坤〉之一爻，而為陰卦。

性以理言，命兼氣言。離五事豈別有個性命？

《論語》四事不言思，知其禮與非禮者即思也。〈洪範〉言貌而不言動，蓋動兼隱顯，行為行事，貌則見於威儀。行、動亦渾言不別。言行對文，言動亦對文。〈繫辭傳〉亦謂之云為。若言心行，則動念即已是行矣。總之思貫四事，視聽言動必與心俱，無心安能視聽言動，故舉言行可攝餘三。

感應之理，所謂誠於此則動於彼，「同聲相應，同氣相求」，各從其類也。佛氏立種性差別，儒家謂之氣類。種性字不妥，不若氣類字用得恰當。言由於其氣之有駁雜，故為理行之礙，因而不一其類。若其氣既一，未有不能應者。〈中孚〉「信及豚魚」，豚魚與人為異類矣，而猶足以孚之，極言其理之一也。此言違應，乃唯責在言邊，聖人欲人務存其感而已。

「榮辱」字須善會。乃就其及人者之有益無益為言，益則為榮，無益則為辱，非以其言之被尊信為榮，被輕賤為辱也。義與《涅槃》言榮枯四倒相似，但彼以滋潤惑業為榮，此則以長善益物為榮，是乃大異。但就其用字絕不同於世俗所計，則有相似處耳。（彼以四榮表凡夫四倒：無常計常、非樂計樂等。四枯表二乘四倒：常計無常、樂計非樂等。）

凡言行既出，雖在一室，實周遍法界，不失不壞。故曰：「三災彌綸而行業湛然。」「一言以為智，一言以為不智。」「君子於其言，無所苟而已矣。」

莊子謂：孔子見溫伯雪子而不言，子路問之，孔子曰：「若夫人者，目擊而道存矣，亦不可以容聲矣。」禪師家謂作家相見如兩鏡交輝，於中無物。（無物謂無影。）於此見得，可知成德之人以言為贅，實無所事於言。凡言皆不得已為未悟者設耳，豈有自貴其言者哉！

以孟子所舉詖淫邪遁格量之，慚是邪，枝是詖，多是淫，遊是詖而兼邪，屈是遁。叛誣由於沉溺、離畔，失在離、陷。疑即蔽，謂障隔。躁即陷，謂沉溺。放蕩失守則是窮也。

「天尊地卑，乾坤定矣。」理為主而氣從之，非定位而何？君是主宰義，藏是翕聚義。若無理為之主，是氣便馳散消失了，成得什麼能？

佛氏轉八識成四智，乃是真成能也。

《參同契》以〈坎〉、〈離〉為〈乾〉、〈坤〉之二用，所謂「坎離匡廓，運轂正軸」。又以納甲定晦朔弦望，以六十卦定火候升降，所謂「朔旦〈屯〉直事，至暮〈蒙〉當受。晝夜各一卦，用之如次序」。彼卻實在能得其用也。

〈坎〉、〈離〉之用亦不專主視聽，用《易》之道亦存乎其人耳。人之視必有所麗，如火之必麗於薪。聽則遠近無隔，如火有然滅明暗。水則不捨晝夜。此《楞嚴》所以贊耳根圓通也。

以〈乾〉一、〈兌〉二、〈離〉三、〈震〉四、〈巽〉五、〈坎〉六、〈艮〉七、〈坤〉八成卦，自然之序。觀之〈震〉、〈巽〉最近，亦相薄之象。「不疾而速，不行而至」者，孰有過於雷風者乎？

〈既〉、〈未〉義亦甚廣，今特取其一義耳，不可執礙。

或以〈序卦〉明言男女、夫婦，今何以言行說之？不知《易》凡言男女，亦猶言陰陽、剛柔，皆象也。如言「乾道成男，坤道成女」，何以下文緊接「乾以易知，坤以簡能」，此與男女何涉邪？〈序卦〉上下經皆言「有天地，然後有萬物」，善會者便知此，是言有理氣然後有動靜，有動靜然後有陰陽，有陰陽然後有剛柔，有剛柔然後有消息、盈虛、往來、上下，有此而後有變化。如〈序卦〉下經一段亦可作如是會。有性情，然後有知能；有知能，然後有德業；有德業，然後有言行；有言行，然後有禮樂；有禮樂，然後仁義乃有以行。（即當禮義有所錯。）是之謂立人之道也。

又〈序卦〉凡言天地者，亦可謂心；凡言萬物者，亦可謂法。法無定相，從心所現，故六十四卦之變化皆統於〈乾〉、〈坤〉。

《丹經》以坎離為夫婦，亦主一身言。禪家立君臣五位，又立父子、賓主之喻，皆主一心言。

故男女、夫婦、父子、君臣、上下，雖不壞世間相，而一心之體用實具如是等相而無遺也。

西北陰盛之地，本非陽位。〈乾〉所以寄位於西北者，以陽勝陰也，其為寄位之義甚明。天下有道，某不與《易》也。自古聖賢應現多在亂世，亦即〈乾〉位西北之理。

自「相見乎〈離〉，致役乎〈坤〉」以下，皆言成物之功。此云「戰」者，乃指力拔群機之陷溺為言，猶佛氏之降伏魔外，非謂起用之後尚有物欲之累也。（「戰乎〈乾〉」注。）

老氏所謂「功成身退，天之道」，佛氏謂之「歸寂」，即八相成道之入涅槃也。（「勞乎〈坎〉」注。）

終則有始，不可作輪迴見。法身、慧命無令斷絕，故有繼紹。薪盡火傳，佛佛道同，聖賢血脈亦復如是。

〈艮〉以一陽止二陰於下，所以為止，不敬何以能止？故「用敬」是用〈艮〉象。〈兌〉以一陰居二陽之上，陰說於陽而為陽所說，故為方外之義。由佛氏言之，便是迴真入俗。敬是般若，義是漚和，亦用〈艮〉、〈兌〉之象也。

說言是方說，成言是說了，應緣已畢也。〈兌〉是有言之教，〈艮〉是無言之教。凡有言說悉皆是權，將此有言底顯那個無言底，無言底方是實也。凡自覺自證境界，不能與人共者，是實行；入鄽垂手，方便濟他者，是權行。然當知權實不二，乃名道也。聖人之道、《易》之道皆寄於言行。凡夫、小人亦有其言行，則為凡夫、小人之道。《易》之為教，正在簡去此過，使與聖人同得同證而已，非有他也。如此，言行焉得不審！

辨小大

〈繫辭傳〉曰：「齊小大者存乎卦，辨吉凶者存乎辭。」「是故卦有小大，辭有險易。」先儒皆以陰陽為小大，如〈泰〉曰「小往大來」，〈否〉曰「大往小來」，義最易見。卦之以小大名者，如〈小畜〉䷈「柔得位而上下應之」，以陰畜陽，所畜者小，故為小畜。〈大畜〉䷙「剛上而尚賢」，能止乎健，大而正，所畜者大，故為大畜。〈小過〉䷽「柔得中」，「剛失位而不中」，「可小事」，「不可大事」，故為小者過。〈大過〉䷛「剛過而中」，「本末弱」，陰衰之象，故為大者過。〈大壯〉䷡「剛以動」，故為大者壯，又曰「大者正」。〈大有〉䷍「柔得尊位大中，而上下應之，其德剛健而文明」，故曰大有。（〈小畜〉亦柔得位而上下應之，然非尊位，又不中，故無大義。可以畜眾而不能有眾也。）〈臨〉䷒「大亨以正」，「剛浸而長」也。〈觀〉䷓「大觀在上」，「下觀而化」也。〈豐〉䷶「明以動」，故致豐大。（〈象〉曰：「『王假之』，尚大也。『勿憂，宜日中』，宜照天下也。」）〈旅〉䷷「止而麗乎明」，故曰「小亨」。大小之義以是推之，聖人之意可見矣。（凡言「大吉」、「大亨」、「道大光」、「志大行」、「利見大人」、「利涉大川」，皆指陽爻言之。程子上下篇義曰：「卦以陽盛者居上，陰盛者居下。」所謂盛者，或以卦，或以爻，取義不同。如〈剝〉以卦言，則陰長陽剝也；以爻言，則陽極於上，又一陽為眾陰主也。〈大壯〉以卦言，則陽長而壯；以爻言，則陰盛於上。用各於其所，不相害也，此亦當知。）六十四卦，三百八十四爻，剛柔雜居，陰陽各得其半，是齊也。齊則曷言乎小大也？為其有雜焉，

（〈坤・文言〉曰：「玄黃者，天地之雜也。」〈繫辭傳〉曰：「物相雜，故曰文。文不當，故吉凶生焉。」又曰：「剛柔雜居，而吉凶可見矣。」）故形為小大。小大者，擬之之辭也。「天尊地卑，乾坤定矣。卑高以陳，貴賤位矣。動靜有常，剛柔斷矣。方以類聚，物以群分，吉凶生矣」，如是則小大不齊矣。以陽統陰，貴大賤小，然後不齊者乃可得而齊也。〈復〉陽尚微，則曰「復小而辨於物」，猶以為小也。〈姤〉陰始生，而曰「女壯，勿用取女」，戒其浸盛也。（〈復〉初九、〈姤〉初六，當與〈乾〉、〈坤〉初爻義合看。）損〈泰〉之九三以益於上，則為〈損〉䷨，是由〈泰〉而始衰。損〈否〉之九四以益於下[四]，則為〈益〉䷩，是由〈否〉而始盛。故曰「損益，盛衰之始」，盛衰猶小大也。損益之道，齊之義也。（〈泰〉、〈否〉以內外言，〈損〉、〈益〉以上下言，各有取義。）次〈復〉以〈無妄〉䷘，「剛自外來，而為主於內」，則曰「大亨以正，天之命也」。次〈姤〉以〈萃〉䷬，曰「順以說」，「利見大人」，「聚以正也」，「『利有攸往』，順天命也」。（〈无妄〉「不利有攸往」，彖曰：「無妄之往何之矣？」言有往則妄也。而在〈萃〉則有往，吉。此可對看。）兩卦皆取剛中而應，而一則曰「天之命」，一則曰「順天命」，其義不同，亦所以齊之也。如是以觀，則小大之義為辭之所未及者，亦可得而知矣。然聖人歎大斥小之言隨處可見，亦不僅繫於卦。知卦有小大，則知道有小大。《論語》曰：「雖小道，必有可觀者焉，致遠恐泥。」而《易》之為書，乃所以「探賾索隱，鉤深致遠」者也。故曰：「其道甚大，百物不廢。」又曰：「夫《易》廣矣大矣。」大哉，《易》之為書也。故學《易》者絕不可自安於小。《易》道本大，從而為之說者乃反小之，是不可以不簡也。今先明大之為義，更約十種大以引申聖人歎大之教。欲顯大義，略說有十重：

一、大是周遍義，舉一全該故。

二、大是包蘊義，含攝無盡故。

三、大是自在義，隨時變易故。

四、大是無礙義，通而不睽故。

五、大是無盡義，為物終始故。

六、大是無方義，無有遠近故。

七、大是無為義，感而恆寂故。

八、大是不測義，兩在不二故。

九、大是即物義，與物為體故。

十、大是無我義，虛中而應故。

此十重義若欲分疏，將嫌辭費，故但略舉，以俟善會者思之。又當知：不易，故大是顯其理之常也。真常絕待，故非「斷」，即當於佛氏之言「體大」。變易，故大是顯其氣之變也。緣起無礙，故非「常」，即當於佛氏之言「相大」。簡易，故大是顯其用之神也。於不易中示變易，於變易中見不易。「不捨一法，不立一法」，乃許「隨處作主，遇緣即宗」。「言滿天下無口過，行滿天下無怨惡」，雖大用繁興而其體恆寂，是故「可與酬酢，可與祐神」，即當於佛氏之言「用大」。若於此理而不能契，是猶自安於小也。

學《易》直是難言。蓋在聖人得之則為妙用，在凡愚執之即成死法。此賢首所謂微言滯於心首，轉為緣慮之場，實際居於目前，翻成名相之境也。嘗謂二氏之學實能於費中見隱，故當為《易》教所攝。彼其言有失之者，則私小之惑猶存耳。然此是微細所知愚未盡，亦非凡夫粗執所能夢見。若夫善言大者，老、莊亦不易幾也。老子之言道也，曰「吾強為之名曰大」，（「寂兮寥兮，獨立而不改。」）是顯「體大」也；「大曰逝，逝曰遠」，（周行而不殆。）是顯「相大」也；「遠曰反」，（歸根復命。）是顯「用大」也。又言「大音希聲，大象無形」，「大道甚夷，而民好徑」，是皆有得於易簡者。莊生之言，浩瀚有近於奢而實善言大，文多不煩具引，但舉其一語，曰「不同同之之謂大」，（〈天地〉篇。）豈非《華嚴》同異一相之旨乎？大抵老、莊皆深於《易》，而不能無失。「潔靜精微」，則佛氏圓頓之教實有之，非必其出於《易》之書也。若謂此非《易》教所攝，是《易》道有所遺而不備矣。然此非執言語、泥文字者所能領會，今亦未遑料簡，所以及此者，以見非遊心於玄義，殆不足以知《易》道之大耳。

十種大者，一曰「教大」，（教是能詮。）二曰「理大」，（理是所詮。）三曰「德大」，（德是能證。）四曰「位大」，（位是所證。）五曰「人大」，（人是成己之仁。）六曰「業大」，（業是成物之智。）七曰「時大」，（所遇之時。）八曰「義大」，（隨時之用。）九曰「器大」，（器即萬物之總相。）十曰「道大」，（道即實理之顯現。）向下別釋。

附語

〈繫辭傳〉曰：「齊小大者存乎卦，辨吉凶者存乎辭。」「是故卦有小大，辭有險易。」此段文未具引，據全段看，絕不是說卦變。下文曰：「辭也者，各指其所之。」舊說為之卦之之，恐未然。之猶往也。或之吉，或之凶，是明失得二報亦即迷悟二途、善惡二趣也。在本節即是貴賤二位。不然，則「憂悔吝者存乎介，震無咎者存乎悔」都無著處。所以說言象、言變、言失得、言小疵、言補過皆以心言，假卦象以顯此心之象耳。（心外無卦，心外無象。）陰陽、小大取義亦非可刋定。如〈乾〉、〈坤〉相望，則〈乾〉大而〈坤〉小。六子望〈乾〉、〈坤〉，則〈乾〉、〈坤〉為大而六子為小。六子相望，則〈坎〉、〈離〉為大而〈震〉、〈巽〉、〈艮〉、〈兌〉為小，以〈坎〉、〈離〉為陰陽之中也。又三男為大，三女為小。以六十四卦言之，則八純卦為大，其餘皆為小。以上下篇分言之，則陽盛之卦居上篇，陰盛之卦居下篇。（詳見程子〈上下篇義〉。）以每卦之義言之，則又以陽爻為主者為陽卦，陰爻為主者為陰卦。其大小之義亦不可刋定，如〈復〉一陽則為小，〈臨〉二陽則為大，〈同人〉、〈大有〉皆以陰爻為主而俱有大義。以是推之，可知自人言之，則性是陽大，習是陰小，氣之順乎理者為大，其拂乎理者為小也。

「陽卦奇，陰卦耦」是指〈乾〉、〈坤〉，「陽卦多陰，陰卦多陽」是指六子，說「一君而二民」，「二君而一民」亦是假象。在人則性為君，為陽；習為民，為陰；志氣為君，為陽；形體為民，為陰。然不可竟以三男為君子，三女為小人也。

「明以動」是自證發用，故大。「止而麗乎明」是依他，故小。然必利貞，正知正見猶曰「小亨」，若其非正，亦非麗乎明之象矣。

〈序卦〉言「窮大者必失其居」，又是一義。

朱子曰：《太玄》八十一首，「七百三十贊，乃三百六十五日之晝夜。晝爻吉，夜爻凶」，「此可為典要之書也。聖人之《易》則有變通，如此卦以陽居陽則吉，他卦以陽居陽或不為吉；此卦以陰居陰則凶，他卦以陰居陰或不為凶。此所以不可為典要〔之書也〕」。

〈蒙〉雜而著，「山下有險」是雜，止之以正是著。

〈恆〉雜而不厭，「雷風相與」是雜，「剛柔皆應」是恆。

〈繫辭傳〉曰：「《易》之為書也，原始要終，以為質也。六爻相雜，唯其時物也。」上句明彖，下句明爻。「原始要終」則雜者齊矣。「彖者，才也」，才即是質。卦生於初，窮於上，一卦有一卦之始終，六十四卦有六十四卦之始終。

虞仲翔[1]《卦變圖》以一陰一陽之卦各六，皆自〈復〉、〈姤〉而變；二陰二陽之卦各九，皆自〈臨〉、〈遯〉而變；三陰三陽之卦各十，皆自〈泰〉、〈否〉而變。唯〈中孚〉、〈小過〉為變例。凡變卦皆從〈乾〉、〈坤〉來是也。但須知一念之動即是變，不必定要占損益，由泰否來。是用朱子發

---

1 指虞翻。虞翻（一六四－二三三），字仲翔，三國東吳經學家與政治家。其曾為《周易》、《老子》等書作注，為漢《易》的集大成者。

說即本自虞氏也。又詳上經從〈乾〉、〈坤〉至〈泰〉、〈否〉十二卦，下經從〈咸〉、〈恆〉至〈損〉、〈益〉亦十二卦，知〈否〉、〈泰〉為反其類，則知〈損〉、〈益〉為盛衰之始。〈禮〉之「釋回增美」，〈學〉之「長善捄失」，皆〈損〉、〈益〉之義也。〈損〉、〈益〉之義即「裁成」、「輔相」之道，是所以齊其不齊也。

老、莊皆善言損益。老子曰：「為學日益，為道日損。損之又損，以至於無為。無為而無不為。」是為損其習惑至於都盡，則道自顯也。故又曰：「故物或損之而益，或益之而損。」今人不知增上習氣為非，正是益其所當損，習氣為主於內，則成〈否〉矣。反之而能損其習氣以至於盡，則理為主於內而氣順於外，則成〈泰〉。聖人特重其始，故於〈雜卦〉發此義。

上經之〈剝〉、〈復〉是觀天行以示教，下經之〈夬〉、〈姤〉是因人事以示教。「〈夬〉，決也，剛決柔也。君子道長，小人道憂也」，明明是由人決之。決之也者，自決之也。然天人亦不可一向分說，如〈否〉、〈剝〉明言小人道長，但陰盛之時自有此象。

復則〈無妄〉，故直曰「天之命」。〈無妄〉，誠也。更不可往，往則雜於氣矣，故曰「其匪正有眚」。〈萃〉，聚也。謂氣聚以正，說於理，故「利有攸往」。氣往，順於理也，故曰「順天命」。「探賾索隱，鉤深致遠」，下文曰：「定天下之凶吉，成天下之亹亹者，莫大乎蓍龜。」不善會者，遂謂此為蓍龜之事，於人無與。不知下文言〈乾〉、〈坤〉「德行恆易、簡」，「以知險、阻」下，亦有此兩句，則是屬之〈乾〉、〈坤〉。若不是人法乾坤，則乾坤又於人何與？此皆以《易》為遠也。

今俗久不用蓍龜，不成《易》，遂於人無用。故象山謂蓍龜只在人底身內，真善學《易》者。若學《易》只顧說蓍龜，又濟得甚事？蓍龜在聖人用之則大，今人用之則小。

「其道甚大，百物不廢」，此文下曰「懼以終始，其要無咎，此之謂易之道也」，須著眼。

「太極生兩儀」一章，《啟蒙》原卦畫用邵子說，為自然之序，胡東樵硬說是揲蓍，不是畫卦。今無蓍可揲，不成卦也。沒了太極，兩儀亦併消失，成何道理？

古人淳厚質樸，故重卜筮，其卜筮便靈。國有大事如立儲、建國邑、行師皆卜之。試問今日尚可用否？司馬季主、嚴君平之流[2]亦善說道理，唯管公明、郭景純[3]則只說事，少說理矣。漢武征匈奴，卜之而吉，輪臺一詔乃悔之，自謂計謀、卦兆皆反謬，此何邪？今既不主尚占，則揲蓍之法可以存而不論。

朱子說「聖人視《易》如雲行水流，初無定相」。又曰「聖人道理只在口邊，不是安排來。如三陳九卦，只為上面說憂患，便偶爾拈出此九卦來」。發如此一項道理意思自足。若論處憂患，則〈屯〉、〈蹇〉豈不是處憂患？後人只泥著象數說，卻曉他不得。又謂「『〈乾〉，元亨，利貞』，當初

---

2 司馬季主（生卒年不詳），《史記・日者列傳》獨錄入之；嚴遵（生卒年不詳），字君平，以卜筮為業，史稱「蜀人愛敬」，二人皆為西漢占卜師。

3 指管輅與郭璞。管輅（二〇九－二五六），字公明，三國魏人，聞於卜筮；郭璞（二七六－三二四），字景純，東晉文學家、小學家與方術大師。

卦辭只說『大亨而利於貞』，及孔子便說為四德」。今按《易》在孔子未作《十翼》以前，恐只是卜筮之書。卦辭爻辭本為占用，到孔子便說出許多道理來，亦是《易》之所包蘊，但聖人見之，他人自不見耳。故曰「仁者見之謂之仁，智者見之謂之智，百姓日用而不知」也。

〈文言〉便比象、象說得廣，〈繫辭傳〉中說卦爻象又比象、象說得廣。〈說卦〉、〈雜卦〉每以一字說一卦之義，卻又能以一字攝盡許多義，此豈尋行數墨所能測？

「不捨一法，不立一法，隨處作主，遇緣即宗」四句是禪語，卻合易簡之旨，故借以明之。「不捨」、「不立」只是循天理之自然，不以私意安排。「隨處作主，遇緣即宗」，只是一切處、一切時皆能順理以為氣之主，自己作得主在，便不為氣之所拘，不為物之所轉，到此方有自由分，方彀得易簡。切忌錯會，以有我之私為能作主，如是則是認賊為子也。

「可與酬酢，可與佑神」上面是說揲蓍成卦，然「天下之能事」、「顯道神德行」，及下文「知變化之道者，其知神之所為乎」，皆指人言，不屬蓍草，不關掛扐。若欲從蓍草上覓，轉求轉遠，故嘗謂蓍龜非神，神自人耳。

「不捨」、「不立」四句即是隨時變易以從道也。不得易簡之旨，亦不解如何是變易，如何從道？二氏之失只是執有勝義諦，禪家謂之聖見猶存。在儒者言之，則猶不免於私小。然佛氏在圓頓教中已斥之無餘，老、莊雖觀緣而覺猶住。《涅槃》論見處即真用處，未是。

徑是小路，夷是無險阻。

「不同同之」者，非是強同，理本同而人自異也。「天下何思何慮？天下同歸而殊塗，一致而百慮。天下何思何慮？」此即同異一相，易簡之至也。初機不能驟語及此，以上蔡之資，伊川猶嫌其發得太早，故今只略示其端耳。若於此理不深距者，向後自悟。

釋教大理大

一曰「教大」者。應知聖人言行可為法於天下，皆名為教，不獨被於當年，將以貽於後世，則不得不寄之文字簡策，於是有六藝之書，以為六藝之教。然書非即是教，教之所由寓也。佛氏謂此土以音聲為教體。準此而言，亦可以名言為教體。就六藝言之，《詩》之風、雅、頌，《書》之典、謨、訓、誥、誓、命皆言也；《禮》之喪、祭、射、鄉、冠、昏、朝、聘皆行也；《樂》之五音、十二律、六代之樂皆聲也；《春秋》二百四十年之行事皆事也；《易》之六十四卦、三百八十四爻皆象也。此亦教體也。然《詩》有志焉，《書》有政焉，《禮》、《樂》有本焉，《春秋》有義焉。由前之說是其形體，由後之說乃其所以為體也。在《易》則曰「設卦觀象」，「立象以盡意」，「繫辭焉以盡其言」。若是，則舉《易》之教體固不離卦象，亦不即卦象，而言與意乃其所以為體，而意又言之體也。奇偶是畫，陰陽剛柔是象，往來上下是爻，繫之以辭而後吉凶可見，故必由辭以見意，乃可以明《易》之教體矣。

〈繫辭傳〉曰：「聖人有以見天下之賾，而擬諸其形容，象其物宜，是故謂之象。聖人有以見天下之動，而觀其會通，以行其典禮，繫辭焉以斷其吉凶，是故謂之爻。」（按此文凡兩見。）「極天下之賾者存乎卦；鼓天下之動者存乎辭；化而裁之存乎變；推而行之存乎通；神而明之，存乎其人；默而成之，不言而信，存乎德行。」（凡言存者，謂教體所由寓。）又曰：「八卦成列，象在其中矣。因而重之，爻在其中矣。剛柔相推，變在其中矣。繫辭焉而命之，動在其中矣。凡言『在其中』者，亦謂教體所由寓。吉凶悔吝者，生乎動者也。剛柔者，立本者也。變通者，趣時者也。吉凶者，貞勝者也。天地之道，貞觀者也。日月之道，貞明者也。天下之動，貞夫一者也。夫乾確然，示人易矣。夫坤隤然，示人簡矣。爻也者，效此者也。象也者，象此者也。爻象動乎內，吉凶見乎外，（非指內外卦。）功業見乎變，（非指卦變。）聖人之情見乎辭。」又曰：「言天下之至賾而不可惡也。言天下之至動而不可亂也。擬之而後言，議之而後動，擬議以成其變化。」綜此數段文觀之，應知爻象之所示待辭而後見，辭有險易，即指其所之之吉凶。（險以動，即之凶。易以動，即之吉。之非謂之卦，因其之吉、之凶不同。故指之之辭有險易也。）而是吉凶之所生，皆此心之賾動為之。聖人有以見乎此，故設卦立象而繫辭焉以命之。「擬議以成其變化」，明其「貞夫一者」也。心之變動應乎爻象，因以爻象示教，故不可執爻象為教體，當求之言意。猶因指以見月，不可執指以為月也。（凡言《易》之為書者，喻如指。言易之為道者，喻如月。準此推之。）

次當明教起因緣。〈繫辭傳〉曰：「《易》之興也，其於中古乎？作《易》者，其有憂患乎？」又曰：「《易》之興也，其當殷之末世，周之盛德邪？當文王與紂之事邪？是故其辭危。危者使平，易者使傾。（憂危者，坦夷之由。慢易者，傾覆之漸。此示安不忘危、治不忘亂之旨，非謂辭之險易也。）其道甚大，百物不廢。懼以終始，其要無咎。此之謂《易》之道也。」又曰：「明於憂患與故。無有師保，如臨父母。初率其辭而揆其方，既有典常。苟非其人，道不虛行。」又曰：「其稱名也，雜而不越。於稽其類，其衰世之意邪？夫《易》彰往而察來，而微顯闡幽。（往者雖顯而實微，來者雖幽而可察。推見至隱謂之微顯，本隱之顯謂之闡幽。）開而當名辨物，正言斷辭，則備矣。其稱名也小，其取類也大。其旨遠，其辭文，其言曲而中，其事肆而隱。因貳以濟民行，以明失得之報。」此明教起因緣，兼顯教體之大。聖人吉凶與民同患，其辭不容不危，其情不容不懼。自非衰世，教亦不興，民行無失，何待於濟？故知憂患而作乃是聖人之情。聖人何憂？憂民之自罹於凶咎耳。「鼓天下之動者存乎辭」，教之以「貞夫一」而已矣，豈有他哉？

教體之大，本通六藝言之。如正得失，動天地，感鬼神，《詩》教之大也。恢弘至德，以顯二帝、三王之治，《書》教之大也。樂與天地同和，禮與天地同節，《禮》、《樂》之大也。善善惡惡，賢賢賤不肖，存亡國，繼絕世，補敝起廢，撥亂反正，《春秋》之大也。而《易》以〈乾〉、〈坤〉統禮樂，以〈咸〉、〈恆〉統言行，則《詩》、《書》、《禮》、《樂》之旨在焉。「亦要存亡吉凶，則居可知矣」，則《春秋》之義在焉。故《詩》、《書》、《禮》、《樂》、《春秋》之教皆統於《易》，所以為六藝之原。以六藝別言之，則教體俱大；合言之，則所以為《詩》、《書》、《禮》、《樂》、《春秋》之教體者莫非《易》也。一攝一切，一切攝一。一入一切，一切入一。一中有一切，一切中有一。交參全遍，鎔融無礙。故以《詩》、《書》、《禮》、《樂》、《春秋》望《易》，則又以《易》教為至大也。

二曰「理大」者。言之所寄為教，教之所顯為理。「聖人之作《易》也，將以順性命之理」，上句是教，下句是理。所以言「順性命之理」者，理必順性命故，離性命無以為理故；以理為有外者，不順性命則非理故，理即性命故。聖人言之決定如此，而學者乃以性命為空談，將為理者可求之於外，可由摶量、卜度、安排、計較而成，可從人得，不由己悟，但馳騖辨說便將為證會，不求與行履相應，是不唯不能入理，直不知有性命也。如此，則《易》之為教於人何與焉？故不得其理者不能知《易》教之大也。

〈繫辭傳〉曰：「《易》與天地準，故能彌綸天地之道。仰以觀於天文，俯以察於地理，是故知幽明之故。原始反終，故知死生之說。精氣為物，遊魂為變，是故知鬼神之情狀。與天地相似，故不違。知周乎萬物，而道濟天下，故不過。旁行而不流，樂天知命，故不憂。安土敦乎仁，故能愛。範圍天地之化而不過，曲成萬物而不遺，通乎晝夜之道而知，故神無方而《易》無體。」此一段文是顯「理大」也。應知所謂「天地之道」、「幽明之故」、「死生之說」、「鬼神之情狀」，乃至「範圍天地」、「曲成萬物」、「通乎晝夜」，凡此諸名不厭緟複以申明之者，皆攝於「性命之理」一言而無餘，善思之可解。（此是一句中具三句。朱子曰：「禪家有三句，一、函蓋乾坤句，二、截斷眾流句，三、隨波逐浪句。」聖人言語亦然。如「以言乎遠則不禦，以言乎邇則靜而正」，此函蓋乾坤句也。「〈復〉其見天地之心」，「神也者，妙萬物而為言」，此截斷眾流句也。「〈井〉以辨義，〈巽〉以行權」，只是隨道理說將去，此隨波逐浪句也。今準是推之，如「神無方而《易》無體」，是函蓋乾坤句。「吉凶者，貞勝者也。天下之動，貞夫一者也」，是截斷眾流句。「仰以觀於天文，俯以察於地理」，是隨波逐浪句。何謂「順性命之理」，是一句中具三句，思之。）

又「以體天地之撰，以通神明之德」，「以類萬物之情」，亦數數言之，並是顯「理大」。得意者自不滯於名言，自能觸塗冥會，不煩具引也。

附語

《中庸》三句相望，道為教之所依，性為道之所出，若無此性，道從何來？教從何起？言行與道相應始名為教。而此言行乃本於知能，知能資於乾坤，成之為德業，形之為禮樂，何事而不攝？此所以為大也。

莊子曰：「古之所謂道術者，果惡乎在？」曰：「無乎不在。」曰：「神何由降？明何由出？聖有所生，性也，德也。王有所成，（道也，業也。）皆原於一。不離於宗，謂之天人。（法身德。）不離於精，謂之神人。（般若德。）不離於真，謂之至人。（解脫德。）以天為宗，性。以德為本，道。以道為門，教。兆於變化，謂之聖人。」此與《易》、〈中庸〉相應。

書是形體，教是精神，如形體為精神之所寄。名即文字，言即語言。然言語、音聲為陽，文字只著於竹帛，則為陰。參活句是陽，參死句則是陰。

執言語、泥文字者，不能知教體。

《周禮．大司樂》：「教國子，舞《雲門》、《大卷》、《大咸》、《大韶》《大夏》、《大濩》、《大武》。」此為六樂。《雲門》、《大卷》，黃帝樂。《大咸》，堯樂。《大韶》，舜樂。後三為三代樂。樂最易亡，據《周禮》應具云六律、六同、五聲、八音、六舞，今唯音、律尚可考耳。

「林放問禮之本」，便歎曰：「大哉問！」曾子謂「君子所貴乎道者三」，乃其本也。後世治《禮》者，只了得籩豆之事。

今治《易》者，只在卦象上著倒，不求聖人之意，卦象便成無用。

曰見、曰擬、曰觀、曰行、曰斷，皆有人在。「見」字吃緊，此見若不真，下稍全錯。

說存有六重，前後相望，展轉推責，以求其體，結歸德行。可知專以卦辭為教體者，不能得之也。

上言「鼓天下之動者存乎辭」，今曰動在辭之所命，可知動不是指變占。揲蓍成卦亦由於人，蓍不能自動，凡言居、動皆就人說。

爻象皆以象心。剛柔者，此心之剛柔也。變通者，此心之變通也。

得於易簡，則「貞夫一」矣。乾坤所示乃是無言之教。爻者，效此。象者，象此。正顯示教體。

「動乎內」者，幾也。「見乎外」者，應也。因變以成業，寄辭以達情，皆聖人不得已之事。

「初辭擬之，卒成之終」。「辭擬之」者，謂來者可知也。見微而知其著，見始而知其終，故曰

「卒成之」，言不相違也。議如議獄緩死之議，據理而定之之意。擬議不是未定之辭，變化由此而成，故聖人言動並是教體。

君子易其心而後慮，安其身而後動，則所之皆吉矣。

「原始要終，以為質」一段，唯「其初難知，其上易知」及下文「二與四、三與五同功而異位」是說爻位，其餘「始」、「終」字皆非以一卦言。舊解為「六爻相雜」及「非其中爻不備」二語所礙，遂俱說成卦爻，而於首句「《易》之為書也」一語反忽之。理會文字，直是不易。

明如是為吉，如是為凶，所謂擬議也。「憂悔吝」、「震無咎」，所以成變化也。吉凶既定，則不可以變矣。佛氏謂之「定業難迴」。

據此所說教起因緣，可知《易》在上古只是卜筮之書，卦辭、爻辭亦不定為何人所作。如必以屬之文王、周公，則孔子何不明言之，而為是疑辭邪？〈明夷〉六五爻辭有「箕子之明夷」，則必在箕子之後無疑，說為「荄滋」者無義。（《釋文》引趙賓語。）〈彖傳〉明言「內文明而外柔順，以蒙大難，文王以之」，「內難而能正其志，箕子以之」，此正與「殷之末世、周之盛德」文相應，乃是假文王、箕子之事以明卦爻之義耳。孔子以前《易》只掌於太卜，未以為教也，故《易》教實自有《十翼》而後大。文王演《易》不能強為之說，恐亦是觀象、玩辭而已。

上言「不可為典要」，明屢遷之情在人也。此言「既有典常」，明辭之所指吉凶之理不可易也。「率其辭」則能知《易》，「揆其方」則能用《易》。非其人，《易》道亦何由行？「道不虛行」者，即「人能弘道，非道弘人」之意。

開之為言顯示也。肇公云：「名有召物之功，物無應名之實。」蓋物非名也。名者，所以辨物而不即是物，故不可執，執則成礙。「正言斷辭」，正辨物之功也。言、辭皆名也。此與「依義莫依文」相似。物是以其義言之，名是指文字。名是名字，類是義類。二句指象。旨是意，辭是言。「曲而中」故文，「肆而隱」故遠。變言事者，意之所顯是事也。

佛氏之教有小大偏圓，中土聖人六藝之教唯大無小，唯圓無偏。教相本大，機則有小，以大教被小機則成為小，故簡小歎大亦是權說。

〈乾．文言〉於上九發其義曰：「『亢』之為言也，知進而不知退，知存而不知亡，知得而不知喪。」「知進退、存亡而不失其正者，其唯聖人乎。」又於〈坤〉之初六發其義曰：「臣弒其君，子弒其父，非一朝一夕之故，其所由來者漸矣。由辯之不早辯也。」此《春秋》之所為作也。

《詩》、《書》多言「帝」、「天」。《易》多言「性命」。說《禮》、《樂》亦多言「性命」，多言「理」。六藝之旨約歸於此，會者自知。

乾元是性，坤元是命，合德曰人。資始者理，資生者氣，總為一理也。切忌隨語生解，作二元會。

老子不言「性命」，而言「天道」，言「常」。莊子多言「性命」。佛氏多言「性」，少言「命」。

治經仍是「窮理盡性至命」之學。儒者不明「性命」之理，絕不能通六藝。而二氏之徒乃盛談「性命」，末流滋失。於是治經者乃相戒不談「性命」，棄金擔麻，買櫝還珠，莊子所謂「倒置之民」

也。（〈繕性〉篇云：「滑欲於俗思以求致其明，謂之蔽蒙之民。」「喪己於物，失性於俗〔者〕，謂之倒置之民。」此篇在《莊子》為最醇。蓋亂其心於欲而役思以求明者，其蔽益甚，所謂去性而從於心也。郭云：「營外虧內，其置為倒。」崔云：「逆其性命而不順為倒。」二注並精。）

或疑既云作《易》因於憂患，何以言「樂天知命故不憂」？是二義相違。按《列子．仲尼》篇孔子語顏回曰：「若奚獨樂？」回曰：「夫子奚獨憂？吾昔聞之夫子曰『樂天知命故不憂』，回所以樂也。」孔子憮然曰：「汝徒知樂天知命之無憂，未知樂天知命有憂之大也。」文繁不具引。禦寇雖寓言，卻答得此問不失。

「《易》與天地準」此一段文約《易》之義趣都盡。有一句相應則分證，全相應則全證，證此理者便謂之德。故曰「窮神知化，德之盛也」。故先舉「理大」，次言「德大」。應知天地者，吾心之天地也；萬物者，吾心之萬物也；幽明者，吾心之幽明也；生死者，吾心之生死也；鬼神者，吾心之鬼神也；晝夜者，吾心之晝夜也；神是吾心之神；《易》是吾心之《易》：此之謂「性命之理」。與此理相應為順，不相應則違。順此理則人道可得而立，違則「《易》不可見」而「乾坤或幾乎息矣」。

「天地之撰」是無為，是至誠；「神明之德」是智照；「萬物之情」只吉凶二途。（吉凶以情遷。）崔伯玉撰〈張衡碑〉[4]云：「數術窮天地，制作侔造化。」人之思慮必極淵微，方可以通神明、

4 全名〈河間相張平子碑〉，東漢崔瑗（七八－一四三，字子玉，文中伯玉應為訛誤）撰。張衡（七八－一三九），東漢文學家與科學家，「渾天儀」與「地動儀」的發明者。

體天地而類萬物，否則不能契理，於《易》何有哉？

佛氏所謂般若氣分，亦必「潔靜精微」乃能至之，故與《易》教相應，散心安能學《易》乎？

欲知《詩》教之大者，看《詩．大序》。四始皆大義，如《春秋》之元也。不分〈風〉、〈雅〉〈頌〉，不分正變，能見其大，方為知《詩》。〈詩教諸論〉已略說。至〈風〉、〈雅〉相望，亦可分小大。〈序言〉言「以一國之事，繫一人之本，謂之〈風〉；言天下之事，形四方之風，謂之〈雅〉」，是〈雅〉望〈風〉則〈雅〉為大。政有小大，故有〈小雅〉焉，有〈大雅〉焉。〈雅〉中又以〈大雅〉為大，觀〈鹿鳴〉、〈文王〉便可見。〈頌〉者，美盛德之形容，以其成功告於神明，又比〈雅〉為大。（以下七節釋教大，通六藝。）

〈小雅〉盡廢則四夷交侵，中國微矣。《詩》之有繫於國本如是。《詩》教之失雖已久，然其遺澤猶有存者，俗之近厚者是。觀今世新文化運動愈盛，而夷狄之禍愈亟，亦此理也。蓋人心益偷，風俗益薄，自然感召如此。

欲知《書》教之大，看《論語》稱「大哉堯之為君，唯天為大，唯堯則之」，「巍巍乎，舜、禹之有天下也，而不與焉」，「禹，吾無間然」，謂《韶》「盡美」、「盡善」，《武》「未盡善」，聖人之意可知。故〈虞書〉望夏、殷、周之書，則〈虞書〉為大。三代相望，又以夏為大。秦穆霸者而錄其言，為其近於王也。帝王皆大，霸則小。

《禮》、《樂》教中歎大之言尤多。八禮皆大，於中喪、祭為大。祭禮之中又以郊、社、禘、嘗為大。看〈禮運〉、〈樂記〉、〈郊特牲〉、〈祭義〉、〈祭統〉、〈哀公問〉諸篇，皆就大之為義發揮可見。如〈中庸〉「仁者，人也。親親為大。義者，宜也。尊賢為大」，〈哀公問〉「人道政為大」，「古之為政，愛人為大。所以治愛人，禮為大。所以治禮，敬為大。敬之至矣，大昏為大，大昏至矣」，「愛與敬，其政之本歟」，層層推勘，皆顯大也。如此推之可知，不煩具引。

又《周禮．大宗伯》「以凶禮哀邦國之憂，以喪禮哀死亡，以荒禮哀凶札，以弔禮哀禍災，以禬禮哀圍敗，（鄭注「同盟者，合會財貨以更其所喪。如《春秋．襄三十年》『冬，會於澶淵，宋烖〔故〕』是其類」。疏謂「合貨財以濟之」，左氏云「謀歸宋財」是也。〈大行人〉云：「致禬以補諸侯之災。」〈小行人〉亦云：「若國師役則命犒禬之。」按此乃諸侯禮，今國際間寧復有是？）以恤禮哀寇亂，以賓禮親邦國」，「以軍禮同邦國」，「以嘉禮親萬民」，皆本於愛敬之所施也。是即無緣慈同體大悲之見於行者。

又〈大司樂〉「以樂德教國子，中、和、祗、庸、孝、友。以樂語教國子，興、道、諷、誦、言、語」，（鄭注：「興者，以善物喻善事。道讀曰導。言古以剴今也。倍文曰諷。以聲節之曰誦。發端曰言。答述曰語。」按此即指樂歌。「詩言志，歌永言」，凡言可被於聲律者皆攝之。）其下方言「以樂舞教國子，舞《雲門》、《大卷》」云云，是樂德、樂語先於舞也。此並是樂體。至樂之為用，則曰「以六律、六同、五聲、八音、六舞大合樂，以致鬼神示，（示即祇字。）以和邦國，以諧萬民，以安賓客，以說遠人，以作動物」。（作為感之。）又曰：「一變而致羽物及川澤之示。再變而致羸物及山林之示。三變而致鱗物及丘陵之示。四變而致毛物及墳衍之示。五變而致介物及土示。六變而致象物及天神。」（象物謂有象而無形。）故又曰：「七變而天神降。八變而地示出。九變而人鬼亨。」[五]此樂教之大，尤顯法界一性之義，非精思恐難喻，不更舉。

《春秋》之大，學者習聞，廣說難盡，故略之。

釋德大位大

三曰「德大」者。已明教之所顯該攝於一理，得此理者名之為德。德之為言得也。乾得之而為健，坤得之而為順，人資於乾坤而得之為易簡。故曰「易簡而天下之理得」，又曰「易簡之善配至德」也。（至德即乾坤健順之德。「易簡之善」，則以人之得於乾坤者言之。）

「陰陽合德，而剛柔有體」，何謂也？陰陽，氣也。理行乎其中乃謂之道，則陰陽皆正矣，故曰「合德」。剛柔，質也。理位乎其中而為之體，則剛柔皆善矣，故曰「有體」。（剛柔者，立本者也。體立故曰本。）在人得之為仁義之德，行之為仁義之道。故理得而後有德之名，德著而後有道之名，行成而後有業之名。理與德默而自證，故屬乾知，成己性也；道與業行而後見，故屬坤能，成物命也。

「知崇禮卑，崇效天」，「自強不息」，所以成己也；「卑法地」，「厚德載物」，所以成物也。坤順承天，故命必根於性，業必出於德，物必會諸己。乾坤合德，性命一原，物我一體。知天地為萬物之總名，則知人為天地之合德。會萬物為自己者，乃與天地同其大矣。

「體仁足以長人」者，以人為體也。「體物而不可遺」者，以物為體也。「體天地之撰」者，以天地為體也。乾健坤順，乾剛坤柔，兼之為合德，同之為有體，此所以為大也。

語乾之德則曰「元亨利貞」，語坤之德則曰「直方大」，語人之德則曰「仁禮義智」，或曰「中正仁義」，一也。三即一，故曰「合德」；一即三，故曰「有體」。（「坤至柔而動也剛」，直其正也。「至靜而德方」，方其義也。直是元亨，方是利貞，合之故大。在人則為「敬義立而德不孤」。「君子體仁足以長人」，仁也。「嘉會足以合禮」，禮也。「利物足以和義」，義也。「貞固足以幹事」，智也。「君子行此四德者，故曰：『〈乾〉，元亨，利貞。』」君子者，體〈乾〉之人也，用《易》之人也。〈文言〉於〈乾〉之六爻明曰君子，曰大人，曰聖人，曰賢人，其稱龍德、君德、天德皆指人，言人而合於天者也。人之德即天地之德，人之心即天地之心。人而不能與天地合其德者，謂之「小人」，甚則謂之「匪人」。然則舍人而言《易》，其不足以知《易》明矣。）

六十四卦大象皆示人以修德之事，一一具言之，則為六十四種德相，而皆統於〈乾〉、〈坤〉，俱攝於易簡，所謂總該萬德，不出一心也。又於九卦發其例曰：「〈履〉，德之基也。〈謙〉，德之柄也。〈復〉，德之本也。〈恆〉，德之固也。〈損〉，德之修也。〈益〉，德之裕也。〈困〉，德之辨也。〈井〉，德之地也。〈巽〉，德之制也。」善會者，餘卦皆可準此推之。

以性、修二德言之，則「元亨利貞」、「仁禮義智」是性德，「敬義」、「直方」是修德。又「元亨」是性德，「利貞」是修德。「仁義」是性德，「禮智」是修德。亦可「仁智」是性德，「禮義」是修德；唯「仁」是性德，「義禮智」俱是修德。全性起修，故乾統坤。全修在性，故坤承乾。乾坤合德，故性修不二也。性德必易，仁智也；修德必簡，敬義也。性德親而久，純乎德者也；修德有功而大，兼乎業者也。「窮理盡性以至於命」，亦兼性、修言之。（曰窮、曰盡、曰至，皆修也。曰理、曰性、曰命，皆性也。聖人之教皆因修以顯性，不執性以廢修。）

「天地之大德曰生」，又曰「生生之謂易，成象之謂乾，效法之謂坤」，何謂也？曰：本隱以之顯曰生。（未生不是無，既生不是有，故橫渠曰：「大《易》不言有無，言有無者，諸子之陋也。」孔穎達《尚書正義》曰「萬物之生從微至著」，亦頗得此意。）謂之生者，雙離斷常故，蓋常則不生，（既常矣，又何生焉。）斷亦不生。（既斷則不更生。）消息盈虛，天行也，變易故非常；天地之道，恆久而不已也，不易故非斷：以是二義，故「生」義得成。「原始」則無始而成始，「要終」則無終而成終。終則有始，故不常亦不斷也。成始乃所以成終，成終乃所以成始。如晝之終即夜之始，寒之終即暑之始，惑之終即智之始。始終同時，迎之不見其首，隨之不見其尾。就其隱者言之，則謂之寂；就其顯者言之，則謂之生。成象之謂乾，效法之謂坤，理之顯者也。故曰「乾坤毀則無以見《易》」，「生生之謂易」，則於顯中見隱，於氣中見理，於變易中見不易。夫然後「至賾而不可惡，至動而不可亂」，而易簡之理得矣。

四曰「位大」者。〈繫辭傳〉曰：「天下之理得，而成位乎其中矣。」〈乾〉之〈彖傳〉曰：「大明終始，六位時成，時乘六龍以御天。乾道變化，各正性命。」明非專指五之尊位而言。〈乾〉九三〈文言〉曰：「知至至之，可與幾也。知終終之，可與存義也。是故居上位而不驕，在下位而不憂。」上九〈文言〉曰：「貴而無位，高而無民，賢人在下位而無輔，是以動而有悔也。」〈謙〉之九三〈繫傳〉曰：「勞而不伐，有功而不德，厚之至也。」語以其功下人者也。德言盛，禮言恭。謙也者，致恭以存其位者也。夫三非上位也，上非下位也，何以聖人之言不定若此？是知「列貴賤者存乎位」，非剋定以爻位言之，而以三畫以下為地，四畫以上為天；或以初、二為地，三、四為人，五、上為天；或以初為元士，二為大夫，三為三公，四為諸侯，五為天子，上為宗廟：皆不可以泥也。《乾鑿度》曰「方盛則託吉，將衰則寄凶，陰陽不正謂之失位」，似矣。然〈繫傳〉又曰：「二與四同功而異位。其善不同，二多譽，四多懼，近也。」「三與五同功而異位。三多凶，五多功，貴賤之等也。」其下又曰：「柔之為道，不利遠者。」「其柔危，其剛勝邪。」則其所謂遠近、貴賤者，又專以剛柔言之，是知凡言位者皆寄也。「帝出乎震」，言八卦方位亦寄也。「飛龍在天」，乃位乎天德。「變動不居，周流六虛」，〈乾〉元用九，天德不可為首。〈未濟〉雖不當位而剛柔應，其故何邪？「若夫雜物撰德，辨是與非，則非其中爻不備」，不定以陰居陰、以陽居陽始為當也。「乾坤成列，而《易》位乎其中」，（立即位字。）六十四卦，其陽爻皆乾也，其陰爻皆坤也，是謂「乾坤成列」也。其為一卦之主者，必其得乎乾坤之一德者也。王輔嗣曰：「眾不能治眾，治眾者，至寡者也。動不能制動，制天下之動者，貞夫一者也。」故六爻相錯可舉一以明也，剛柔相乘可立主以定也。少者，多之所貴；寡者，眾之所宗。非易簡之德，則何以繁而不憂亂，變而不憂惑邪？故「天地之大德曰生，聖人之大寶曰位」，「理得而成位乎其中」，失德則失位。所謂「貴賤之等」

者，乃在德而不在位也。乾曰「大生」，坤曰「廣生」，乾曰「日新」，坤曰「富有」，是知位大者位乎其德也。德大故位大，其義明矣。（餘義「人大」中說。）

附語

老子曰「天得一以清，地得一以寧，神得一以靈，谷得一以盈，萬物得一以生，侯王得一以為天下貞」，亦是。但下言「天無以清，將恐裂；地無以寧，將恐發；神無以靈，將恐歇；谷無以盈，將恐竭；萬物無以生，將恐滅；侯王無以貞，將恐蹶。故貴以賤為本，高以下為基」，意思便差了。

若廣說亦可言震得之而為起，艮得之而為止，坎得之而為雨之潤，離得之而為日之明，巽得之而為風之散，兌得之而為澤之說。

莊子亦謂道「可得而不可見」，「狶韋氏得之，以挈天地；伏戲得之，以襲氣母；維斗得之，終古不忒；日月得之，終古不息」云云，亦有見於此，但以下說得太奢。（〈大宗師〉。）

〈坤〉六五〈文言〉曰：「黃中通理，正位居體。」「居體」即立本義。

仁體剛而用柔，義體柔而用剛。仁義相望則仁為體，義為用；仁為陽，義為陰。仁義之中又分體用、陰陽。德是體之名，道是用之名。德與道又自有其陰陽。

成己可以自至，成物則須待緣。物我一體，成物元是性分內事，但物之氣有不齊，不得不謂之命。然聖人盡性至命，故知其不可而為之。

孟子曰：「仁之於父子也，義之於君臣也，禮之於賓主也，知之於賢者也，聖人之於天道也，命也，有性焉，君子不謂命也。」上言「目之於色，耳之於聲」四句，明明是氣而曰「性也，有命焉」，此「命」字是以理言。下言「命也，有性焉」，此「命」字是以氣言。

理無差別，氣有差別。性是物我所共，命乃萬有不齊，氣質之性亦是命。聖人會萬物為自己者，不唯因其一理，故即此不齊之氣亦是一氣也。

莊子曰「忘己之人，是之謂入於天」，（〈天地〉。）「忘」字有病。莊子每好言忘，聖人只說盡己。

臨濟曰：「佛者，心清淨是；法者，心光明是；道者，處處無礙淨光是。」此語亦諦。彼所謂佛，當此所謂理，法當德，道即行業也。

中是禮，正是智。

坤之直方即乾之直專。翕是坤德，闢是乾德。「其動也闢」，是與乾合德。在人則是氣之動順乎理，而理氣合一也。

質言之則乾是性德，坤是修德。全性起修，故於乾亦示修德。如初九言「不易乎世，不成乎名」，九二言「庸言之言，庸行之謹」，九三、九四並言「進德修業」。全修在性，故於〈坤〉六二言「不習無不利」，六五言「正位居體」，亦顯示此為性德。性修不二，即是體用一原，顯微無間，乾坤合德，志氣如神也。

莊子實有執性廢修之弊，禪師家末流亦然。此病最誤人。如〈田子方〉篇設為老聃告孔子之言曰：「水之於汋也，無為而才自然矣。至人之於德也，不修而物不能離焉。若天之自高，地之自厚，日月之自明，夫何修焉？」此便是執性廢修之言。

《燈錄》，南岳參六祖，祖問：「甚麼處來？」曰：「嵩山來。」祖曰「甚麼物？恁麼來？」師無語。遂經八載，忽然有省，乃白祖曰：「某甲有個會處。」祖曰：「作麼生？」師曰：「說似一物，即不中。」祖曰：「還假修證否？」師曰：「修證則不無，污染即不得。」祖曰：「只此不污染，諸佛之所護念，汝既如是，吾亦如是。」「污染即不得」是性德，「修證則不無」是修德，禪家末流往往有執性廢修之病。

莊子曰「自本、自根，未有天地，自古以固存。神鬼、神帝、生天、生地」，似有見於生者，而又言外生則不是，生不可得而外也。世俗執分段生死為生，則是執一漚為全海。此如電光石火無可把捉，未得謂之生也。善言生者，當知生不是常，亦不是斷，通三世、古今、十方、萬類，皆此生理之所充徧，而專言人生者，井鼃夏蟲之見也。

又質言之，生即是變。所以生者乃是不變。此以生之理言，故曰「天地之大德」。所以成變化而行鬼神，即此生之理。

佛氏言諸法不自生、不他生、不共生、不無因生，是故說緣生。緣生之法，生則有滅。生唯緣生，滅唯緣滅，故彼之言生乃仗緣託境，無自體性。《易》之言生則唯是實理，故不可以生為幻。此與佛氏顯然不同。然不常、不斷義則甚諦，故不得遺之。漢儒說「性者生之質」，只見得氣質之性，若改作生之理則是也。佛氏實能見性，然其說生多是遮詮，故不可盡用。《易》教唯用表詮，不用遮詮。學者當知遮則以生為過咎，表則顯其唯是一真也。

〈繫傳〉開篇便言「天尊地卑，乾坤定矣。卑高以陳，貴賤位矣」。此見尊卑、貴賤實指乾坤言，然崇高莫大乎富貴。貴指乾，富指坤。乾，大生。坤，廣生。廣大配天地，何有乎貴賤？蓋必陰陽合德而後成大。陰不從陽，氣不順理，則小矣。所以扶陽抑陰、貴大賤小皆示教之言耳，豈曰貴天而賤地哉！善會者可知。

質言之，六爻皆人位，而天地在其中。內卦為因位，外卦為果位。中爻是指二五，不兼三四。六二、九五乃並言中正，九二、六五則只言中，不言正。若六三、九四俱言位不當。九六皆從乾坤來，故六十四卦之主爻皆具乾坤之一德者也。曰「成位乎其中」者，德合乾坤則無往而不位也。在天而天，處人而人，時則不同，位未嘗異。故曰「變動不居，周流六虛，上下無常，剛柔相易，不可為典要」也。佛氏言「一心遍現十法界」，與此義通。

陸亘問南泉：「天王居何地位？」泉曰：「若是天王即非地位。」陸曰：「某聞天王是居初地。」泉曰：「應以天王身得度者，即現天王身而為說法。」南泉未必學《易》，若問「六位時成，時乘六龍以御天」意旨若何，卻是南泉善會參。

釋人大業大時大義大

五曰「人大」者。位乃應跡之稱，人則實證之號。《乾鑿度》引孔子曰：「《易》有君人五號：帝者，天稱；王者，美行；天子者，爵號；大君者，與上行異；大人者，聖明德備也。變文以著名，題德以別操。」鄭注云：「夫至人者一也，應跡不同而生五號，故百姓變其文名，別其操行。」是也。（按爻辭罕稱帝，如「帝乙歸妹」、「高宗伐鬼方」明為殷人占辭，「箕子之明夷」又出殷後，故曰「其常殷之末世、周之盛德邪」。〈象辭〉言「享於帝，立廟」，「殷薦之上帝，以配祖考」，則是天稱。）然稱人者實不止五號，如聖人、賢人、君子、丈人，亦皆題德之目。（又有幽人、武人、丈夫、王臣諸號，各於當卦見義。）大抵王公君后固兼德位而言，大人君子唯是以德為主。實證此德謂之成性，亦謂之成位，亦謂之成能，即是成己、成德、成業也。〈乾〉九二：「利見大人」，君德也。王輔嗣注：「雖非君位，君之德也。」正義云：「二五俱是大人為天下所利見。」鄭氏說九二利見九五之大人，非也。按，伊川以二五互說，校鄭說為進，然不若以天下利見於義為允。如〈訟〉、〈蹇〉亦俱言「利見大人」，以訟之時，唯大人為能以中正之德治訟；蹇之時，唯大人為能以中正之德濟難，故「為天下所利見」也。〈否〉之「『大人否亨』，不亂群也」，「休否，大人吉」，「大人之吉，位正當也」；〈萃〉之「『利見大人亨』，聚以正也」；〈困〉「『貞大人吉』，以剛中也」；〈革〉之「大人虎變」，「革而當」也；〈巽〉之「利見大人」，順以正也：準此推之，知大人者所以表中正之德。（〈離〉稱

「大人以繼明照於四方」，亦指六二。）仁禮為中，義智為正，本之則為性命之理，行之則曰仁義之道。「大人者，與天地合其德」，即是順性命之理而立人之道者也。詳《易》稱大人與聖人無別。（〈乾〉九五〈文言〉「聖人作而萬物睹」，大人變稱聖人。）若析言之，則作《易》者必稱聖人，體《易》之德者稱大人，用《易》之道者稱君子。體《易》者與道為一，人外無道也。用《易》者全體作用，如人視聽言動皆從己出，無藉於他也。作《易》者即體《易》用《易》之人，設卦觀象所以教人體《易》用《易》者也。故曰「神而明之，存乎其人」，「苟非其人，道不虛行」。（爻辭中稱君子者亦是體《易》，如〈乾〉九三、九四，〈坤〉六二、六五，爻辭與〈文言〉俱稱君子。〈乾〉初九「龍，德而隱」，亦宜為君子。〈坤〉六四「括囊」，〈文言〉變稱賢人。〈革〉上六「君子豹變」，此皆體《易》之君子。〈大象〉所名君子則皆以用《易》為言。又如〈遯〉九四「好遯，君子吉」，〈明夷〉初九「君子於行」，則又以時言之。善會可知。）

六曰「業大」者。得於體謂之德，見於用謂之業。位者，稱德為名。業者，依人而見。〈繫傳〉於十二卦發其義，歷稱包犧、神農、黃帝、堯、舜、後世聖人，標其人也。自結繩為網罟以至作書契，事相不同，皆所以利天下，舉其業也。其曰「後世聖人易之」者，通其變之義也。功業見乎變，所以成之者人也。必曰聖人者，人大故業大。「日新之謂盛德」，體乾也；「富有之謂大業」，體坤也。自非與乾坤合德之大人，何以通天下之志，定天下之業乎？故曰「化而裁之謂之變，推而行之謂之通，舉而措之天下之民謂之事業」。約言之則曰「通變之謂事」。又重言之曰「化而裁之存乎變，推而行之存乎通，神而明之存乎其人」。上言業而下言人，所以顯德由人證，業由人興。其辭之反復申明如此，聖人之情可見矣。能體乎此者，應知《易》所以「崇德廣業」，「崇德」以成己言，「廣業」以成物言。己外無物，成己成物皆所以成性也，所以順性命之理而立人之道者也，故曰「成性存存，道義之門」。

七曰「時大」、八曰「義大」者。此當合釋。變是時，通其變是義。又通變是時，「使民不倦」、「使民宜之」是義。寄位亦以明時，著業乃以存義。位大故時大，業大故義大也。六十四卦有六十四卦之時，在一卦中六位又各有其時，（如於初言反，於上言窮，此一卦之時。）善用者不失其時，皆謂之義。聖人特於〈乾〉卦著之，〈彖傳〉曰「大明終始，六位時成，時乘六龍以御天」是也。〈文言〉曰：「『潛龍勿用』，陽氣潛藏。『見龍在田』，天下文明。『終日乾乾』，與時偕行。『或躍在淵』，乾道乃革。『飛龍在天』，乃位乎天德。『亢龍有悔』，與時偕極。乾元用九，乃見天則。」（九三〈文言〉「因其時而惕」，九四「君子進德修業，欲及時也」，亦明拈出「時」字。）此以明「六位時成」，上句標時，下句顯義。蓋義因時出，時以義成，隨時變易以從道，乃所謂義也。若違道以從時，則不唯害義，亦不知時。時、義一也。〈彖傳〉專言時大者四卦：〈頤〉、〈大過〉、〈解〉、〈革〉。言時義大者四卦：〈豫〉、〈遯〉、〈姤〉、〈旅〉。言時用大者三卦：〈坎〉、〈睽〉、〈蹇〉。言天地之大義者二卦：〈家人〉、〈歸妹〉。而於〈隨〉特變其文曰：「隨時之義大矣哉。」於〈艮〉則曰：「時止則止，時行則行，動靜不失其時，其道光明。」此顯隨時之義，實本艮止之德，止其所而後能行義也。

餘若〈臨〉、〈觀〉之言「天道」，〈剝〉、〈復〉之言「天行」，〈損〉、〈益〉之言「與時偕行」，並顯時、義之大。〈雜卦傳〉曰：「〈履〉，不處也。〈需〉，不進也。」〈履〉之〈彖傳〉曰：「剛中正，履帝位而不疚，光明也。」〈需〉之〈彖傳〉曰：「剛健而不陷，其義不困窮矣。」〈雜卦〉以時言，〈彖傳〉則以義言。關氏曰：「履而不處者，其周公乎。需而不進者，其仲尼乎。」此亦得之。（關子明《易傳》相傳是阮逸依託，然有好語不得遺之。）欲知時、義者應如是會：夫寒暑、晝夜、消息、盈虛，時也。或出或處、或默或語，知進退、存亡而不失其正者，義也。若以隨人為時、徇外為義，則失之遠矣。（〈咸〉九三象曰：「志在隨人，所執下也。」趙州有言曰：「老僧使得十二時，汝等諸人被十二時使。」此語好，「使得十二時」為義，「被十二時使」則無義。當知聞道者雖不讀《易》，其言自與《易》相應，安得以為禪而遺之。）

附語

從本垂跡，故寄位以明德；由跡顯本，故略位而稱人。具此德者，人也。履此位者，亦人也。見此業者，亦人也。四者相望，位、業是權名，人、德是實義。又人亦是權名，唯德是實義。無其德而居位者，則其位為虛；非其人而妄作者，則其業為妄。〈繫傳〉釋〈困〉六三爻辭曰「非所據而據焉，身必危」，老子曰「不知常，妄作，凶」，此之謂也。

「天地設位，聖人成能」，即所謂「成位乎其中也」。「贊天地之化育」，「裁成天地之道，輔相天地之宜」，是成能；「與天地合其德」，「與天地參」，是成位。

以三德、三身言之，性是法身，德即般若，業即解脫。

以爻位言之，二是因位，五是果位。

以名號言之，君子是因地之號，大人、聖人是果地之號。亦可君子是等覺，大人、聖人是妙覺也。

凡說經義須會遮、表二詮。遮是遣非蕩執，如言不常、不斷、不一、不異等。表乃顯德正名，如中正、仁義、賢聖等。二氏意存破相，多用遮詮。六經唯是顯性，多用表詮。設卦觀象皆表詮也。中正所以表剛柔之德，大人以表具此德之人。然學者莫向卦爻上覓，要識此德此人，須向自己心性中求之，否則終不可得，只成虛說。又《易》言無方、無體、無思、無為，亦是遮詮。

孟子曰：「大而化之之謂聖，聖而不可知之謂神。」是以聖人最為尊勝，神則只是顯聖之妙用，非謂聖人以上更有一等神人。然莊子則曰：「至人無己，神人無功，聖人無名。」是則更有神人之目，但三名無勝劣，其意亦略如佛氏之三身。

《論語》曰：「人能弘道，非道弘人。」〈經解〉說六藝皆人、法對舉。如曰「絜靜精微，《易》教也」，「《易》之失賊」，「其為人也，絜靜精微而不賊，則深於《易》者也」。學《易》非絜靜精微亦不能究其義。直饒於經義，能通曉無滯，而於日用中全不與道相應，即非其人。徒逞知解，增長我慢，即名為賊，不唯不足以弘道，而反以害道，則何益矣？更安望其能體《易》用《易》哉？學者各宜自勘，以後更不饒舌。

「唯深也，故能通天下之志」，崇德也；「唯幾也，故能成天下之務」，廣業也。吉凶之萌漸，治亂之由致，皆出於幾。定天下之業者，幾也。幾見而業定，業定而務成矣。聖人所以易天下、利天下者，唯其幾耳，故曰「知幾其神乎」。然唯極深始能研幾，此是吃緊為人處，急著眼看。

「化而裁之」，猶曰制而用之。裁、制互訓。（《說文》：「裁，制衣也。」「制，裁也。」）取義於衣以布帛裁而成，衣是布帛之變也。朱子曰：如一歲分為四時，是一歲之變也。不變不足以成歲。「日月相推而明生焉」，「寒暑相推而歲成焉」，「剛柔相推，變在其中矣」，是即通之義。

門者，人之所出入也，故門以出入為義。《論語》曰：「誰能出不由戶，何莫由斯道也？」亦是法喻雙舉。《易》每言門，言出入，如「〈乾〉、〈坤〉其《易》之門邪」，「其出入以度」，「利用出入」，「出入無疾」。此何義邪？「乾知大始」，故曰出；「坤作成物」，故曰入也。〈震〉得〈乾〉之一爻為出，〈巽〉得〈坤〉之一爻為入，故曰「〈乾〉、〈坤〉其《易》之門邪」。老子言「天門開闔」，莊子言「萬物皆出於機，皆入於機」，亦此義。言「存存」者，不息義，常恆義。性即法界一性。曰「道義之門」者，猶言「無不從此法界流，無不還歸此法界」也。有人問古德：「一大藏教從何而來？」答曰：「我道盡從這裡去。」彼卻會得此旨。

明管東溟[5]自言不明「乾元用九」之義，後讀《華嚴·如來出現品》，忽然頓悟。今日讀《易》

---

5 指管志道。管志道（一五三六—一六〇八），號東溟，明代學者與政治家。其主張「三教合一」，以儒統釋老，精通《華嚴經》。

者，只將先儒傳注草草一看便謂已了，如何能體《易》用《易》？

專言時與言時義、言時用何以不同？思之。

《雜卦傳》：「大畜，時也。」「無妄，災也。」何以獨於大畜言時？思之。

孟子曰：「禹、稷、顏子，易地則皆然。」地即時也，位也。其「皆然」者則義也。聖人視履尊位與畎畝同，視配天享帝、養聖賢、養萬民與飲食之道同，視天下之人歸之與深山木石同。會得此者可以為周公，亦可以為孔子，始可與言時、義。

佛氏曰：「欲明佛性義，須知時節因緣，時節若至，其理自彰。」此是個甚時節？若人悟本，他自知時。未到此田地，只是被十二時使也，如何明得時、義？

釋器大道大

九曰「器大」、十曰「道大」者。亦當合釋。器者，萬物聚散之目。道者，此理流行之稱。道無定體而器有成形，二名無所不攝。自佛氏言之，即是色、心二法也。老氏曰：「樸散則為器，聖人用之，則為官長。」（亦曰器長，猶《易》言主器。不敢為天下先，故能為器長，即長而不宰之意。）彼以樸為道也。二氏之言亦不出道、器二義。過此以往，竭天下之言有以知其莫能外於此也。如有所不攝，則非大矣。器即氣也，道即理也。合則曰氣，散則曰器。（萬物散殊，皆名為器。流而不息，合同而化，以氣言也。）寂則曰理，通則曰道，其實一也。立二名而義始備，從而二之則不是。然以道望理，則理隱而道顯；以器望道，則道隱而器顯。〈繫傳〉有兩段文明此義，今具引以證之。

一曰：「是故闔戶謂之坤，闢戶謂之乾，一闔一闢謂之變，往來不窮謂之通。見乃謂之象，形乃謂之器，制而用之謂之法。利用出入，民咸用之謂之神。」（乾者萬物之所出，坤者萬物之所入，故以闔闢言之。闔則陽變而陰，闢則陰變而陽，故謂變。闔往而闢來，未嘗有間息，故謂通。氣聚而見猶微，故曰象。凝而成形則著，故曰器也。末二句義見後。）一曰：「乾坤成列，而《易》立乎其中矣。乾坤毀則無以見《易》。《易》不可見則乾坤或幾乎息矣。（體不可見，於用見之，用息則幾於體息矣。然體不可息，用亦不可息也，體用重重無盡，思之可知。「百姓日用而不知」，用且不見，則幾於息，安能見體？餘義詳後。）是故形而上者謂之道，形而下者謂之器。化而裁之謂之變，推而行之謂之通，舉而錯之天下之民謂之事業。」

詳此兩段文，前文先言闔闢、往來，繼言形、見，終乃言制、用。後文先出道、器，繼言化裁、推行，終乃言事業。本之皆由乾坤而來。前文明器之所由成，後文明道之所由行也。由闔闢、往來而見焉、形焉者，天也。「制而用之」、「利用出入」者，人也。「乾坤成列」，即「一闔一闢」也。「《易》立乎其中」，即「往來不窮」也。道在象先，故曰「形而上」；器在形後，故曰「形而下」：皆天也。「化而裁之」、「推而行之」、「舉而錯之」者，人也。說變通在器前者，主天言；說變通在器後者，主人言。道者何也？即此變通者是。天道成器，人道制器。（制即化裁之謂，用即推行之謂。制非造作義，切忌錯會。）天人一理，故道器不二。器者，道之所寓也。凡民見器而不見道，故心外有物。聖人見器莫非道也，故道外無事，器之所在，道即在焉。故曰：「備物致用，立功成器，以為天下利，莫大乎聖人。」「《易》有君子之道四，以言者尚其辭，以動者尚其變，以制器者尚其象，以卜筮者尚其占。」夫辭、變、象、占皆所以「備物致用」也。言「制器者」，即「變而通之以盡利」，「制而用之謂之法」也。象謂變化之象也，象事知器。象者，器之所從出而道之所由顯也，故君子尚之。「盈天地之間者唯萬物」，即盈天地間皆象也，盈天地間皆器也，亦即盈天地間皆道也。故曰：「以言乎天地之間則備矣。」「精義入神」，所以致用。「神也者，妙萬物而為言」，萬物之聚散皆器也，變化之所成也。「知變化之道者，其知神之所為乎」，曷言乎「神之所為」也？謂此變化之道即此理之流行者是也。故曰：「利用出入，民咸用之，謂之神。」「百姓日用而不知」，不知其神也。唯神應無方，斯舉器是道，乃可以致用，乃可以盡神。凡民見之則小，聖人見之則大；凡民用之則不知，聖人用之則神；凡民用之不足以利天下，聖人用之乃足以利天下。故曰：「備物致用，立成器以為天下利，莫大乎聖人也。」若滯於一偏一曲而目為致用者，不亦小乎？「窮神知化」，德之盛也。知化而後能為器長，（宰物而不隨於物。）窮神而後能為道樞。（得其環中，以應無窮。）非聖人其孰能與於此？觀於此而有會者，庶幾不囿於聞見之知，亦可於器無所執，於道無所惑矣。故知凡言「體天地之撰」，「通神明之德」，「類萬物之情」者，總為顯此一心之大用，其亦可以無疑也。

附語

道、器二名即是色、心二法。此乃犗略言之，若精析義理分齊，則道、器可攝色、心二法，而彼色、心義不能攝此。以彼言心心所法，猶是器攝，非獨根境相對成色為器也。彼以色為心所現影，二俱是妄。此以器為道之流形，唯是一真。唯彼言無為法，其分齊乃當於此言道。橫渠《正蒙》所簡正此義也。若《般若》明色、空不二，《華嚴》顯一真法界，則與此分齊無差，故賢首判相宗為始教。

又佛氏立眾生世間、（亦曰情世間。）器世間二名。五陰和合名為眾生，山河大地名之為器。世間即差別相。（世為隔別義，間者差分義。）在此唯是器攝，若言情與無情共一真，方可當此言道。

老子曰：「天下神器不可為也，不可執也。為者敗之，執者失之。」是器亦屬無為，故與般若宗近。

今言唯心、唯物者，詳其分齊，彼所言心皆是器攝。以唯是識心虛妄計度，又較佛氏相宗之言為粗也，故唯見器而不見道。

〈學記〉曰：「大德不官，大道不器。」《論語》言：「君子不器。」此乃以道、器為通、局之稱，別是一義。言各有當，不可捏濫。

用理氣、道器字要分曉，有時隨文不別，少體會便成儱侗。今舉最淺顯而易知者示一例。如耳目口體是器也；其能視聽言動者，氣也；所以為視聽言動之則者，理也；視聽言動皆應於理則道也。水火山澤，器也；燥濕止聚，氣也；其所以如此者，理也；各順其理以成用者，道也。

象之大者，日月是也，曆法由是而制。器之大者，山澤是也，聲律由是而生。凡聲律皆風氣之動，動而和則為樂。十二辟卦即曆法之十二辰，亦即十二律。八卦以配八風，聲為風氣之動，應屬雷風。今言山澤者，「山澤通氣」，亦即「雷風相薄」。但雷風無形，只可言氣；山澤有形，乃可名器耳。

天道不變化則何由形見？故形見即變化也。人道不變通則何以制用？故制用即變通也。

《大戴禮．哀公問五義》篇孔子對哀公問聖人曰：「所謂聖人者，知通乎大道，應變而不窮，能測萬物之情性者也。大道者，所以變化而凝成萬物者也。情性也者，所以理然不然取捨者也。故其事大，配乎天地，參乎日月，雜於雲霓，總要萬物，穆穆純純。其莫之能循，若天之司，莫之能職，百姓淡然不知其善。若此，則可謂聖人矣。」（《荀子・哀公》篇文小異。）

曆象日月星辰，象之大者也。同律度量衡，器之大者也。《大戴禮．曾子天圜》篇：「聖人慎守日月之數，以察星辰之行，以序四時之順逆，謂之曆。截十二管，以索八音之上下清濁，謂之律。律居陰而治陽，曆居陽而治陰，律曆迭相治也，其間不容髮。」此即制器尚象、象事知器之義。欲明象數，必通律曆。曆者，天氣之變化。律者，地氣之變化。言「居陰而治陽」者，地氣動而天氣應之也；「居陽而治陰」者，天氣行而地氣應之也。天地之氣應，是陽變陰合而萬物生，故曰「迭相治」。「成變化」、「行鬼神」、「既成萬物」，皆此之謂也。《齊詩》說「觀性以曆，觀情以律」，（匡衡、翼奉俱言之。）義亦精。

致者，推而極之之謂，乃大用現前更無餘欠。俗解乃以「知效一官」、「行效一能」當之，失其義矣。

神者，言乎其不測也。凡言神皆明用。聖人用處，百姓不知，故曰神。「陰陽不測」，以天之生物言；「聖而不可知」，以聖人之成物言。教家言內閟外現，禪家言不存軌則，皆神也。「明則有禮樂，幽則有鬼神。」禮樂之進反有跡，鬼神之屈伸無象。「成變化」即「行鬼神」，行無朕而成可睹也。

更無心外法能與心為緣，是故一切法皆心也。是心能出一切法，是心遍攝一切法，是心即是一切法。聖賢千言萬語只明此義，說性命之理乃是顯此心之本體，說三才之道乃是顯此心之大用，所以作《易》垂教，只是要人識得此心耳。若不知性命之理，則此心之體不顯，尋常日用只是隨順習氣，全無自由分，是謂失其本心。故曰「仁者見之謂之仁，智者見之謂之智，百姓日用而不知」也。「顯諸仁」，言識仁則體顯也；「藏諸用」，言智發則用備也。（仁以表體，用即是智。）全體在用，故名「藏」；全用是體，故名「顯」。此之謂心要，此之謂六藝之原。

《易》言無妄，無妄即誠，心本無妄，失之乃妄。妄者，亡也，罔也。故儒者簡染只言習氣，不曰妄心。佛氏名心則真妄迢然，學者未析名相，往往迷亂，一往斥破，則以心為幻法，先儒所以非之。若其圓頓教義，唯顯真常，固不得而異之也。此亦學者所當知。

復次「絜靜精微，《易》教也」，「絜靜精微而不賊」，何謂也？絜者，無垢義。雜染盡，不受諸惑，斯名潔。靜者，不遷義。散亂心息，無諸攀緣雜慮，常住正念，斯名靜。精者，真實義。觀一切法一相，是謂精。（皮膚脫落盡，唯有一真實。到此見地，方得穩密。）微者，深密義。見諸相非相，是謂微。（離名絕相，唯一真際。諸相即器，凡夫見之，唯是器相。聖人於器，唯見是道，即是見諸相非相也。）如此方能深入《易》教。（絜靜是止，精微是觀。止用〈艮〉，動亦定，靜亦定也。觀用〈巽〉，見萬物之絜齊也。一切行門用〈震〉，一切言教用〈兌〉。建化利物用〈離〉，萬物相見，「顯諸仁」，大悲也。會己歸寂用〈坎〉，萬物所歸，「藏諸用」，大智也。此即順〈乾〉、〈坤〉性命之理，得乎易簡之德者也。如此方可立人之道。）然有纖毫人見、法見即名為賊，此見若不剿絕，為人即禍生矣。是故曰「懼以終始，其要無咎」也。末後之教於此揭盡，可以息言矣。

校勘記

〔一〕《孟子・盡心上》原文作「存其心，養其性，所以事天也」。

〔二〕《易・繫辭上》原文作「夫易，聖人之所以極深而研幾也。唯深也，故能通天下之志；唯幾也，故能成天下之務」。

〔三〕據下文所述「『成言乎〈艮〉』，終則有始也」云云，則此在「勞乎〈坎〉」後，當依〈說卦〉補「成言乎〈艮〉」四字。

〔四〕損〈否〉之九四以益於下，「九四」，原文作「六四」。按〈否〉卦第四爻稱「九四」，故改。

〔五〕原文作「若樂七變，則天神皆降」，「若樂八變，則地示皆出」，「若樂九變，則人鬼可得而禮矣」。

法數鉤玄

釋三十七道品

一、四念處

念謂能觀之慧，處即所觀之境。眾生於五陰中起四倒：謂於色陰起淨倒，於受陰起樂倒，於想行二陰起我倒，於識陰起常倒。修此四觀，以除四倒，故名四念處。

㈠觀身不淨，名身念處

己身名內身，他身名外身，皆是四大假合，具五種不淨。眾生顛倒，計之為淨而生貪著，故令觀身不淨。

㈡觀受是苦，名受念處

領納名受，亦有內外：意根所受名內受，前五根所受名外受。一一根中各有違順等三境：順情境生樂受，違情境生苦受，不違不順境生不苦不樂受。然此三受不離三苦：謂樂受是壞苦，（樂盡則苦。）苦受是苦苦，（於苦身更加苦受。）不苦不樂是行苦。（雖不苦不樂，然念念生滅，名為行苦。）眾生顛倒，以苦為樂，故令觀受是苦。

㈢觀心無常，名心念處

心指第六識言。此識分別計度，流注不停，若粗若細，念念生滅，皆是無常。眾生顛倒，計之為常，故令觀心無常。

㈣觀法無我，名法念處

染淨善惡諸法，皆無作無受，如幻如化。眾生顛倒，於中計有我我所，故令觀法無我。

二、四正勤

正謂無邪，勤謂不怠。

㈠已生惡，令永斷

謂五蓋等煩惱覆心，名之為惡，能遮五種善根。（五蓋者，貪欲、瞋恚、睡眠、悔、疑。五善根者，信、精進、念、定、慧。）當一心精進，方便斷除，不令更生。

㈡未生惡，令不生

即遮止五蓋，令不再生。

㈢已生善，令增長

即指五善根欲令增長，當一心精進，方便修習，令不退失。

㈣未生善，令得生

謂五善根未生，當一心精進，方便修習，令得生起。

三、四如意足

㈠欲如意足

欲者，向慕企求之意。凡修習一切善法，若無樂欲之心，事必難遂。求之真切，如飢如渴，必能成就所願，為欲如意足。

㈡念如意足

念者，一心專注之謂。行者若不專注，不能入理，即有所入，亦易退失。專念之人，所願必得成就，故名念如意足。

㈢精進如意足

不雜曰精，無間曰進。一心觀理，使無間雜，則凡所修習，皆得成就，名精進如意足。

㈣思惟如意足

不思不得，凡細心析理，必用思惟。心不馳散，不走作，所謂置心一處，無事不辦。如是修習，皆得成就，名思惟如意足。

四、五根

根者，喻如草木，根深則枝葉蕃茂。五者為入道根本，能生一切無漏善法，故為修習之要。

㈠信根

信為道元功德母。謂行者於正法起決定信，信佛誠言，信善知識教導，不疑不悔，不沒不失。由此信入，漸漸修習，為禪定解脫之根本也。

㈡精進根

既信正觀，勤學不息，策勵勇猛，無稍懈怠，名精進根。

㈢念根

一心專注，不二不雜，持此正念，世間一切顛倒妄想自然消除，名為念根。

㈣定根

攝心正觀，不散不亂，心常寂靜，名為定根。

㈤慧根

由定根增長，故觀照自發，正解現前，入理深妙，名曰慧根。

如是五根，生起次第，前必啟後，後必攝前。如人行步，不得輒止，始能成就善根。若一前一卻，作輟無恆，則如草木無根，不能生長。

五、五力

由五種善根增長故，能發生力用，故名為力。如人舉重，久習增強，能勝鈞石。如今車船發動機，其力大者則載重愈多。眾生宿世業力強者，今世善根力弱，則不能解除煩惱。必善根力增強，則煩惱轉弱，亦如勇士卻敵，敵不敢近也。

㈠信力

信根增長故，能遮止煩惱，不為世間一切俗事所撓，不為邪見所動，名為信力。

㈡精進力

精進根增長故，能使諸根猛利，於所修習無漏善法，速得成辦，名精進力。

㈢念力

念根增長故，運心淳熟，雜慮不生，能成就正念功德，名為念力。

㈣定力

定根增長故，不為一切違順境界所轉，心常寂定，絕諸亂想，漸得禪悅，名為定力。

㈤慧力

慧根增長故，於世出世間諸法了了分明，能破一切邪妄諸執，故名慧力。

六、七覺支

破迷曰覺。行者善根力增長，自然具此七種覺，照了分明，不生迷惑，有此七種支分也。

㈠擇法覺支

能依正智起正觀時，善能分別諸法實相、虛妄相，簡擇無差，故名擇法覺支。

㈡精進覺支

常行精進，自能覺了正智所行。如人行路，常由坦途，動步輕快，不行旁蹊曲徑，不罣荊棘，日進無疆，名精進覺支。

㈢喜覺支

心能契悟，自生歡喜，名喜覺支。

㈣除覺支

既知諸法實相，善能斷除一切顛倒妄想虛妄煩惱，以了知煩惱本空，心無住著，即能除斷，故名除覺支。

㈤捨覺支

謂捨離所見念著之境，善能覺了此境虛妄不實，不復憶念住著，諸見煩惱由此捨離，故名捨覺支。

㈥定覺支

由於除捨二覺支攝心不亂，能發生禪定，覺觀分明，由初禪漸進至四禪，名定覺支。

㈦念覺支

修習時，善能覺了，常使定慧均等。若心沉沒，當念用擇法、精進、喜等三支，令起不沒；若心浮動，當念用除、捨、定等三支攝令安隱：名念覺支。此念覺善能調適，不使定多慧少，亦不使慧多定少，令心不沉不掉，安住正觀。

此七通名覺支者，無漏正智，七事能到，故稱覺也。

七、八正道

通達無礙曰道，遠離邪曲名正。由五根、五力、七覺支漸次增進，能證實智，故為正道。

㈠正見

修無漏正行，見諦分明，故名正見。

㈡正思惟

見四諦時，與無漏心相應，意業清淨，入理深妙，如實而思，名正思惟。

㈢正語

口業清淨，離諸妄語，稱理而談，名為正語。

㈣正業

身業清淨，修習所行，皆與實相相應，名正業。

㈤正命

以無漏智通除三業中五種邪命，住正命中，故曰正命。（邪命五者：一、為利養故，詐現異相奇特。二、為利養故，自說功德。三、為利養故，占相吉凶。四、為利養故，矯現威德。五、為利養故，稱說所得供養。五者通為邪因緣活命，故曰邪命。不為名聞利養，自覺覺他，作大饒益，淡泊自甘，名為正命。）

㈥正精進

㈦正念

㈧正定

精進、念、定三義具如前。何以根、力、覺、道俱同有此三支？一者，漸次增勝故；二者，根、力、覺從因得名，正道從果受稱，因果相望故。由此八者通至涅槃，則涅槃為果，八正為因。又望三解脫門，則三十七道品並是因，修此得三解脫是果。三解脫門，亦名三三昧。三昧義謂正心行處，亦云正定。此就體言，解脫則就用言。《大智度論》云：「三十七品是趣涅槃道行。」是道已到涅槃城。言道言門，皆是以用得名也。

釋三解脫門

煩惱惑業，名之為結，亦名為縛。如人身被桎梏，不得自由。解脫者，解去纏縛，身得自在，即能超出一切違順境界，不被境界所拘。門以能通為義，謂由此能通至涅槃也。

一、空解脫門

謂觀一切法，皆從因緣和合而生，自性本空，無我我所，如是通達，則於諸法無不自在，名空解脫門。

二、無相解脫門

凡所有相，皆是虛妄，由於一念顛倒憶想分別而起。譬如翳眼見空中花，此花云何，任汝執捉。

故云一切法無相，即是諸法實相。如是通達，即得自在，名無相解脫門。

三、無作解脫門

知一切法空、無相，則於三界生死業無所造作。既無造作之業，即無果報之苦，而得自在，名無作解脫門。

釋三德三身

三德

法身、般若、解脫是為三，常、樂、我、淨是謂德。

一、法身德

即自性具足之理。眾生迷之而成顛倒，諸佛悟之而得自在，迷悟雖殊，體性恆一，故在聖不增，在凡不減，具足常、樂、我、淨，即法身也。

二、般若德

悟諸法實相之智，具足常、樂、我、淨，即智身也。

三、解脫德

不繫名解，自在名脫。謂永離一切業累之縛，得大自在，具足常、樂、我、淨，即隨類應化，處塵不染，亦即應身也。

三身

一、法身

即真如自性，平等本際，妙覺極圓，亦名法性身，亦名自性身。（法身如虛空遍，謂無有障礙。）

二、報身

謂修習福慧所集功德，恆自受用廣大法樂，即契理之智也，亦名智身，亦名智報身，亦名受用身。（報身如日光遍，謂無幽不燭。）

三、化身

謂隨類應現於諸國土，說法利生，亦名應身，亦名變化身。所言應者，謂赴感應機，隨類化現也，亦即色身。（色身如日影遍，謂隨處映現。）

釋翻三染成三德

一、翻苦身成法身德

謂於生滅無常之身，能觀五陰本空，不生不滅，即成法身德。

二、翻煩惱成般若德

謂於意識了別所起諸種惑業，若能觀察惑體本空，無有自性，於一切法無不了達，即成般若德。

三、翻結業成解脫德

謂觀察所作諸業，其性本空，無造無作，亦無受者，則無一切繫縛之相，於一切法無不自在，即成解脫德。

釋常樂我淨四德

一、常德

不遷不變之謂常。性體虛融，湛然常住，歷三世而不遷，混萬法而不變，故名常。

二、樂德

安隱寂滅之謂樂。離生死偪迫之苦，證涅槃寂滅之樂，故名樂。經云：「諸行無常，是生滅法，生滅滅已，寂滅為樂。」此之謂也。

三、我德

自在無礙之謂我。若外道凡夫，於五陰身強立主宰，執之為我，乃是虛妄，不得自在，不名真我。佛身遍滿，猶如虛空，無乎不在，一多隱顯，皆無所礙，故名我。

四、淨德

離垢無染之謂淨。無諸惑染，湛然清淨，如大圓鏡，了無纖翳，故名淨。

按《涅槃》以四榮、四枯表凡夫、二乘等八倒，正與四德覿體相反，今附於下。

釋凡夫四倒

一、非常計常

謂世間一切有為等事，皆悉無常，虛妄不實。凡夫妄計是常，即成常顛倒。

二、非樂計樂

謂世間五欲之樂，皆是苦因。凡夫不了，妄計為樂，即成樂顛倒。

三、非我計我

謂四大假合之身，本無有我。若一大是我，三大應非；若四大俱是我，應有多我：畢竟是誰為我？故知我不可得。凡夫不了，於自身中強作主宰，妄計為我，即成我顛倒。

四、不淨計淨

謂凡夫之身，具有五種不淨：一、種子不淨，二、生處不淨，三、自體不淨，四、外相不淨，五、究竟不淨。凡夫不了，妄生貪著，計之為淨，即成淨顛倒。

釋二乘四倒

一、常計無常

法身常住，無有變異，二乘為無明所覆，妄計有變異相，是為無常顛倒。

二、樂計非樂

涅槃清淨樂中，二乘妄計為苦，是為非樂顛倒。

三、我計無我

佛性真常之我，二乘妄計為無，是為無我顛倒。

四、淨計不淨

法身常住，非雜食身，非煩惱身，非血肉身。二乘妄計，亦如世間一切諸色，皆為不淨，是為不淨顛倒。

釋四諦

諦者，審實之義，依天台教分藏、通、別、圓四種。

一、藏教生滅四諦

經、律、論名三藏。此言藏教者，指聲聞乘。

㈠苦諦

逼迫名苦。有三苦、（苦苦、壞苦、行苦。）八苦（生、老、病、死、愛別離、怨憎會、求不得、五陰盛。）等目，不出三界生死。聲聞之人，諦審生死實苦，故名苦諦。

㈡集諦

招引名集。聲聞人諦審煩惱惑業，實能招引生死之苦，故名集諦。

(三)滅諦

寂滅名滅。聲聞人厭生死苦，諦審涅槃寂滅之樂，故名滅諦。

(四)道諦

通達名道。聲聞人諦審戒、定、慧三學，實能通至涅槃之道，故名道諦。

二、通教無生四諦

通前藏教，通後別、圓，故名通教。

(一)苦諦

謂三乘智人諦審五陰生死等苦，當體即空，無偪迫之相，名為無生苦諦。

(二)集諦

謂三乘智人諦審煩惱惑業，當體即空，了無和合之相，故名無生集諦。

(三)滅諦

謂三乘智人諦審五陰生死等苦，昔本無生，今亦無滅，故名滅諦。

(四)道諦

謂三乘智人諦審所破之集，能破之道，同一真空，無有二相，故名道諦。

三、別教無量四諦

別前藏、通，別後圓教，故名別教。唯是菩薩乘，二乘人不得聞也。所化眾生無量，所用法門亦無量，故名無量四諦。

㈠苦諦

此教菩薩諦審十界眾生生死諸苦，有無量相，一一不虛，故名苦諦。

㈡集諦

此教菩薩諦審十界眾生惑業，有無量相，實能招集生死之苦，故名集諦。

㈢滅諦

此教菩薩諦審六度萬行，實能證於涅槃寂滅之理，滅有無量相，故名滅諦。

㈣道諦

此教菩薩自利利他，諦審恆沙法門不同，道有無量相，故名道諦。

四、圓教無作四諦

事理無礙之謂圓。大乘菩薩圓觀諸法，事事即理，無有造作，故名無作。陰入皆如，無苦可捨；塵勞本清淨，無集可除；邊邪皆空，無道可修；生死即涅槃，無滅可證；是名無作四諦。

㈠苦諦

此教菩薩諦審五陰、十二入之法，皆即真如，實無苦相可捨，故名苦諦。

㈡集諦

此教菩薩諦審一切煩惱塵勞，性本清淨，實無招集生死之相，故名集諦。

(三)滅諦

此教菩薩諦審生死涅槃，體元不二，實無生死逼迫之苦可斷，亦無涅槃寂滅之樂可證，故名滅諦。

(四)道諦

此教菩薩諦審一切諸法，皆即中道，離邊邪見，實無煩惱可斷，無菩提可修，故名道諦。

釋十二因緣

此約三世辨十二因緣。謂無明等展轉感果名為因，互相由藉名為緣，三世相續，無間斷也。（過去世無明業行為因，感現在世識至受五者為果。由現在世愛、取、有三者為因，感未來世生、老、死之果。如是循環，無間斷也。）

一、無明

謂煩惱之惑，覆於本性，無所明了，故曰無明。

二、行

從無明起善不善身、口、意諸業，名為行。

三、識

謂由過去惑業牽引，流愛為種，納想為胎，是名為識，即識神也。

四、名色

名者心之謂，心但有名而無形質也。色即是身，實有形質。

五、六入

謂身形既具眼、耳、鼻、舌、身、意六根，即攬外境色、聲、香、味、觸、法六塵，互相涉入，故名六入。

六、觸

根塵相對，俱名為觸，雖六識已生，未有苦樂等受也。

七、受

由於根塵相對，漸解領納前境好惡，名為受。

八、愛

謂於順情境界，心起貪著，名為愛。

九、取

謂於所貪著之境，馳求執取，故名為取。

十、有

謂因馳求諸境，起善、惡業，牽引後果，是名為有。所謂欲有、色有、無色有，名為三有，亦名三界。

十一、生

謂由取有之因業所牽引，還受後世五陰之身，於四生六道中受生，是名生。

十二、老死

謂後來世所受五陰之身，熟已還壞，名為老死。

釋五停心（出《天台四教儀》）

停者，止息之謂。對治眾生五種過失之心。

一、多貪眾生不淨觀

對治染著。

二、多瞋眾生慈悲觀

對治瞋恚。謂於違情境起瞋時，以四無量心、慈悲二觀治之。

三、多散眾生數息觀

對治散亂。謂數出入息，攝心不亂，數出不數入，數入不數出，使從粗至細，心息相依，不生亂想。

四、多癡眾生因緣觀

對治根本無明，不了諸法從因緣生，皆無自性，妄想顛倒，取相執著，憶念分別，生諸煩惱。

令觀十二因緣當體本空，即依正觀，破斷、常等見，能生正智，斷一切煩惱。

五、多障眾生念佛觀

障有三種：㈠昏沉暗塞障。當念應身佛，相好莊嚴。㈡惡念思惟障。當念報身佛，智德圓明。㈢境界偪迫障。當念法身佛，實相空寂。諸障自消。

釋八種惡覺（出《華嚴經》）

念起名覺。此八者，引生一切煩惱，故名惡覺。一念無明，倏爾而起，計著轉深，隨世言覺，實是不覺也。（今謂感覺當此。）

一、貪覺

凡取著之相，皆名為貪。令心歆動，馳求不息，是為貪覺。

二、瞋覺

於違情境，瞋恚心起，常念忿恨，自恨恨他，皆名瞋覺。

三、惱覺

逼害為惱。於違情境，心生憎惡、嫉恨，常恐人加逼害，自惱惱他，皆名惱覺。

四、親里覺

謂家族鄉里，生長相習，愛憎恩怨，住著轉深，不知其性本空，念念不捨，名親里覺。（即今鄉土觀念。）

五、國土覺

一期依報，本空無實，係念安危，增長煩惱，名國土覺。（即今國家觀念。）

六、生死覺

不知觀十二因緣，於分段生死計之為實，虛受一切身心大苦，名生死覺。（今言人生觀近此。）

七、族姓覺

謂計有種姓貴賤，自起貢高，略如今人所稱民族意識也。

八、輕侮覺

謂我慢增上，輕蔑他人，人我計深，唯恐人之侮己。

此並前三，皆由計我，從四至七，則為我所、有我我所，為一切煩惱所依也。

釋八大人覺（出《佛遺教經》）

此言覺，乃了悟之名，與前以念起為覺者，天地懸隔。凡夫初機，未能具聞三十七道品者，略知此八，亦為入道之初門。大人，猶言菩薩也。

一、少欲覺

謂於一切資生器具不求備美，不嫌粗敝，令心閑適，不起馳求。

二、知足覺
謂於現前境界隨遇而安，不於勝我者生歆羨，不起我不如人之想。合前少欲覺，皆是袪除勝心之要。
三、寂靜覺
謂閑居獨處，遠離憒惱，令心寂靜，無有動亂，即是止息諸緣、對治昏擾之方便。
四、正念覺
謂不念世間虛妄之法，唯念實相正觀，令心專注，無有間雜。
五、正定覺
謂攝諸亂想，漸次修習禪定，其心悅可，更無走作也。
六、精進覺
謂勤修善法，勇猛精進，道念增長，俗慮自消，無有退失也。
七、正慧覺
謂從三至六，覺力增強，則生正慧，於諸法性相了徹無遺，具有智照之用也。
八、無戲論覺
謂世間言說，不入諸法實相，皆名戲論。正慧既發，則因緣觀成，語皆諦實，遠離一切戲論。凡世俗語言無意義者，自不欲出諸口矣。

釋十信

《華嚴》云：「十信初心，便同正覺。」按大、小乘通依三十七道品修習，入解脫門，證涅槃理，所謂斷惑證真。圓教菩薩開外凡十信位，內凡三賢三十位及十地聖位，辨其階差位次，十地具足，歷等覺至妙覺，凡五十二位，此為無漏聖果，菩薩教乘之所必經。然因該果海，果徹因源，故古德云：「才入信門，便登祖位。」圓頓教中，初心頓齊正覺。又云：「初心畢竟二不別，如是二心前心難。」是信位最重也。

一、信心

謂心與理一，決了無疑，離諸妄想，恆住中道，是為妙信純真。

二、念心

真信明了，正念不忘，乃至無量劫中，捨身受身，皆能憶念不失也。

三、精進心

念心精明，進趣真淨之境。

四、慧心

精進不已，則純真之慧自然顯發，如《維摩經》之「善能分別諸法相，於第一義而不動」是也。

五、定心

慧性明徹，湛然不動，用而常寂，寂而常用，妙湛常凝，名定心也。

六、不退心

定慧具足，恆不退轉。

七、護法心

心無退轉，則能保護任持一切佛法，與十方如來氣分相接。

八、迴向心

謂以護法心力，感佛來應，仍迴己深心，趣向於佛，猶如兩鏡交光互入也。

九、戒心

迴向佛故，自能安住淨戒不失也。

十、願心

謂心住淨戒得自在，故能遍遊十方，化導眾生，隨其所願，悉皆滿足。

按，信位十心，前五仍是五根、五力增長勝妙之果，後五則由精進一念，展轉開顯之所成就，學者須知。

釋十住

一、發心住

謂由前十信相攝，進修方便，顯發此心妙用，遍互涉入，圓成一心之德，名發心住。
二、治地住
由前心所顯發之理，見地明徹，如履平地，坦然無阻，名為治地。
三、修行住
由前二住之智，明了諸法，遍修勝行，皆無留礙，名修行住。
四、生貴住
由前妙行，冥契妙理，同佛氣分，將生如來家，為法王子，故名生貴住。
五、方便具足住
謂由前妙行，既與佛同，現自行化他，善巧方便，具足不缺，名方便具足住。
六、正心住
謂容貌如佛，心相亦同，名正心住。
七、不退住
謂身相、心相，皆與佛同，自性功德，日益增長，名不退住。
八、童真住
童真猶言具體而微也。佛有十身：一、菩提身，二、願身，三、化身，四、力持身，五、相好莊嚴身，六、威勢身，七、意生身，八、福德身，九、法身，十、智身。菩薩住此位已，具佛十身靈妙之相，但未齊於佛，猶孩童已具大人相，故名童真住。

九、法王子住

自發心至生貴，名入聖胎。自方便具足至童真，名長養聖胎。至此長養功成，名出聖胎。既出胎已，則為佛之真子，能紹佛種，故名法王子也。

十、灌頂住

菩薩既成佛子，堪行佛事，佛以智水灌其頂，如世國王屬其王子以國事，行海水灌頂禮，（此天竺古俗。）故名灌頂住。

釋十行

由前十住進修功滿，堪紹佛種，當廣行饒益，成就利他，復有十位。

一、歡喜行

謂十住功滿，具佛妙德，能於十方剎土，隨順饒益眾生，自他俱喜，名歡喜行。

二、饒益行

謂善推妙德，饒益眾生，令得法利，不生厭想。

三、無瞋恨行

瞋恨之行，生於違拒。既能自覺，又能覺他，歡喜饒益，生於隨順，自無違拒，安有瞋恨。學者當知，是我慢既亡，人空已得，唯有歡喜，無瞋恨也。
四、無盡行
謂隨類化現，轉化無窮，通十方三世，利物無盡。
五、離癡亂行
謂了達一切法門，融歸一理，得無差誤，離癡亂也。
六、善現行
由無癡亂故，能於同中現異，異中現同，周遍圓融，涉入無礙，而不見有同異之相，名善現也。
七、無著行
由善現行圓滿故，一一塵中現十方界，不相留礙，即不壞不雜。應知由無著故無礙也。
八、尊重行
由無著行遍滿示現，皆依般若智照之力，諸波羅密中般若第一，至尊至貴，故名尊重行。
九、善法行
於妙觀慧中，具顯圓融之德，能成諸佛軌範，故名善法行。
十、真實行
由前諸行皆是清淨無漏無為，一真法界，圓融具足，德相所現，遠離世間一切虛妄之相，唯此一事至真至實，故名真實行。

按，十行始於歡喜，終於真實。學者當知離瞋恨，離癡亂，皆因般若無著正智而來，才有一毫虛妄，必有違拒，是生瞋恨，故菩薩行處以隨順歡喜為第一，如此始是一性純真也。（儒《書》云：「作德心逸日休，作偽心勞日拙。」作德是菩薩行處，日休則是其受用也。）

釋十迴向

迴謂迴轉，向謂趣向。菩薩起大悲心，欲度眾生，迴其十行之善，趣向三處：一、真如實際是所證，二、無上菩提是所求，三、一切眾生是所度。迴此勝行，趣向一真法界，與法界眾生同證法性，圓滿菩提，得成佛道也。

一、救一切眾生離眾生相迴向

經云：「當度眾生，滅除度相，迴無為心，向涅槃路。」謂成就萬行，雖度眾生，而不取眾生相，不生能度想，是名救一切眾生離眾生相迴向。

二、不壞迴向

一念迴向謂之空，無法不具謂之假，不一不異謂之中。離眾生相即空，而不壞眾生相即假，空、假不二即中。經云：「壞其可壞，遠離諸離，名不壞迴向。」

三、等一切佛迴向

既不取眾生相，亦不壞眾生相，此其所向本覺之性，湛然常住，頓齊佛覺，故名等一切佛迴向。

四、至一切處迴向

謂能覺之智，既齊佛覺，則所詮之理，與佛不異，無處不徧，故名至一切處迴向。

五、無盡功德藏迴向

一如來遍一切世界，一世界亦具一切如來，世界如來互相涉入，得無罣礙，名無盡功德藏迴向。

六、隨順平等善根迴向

謂於諸佛理地，起萬行真因，顯證一乘佛道。行從理起，故曰隨順，能生道果，故曰善根。經云：「於同佛地，地中，各各生清淨因，依因發揮，取涅槃道，名隨順平等善根迴向。」

七、隨順等觀一切眾生迴向

謂既修真因，善根成就，則知十方眾生皆我本性，性既平等，故能成就一切眾生善根，無有遺失，亦無高下，名隨順等觀一切眾生迴向。

八、真如相迴向

不妄名真，不異名如。經云：「離一切相，即一切法。」唯即與離，二俱無著，則真如相現前，是名真如相迴向。

九、無縛解脫迴向

謂真如之相現前，則智慧明了，十界依正等法，互攝圓融，自在無礙，名無縛解脫迴向。

十、法界無量迴向

謂所證性德真如之理，圓滿成就，含攝遍周，其量無外，十界差別之相，了不可得。經云：「性德圓成，法界量滅。」是名法界無量迴向。

按，此三十位，名為三賢，俱屬內凡，未登聖位。過此以往，有十地菩薩，始為聖位。然超凡入聖，必假熏修，忘心頓證，只在一念，故謂「不歷僧只獲法身」也。

釋十地

地以厚德載物為義。菩薩歷證至此，能出生一切佛法，荷負一切眾生，故名為地。

一、歡喜地

謂智理圓徹，得大法喜。經云：「於大菩提，善得通達，覺通如來，盡佛境界，名歡喜地。」

二、離垢地

由盡佛境界，明了諸法一性，無同無異。經云：「異性入同，同性亦滅，名離垢地。」（蓋於諸法有同異見，皆名為垢，見即是垢也。）

三、發光地

異同情見既盡，本覺慧光即發。經云：「淨極明生，名發光地。」

四、焰慧地

謂慧光發焰，如大火聚，爍破一切情見。經云：「明極覺滿，名焰慧地。」（古德云「趙州眼睛爍破四天下」，庶幾近之。）

五、難勝地

由前焰慧，爍破情見，諸法同異之相皆不可得，即是佛境界，無有能勝，故名難勝地。

六、現前地

於諸法相皆不可得，則真如淨性，明顯現前。經云：「無為真如，性淨明露，名現前地。」

七、遠行地

謂真如自性，廣大無邊，雖已現前，猶為分證，必盡其際，方為極至。經云：「盡真如際，名遠行地。」

八、不動地

既盡真如之際，全得其體，真常凝寂，無能動搖。經云：「一真如心，名不動地。」

九、善慧地

既得真如之體，即發妙用，凡所照了，悉是真如，所謂全體作用也。經云：「發真如用，名善慧地。」（禪家大機大用，迥出常情，善慧地以之。）

十、法雲地

菩薩至此，十地行滿，唯務化物利生，大慈如雲，普皆覆蔭，雖潤物無窮，本寂不動。經云：「慈陰妙雲，覆涅槃海，名法雲地。」

釋般若十喻

欲修空觀者，須先明十喻。就其所已知，而例其所未知，名為喻。借事顯理，以曉迷情，使其易悟也。

一、如幻

如世幻師，幻作人物諸相，可見可聞，而實無體。愚者不了，謂之為實。無明幻起諸法，亦復如是。觀空者了知見色聞聲，皆如幻化，了無可執，於一切境，自能豁然開解。

二、如焰

日初出時，遠視他方，光氣如水，名為陽焰。渴鹿逐之，及近乃知非水。妄想所取諸法，虛誑不實，亦復如是。

三、如水中月

月在虛空，影現於水。狂猿逐之，以為真月，終不可捉。凡夫心中我相、人相，皆如水中月影，無可執取。

四、如虛空

虛空體非群相，但有名字而無實法。觀空者知凡所有相，皆虛妄不實。一切法無相，即是諸法實相，故說如虛空。

五、如響

空谷傳聲，名之為響，猶影之於形也。一切言語形聲，皆屬風氣鼓動而出，本無實法。觀空者所聞聲與響等，故說如響。

六、如乾闥婆城

梵語乾闥婆城，猶華言海市蜃樓也。世間山河大地、人、我、眾生，一切諸相雖可眼見，而無有實，如海市蜃樓，頃刻即歸幻滅也。

七、如夢

夢中所認境相，方在夢時，執之為實，及至醒來，了無所有。故〈信心銘〉曰：「眼若不寐，諸夢自除；心若不異，萬法一如。」

八、如影

影可見而不可捉，映光則現，不映則無。煩惱遮正見光，則有我相、法相影現；煩惱滅，則我相、法相皆無。如人處陰則影滅也。

九、如鏡中像

鏡中像者，非鏡所作，亦非面作，亦非和合，亦非無因緣作。雖無定有，而亦可見。分別諸法，亦復如是，非自有，非他有，非共有，亦非無因緣有，雖有而不可得。如鏡中像，實無所有，而人自生誑惑，觀空則知其不實也。

十、如化

如變化人，無生老病死，亦無苦樂染幻。業報所受之身，亦復如是，皆無有實，故說如化。

釋楞伽五法

一、名

一切名言，皆從假立，若聖若凡，若有情，若無情，若根身器界，皆就眾生領解，強為安立名字，故曰名。

二、相

謂三界萬法，一切品類，各有形貌，強為摹擬，故曰相。

三、妄想

虛妄分別之念，名為妄想。謂由前名、相二法起分別心，認假名為有自體，執幻相為有實法，於是心心數法，種種攀緣，紛然並起，是為妄想。

四、正智

如來明了正見之智，了前諸法，如幻如化，非斷非常，超過一切凡夫、小乘偏邪異見，是名正智。

五、如如

不變不異名為如。謂由前正智，觀察名、相，皆悉如幻，非有非無，名、相本空，即真如理，理因智明，智因理發，以智如理，以理如智，故名如如。

釋楞伽三自性

一、遍計所執性無自性性

謂眾生迷惑，不了諸法本空，妄於我身及一切法周遍計度，一一執為實有，全是妄想安立，本無自性也。

二、依他起性無自性性

謂一切法皆從緣生，此有故彼有，此生故彼生，互相因藉而起，都無自性，唯是虛妄也。

三、圓成實性無自性性

謂一切法平等真如，不遷不變，圓滿成就，緣起無礙，還與諸法為體相，故名圓成實性。了知遍計本空，依他如幻，當體即是圓成實性也。

釋楞伽二無我

一、人無我

五陰之身，假名為人，凡夫妄執為我。若了五陰本空，何有假名之人，更於何處可執為我？我畢竟不可得。名人無我。

二、法無我

所謂法者，即四大、五陰等法，一一分別推求，皆悉空無所有。諸法既不可得，則無執取之法，亦無執取之人。名法無我。

釋二煩惱（出《瑜伽師地論》）

煩者，昏擾相。惱者，惑亂相。（惱亂身心，令不安隱，名曰煩惱。）

一、根本煩惱

即無明惑也。由此一念不覺，名為無明，能出生一切煩惱，故名根本煩惱。

二、隨煩惱

即見、思二惑也。分別曰見，尋求曰思。此二惑隨於一切違順境界，起貪、瞋等，隨逐不捨，故名隨煩惱。

釋見思二惑（出天台教義）

惑者，從迷得名。眾生不了一切諸法自性本空，妄生執著，猶如迷人謂東為西，迷失正道，依此流轉生死，故名為惑。又就纏縛義，亦名二縛。

一、見惑

謂意根對法塵，分別計度，妄生有無、常斷等見，故名見惑。

二、思惑

謂眼、耳、鼻、舌、身五根對色、聲、香、味、觸五塵，尋求執取，妄生染著，迷而不覺，故名思惑。

釋三止三觀（出天台教義）

三止

止者，止息之義。眾生心相動亂，不能入理，故必須止息諸緣，遠離憒惱，令心寂靜，為修定之因。

一、體真止

謂止息無明顛倒之妄，即是實相之真，以妄本無體，妄息則舉體全真也。故經云：觀相元妄，觀性元真。

二、方便隨緣止

方便猶言善巧。謂隨緣歷境，心不附物，動亦止，靜亦止，故名方便隨緣止。如此則不為緣縛。

三、離二邊分別止

謂迷離生死、涅槃、有無、一異諸分別相，即是中道，故名離二邊分別止。

三觀

觀者，照了之義。散亂心中，不能覺照，唯依定心，始能發觀，一念即具三諦，此即修慧也。

一、空觀

謂觀一切法皆無自性，故空即是真諦現前。介爾一念，不在內、外、中間，反復推求，皆不可得。能蕩除見、思二惑，至畢竟空，故名空觀。

二、假觀

一切諸法，虛妄不實，但有假立名相，即是俗諦，如幻如化，不可執取，故名假觀。

三、中觀

謂絕兩邊對待，非空非有，即假即空，即是中道第一義諦。不廢俗諦，亦不立真諦，一念圓中，故名中觀。

釋四安樂行（出《法華文句》）

身無危險名安，心無憂惱名樂。

一、身安樂行

謂遠離豪勢及惡人、邪法等，常修禪定，攝護其心，名身安樂行。

二、口安樂行

謂遠離妄言、綺語、兩舌、惡口等過，不謗大乘，不輕小乘，不讚他人，亦不毀他人，不生怨嫌，名口安樂行。

三、意安樂行

謂絕貪、瞋、癡、慢，不嫉、不諂、不惱他、不爭競，於一切眾生起平等觀，名意安樂行。

四、誓願安樂行

謂於一切眾生起慈悲心，發大誓願，以方便智慧力，咸令拔苦得樂，安住正法，名誓願安樂行。

釋四悉檀（出天台教義）

悉謂遍，檀謂施。（梵語具言檀那，省稱檀。）華梵合言，名為悉檀。謂佛說法具此四種義，遍施一切眾生也。

一、世界悉檀

世為遷流，界為方位，即指三世十方。言眾生根器不等，佛隨其所堪能為，次第分別而說，令生歡喜，名世界悉檀。

二、為人悉檀

謂佛說法，必先觀眾生宿根深淺，堪受大法與否，然後稱其機宜而為說之，令生正信，增長善根，名為人悉檀。

三、對治悉檀

謂說法如應病與藥，如多貪眾生令修不淨觀，多瞋眾生令修慈心觀，愚癡眾生令修因緣觀，執有者令修空觀，妄生差別者令修平等觀，如是皆為對治其病，故名對治悉檀。

四、第一義悉檀

第一義即真實義、究竟義。前三為權，此一為實。謂佛觀眾生根熟，即為說究竟了義，令其得悟，名第一義悉檀。

又一一悉檀中皆具四悉檀，如生滅四諦即世界悉檀，無生四諦即為人悉檀，無量四諦即對治悉檀，無作四諦即第一義悉檀也。

釋四食（出《華嚴經隨疏演義鈔》）

一、段食

段謂分段，食乃資益之義。謂以香、味、觸為體，入腹變壞，資益諸根，即俗言營養。

二、觸食

觸即對也。謂六識所對色等諸塵柔軟、細滑、冷暖等觸而生喜樂，俱能資益諸根，故名觸食。

三、思食

謂第六識思於可愛之境，生希望想，而能潤益諸根，如人飢渴，雖不得飲食而希望不斷，名為思食。

四、識食

識以執持為義，即第八識。由前三食勢分所資，能令此識增勝，執持諸根，故名識食。

按《翻譯名義集》注云：「地獄眾生及無色界中無邊識處天等，皆用識持以為其食。」

釋三種三修（出《涅槃經玄義》）

三謂常、樂、我三法。凡夫邪執，為邪三修；二乘偏空，為劣三修；菩薩證真，為勝三修。

一、邪三修

謂世間顛倒，隨邪師教見相似相續謂為常，適意可悅謂為樂，轉動運為謂是我。愚惑所覆，如執掣電，如蛾如繭，追求無厭，如渴飲鹹，渴轉增上，亦是厭下粗苦，攀上勝妙，然夢幻空花，云何把捉，妄想所緣，總名邪執也。

二、劣三修

謂聲聞人依半字教，破於邪執。觀三界有為之法，皆悉生滅無常，一切諸法悉皆是苦，五陰本空，無我我所。雖能破欲染、色無色染、無明、掉、慢、疑等諸煩惱法，而不知法身常住之理，一切法中本有涅槃寂滅之樂，不知自在無礙之法身真我。望於菩薩所修，則名為劣。

三、勝三修

謂菩薩依佛勝教，破於劣修。一、了知法身之體本來常住，無滅無生，不遷不變，是名常修。破聲聞之執無常。二、了知諸法之中本自寂滅，即涅槃安隱之樂，是名樂修。破聲聞之執苦。三、了知無我法中元有真我，得大自在，無有障礙，是名我修。破聲聞之執無我。望於聲聞所修，實為勝妙，故名勝三修。

釋四大（出《圓覺經》）

謂人身攬外四大而成內四大。四大者，積色、香、味、觸四微而成。對微，故名大也。四大和合，假名為身。

一、地大

地以堅礙為性，眼、耳、鼻、舌、身等名為地大，若不假水，則不和合。經云「髮、毛、爪、齒、皮、肉、筋、骨皆歸於地」是也。（以五行言之，金、土皆屬地攝。）

二、水大

水以潤濕為性，若不假地，即便流散。經云「涕、唾、膿、血、津液、涎沫、痰、淚、精氣、大小便利皆歸於水」是也。

三、火大

火以燥熱為性，謂身中暖氣，若不假風，則不增長。經云「暖氣歸火」是也。

四、風大

風以動轉為性，謂出入息及肢體動轉皆名為風。經云「動轉歸風」是也。（以五行言之，風大屬木攝。）

按，經云：「四大和合，假名為身。」「妄有緣氣於中積聚，假名為心。」四大分離，今汝妄身更在何處。蓋眾生皆妄認四大為己身相，妄認六塵緣影為己心相也。

釋四微（出《金光明經文句記》）

四微者，因對四大，故名微。四大皆由四微所成也。《大智度論》云：「地具四微重故，自無所作；水具三微（少香。）故，動作勝地；火具二微（少香、味。）故，勢勝於水；風只一微（少色、香、味。）故，動作勝火。」

一、色微

謂眼根所緣種種諸色也。以其微細，故名色微。

二、香微

謂鼻根所緣種種諸香也。以其微細，故名香微。

三、味微

謂舌根所緣種種諸味也。以其微細，故名味微。

四、觸微

謂身分所覺種種諸觸也。以其微細，故名觸微。

按，四大力用以風為最勝，四微力用以觸為最勝。唯其最勝，故先成而後捨，亦易遍而難除。中土醫書云：「風者，善行而數遍。」故風為百病之長。人人生於氣交之中，出入息即是風相，故四大以風大最難捨離。《易》云：「雷風相薄，水火不相斁。」是亦觸微最先之義。

釋五蘊五喻（出《大莊嚴經》）

蘊以積聚為義。一切眾生皆由此五法積聚而成身也。亦譯五陰，陰即蓋覆之義，謂積集有為，蓋覆真性也。佛為瓶沙王說此五喻。

一、色如聚沫

色謂色身。水因風吹則有沫聚，虛有相狀，體本不實。喻眾生色身，亦如聚沫，虛假不實也。

二、受如水泡

受謂領受苦樂等。水泡即浮漚，忽爾成泡，須臾即滅。喻眾生所受苦樂，亦如水泡，起滅無常也。

三、想如陽焰

日初出時，遠望光焰，如水溶漾，渴者想像為水，而實非水。喻眾生妄想，亦如陽焰無實，皆是虛妄也。

四、行如芭蕉
芭蕉危脆，無有堅實。喻眾生造作諸行，亦虛脆而無實也。
五、識如幻事
幻如見繩疑蛇，見杌疑人，又如翳眼見空中華，本無是事，幻見為有。喻眾生識心分別隨境生滅，亦如幻作，無有實也。

釋四難（出《法華文句》）

一、值佛難
謂眾生因無始惑業，輪迴六道之中，或墮四種惡趣，固不得見佛聞法。即得人身，或生在邊地，或著邪見，佛雖出世，如是等人亦不得見，而況佛不常出，值遇良難。故經云：「諸佛出於世，懸遠值遇難。」
二、說法難
謂如來出世，本直欲說大乘之法，緣機器不純，不得已而權說三乘，最後於法華會上方開權顯實。故經云：「正使出於世，說是法復難。」
三、聞法難
謂圓頓之法微妙甚深，難解難入，非遇利根上智，佛不為輕說。即為說之，或反心生疑謗，如法華會上五千退席。故經云：「無量無數劫，聞是法亦難。」

四、信受難

謂一乘圓頓之法，唯談中道實相，非三乘所知。法華會上初為上根之人作法說，唯舍利弗得悟；次為中根作譬喻說，唯四大弟子得悟；又次為下根作宿世因緣說，千二百聲聞方始得悟。故經云：「能聽是法者，斯人亦復難。」

釋四不可得（出《諸經要集》）

佛告諸比丘：世間有四事不可得，自有天地以來，無免此苦。以斯四苦，佛興於世，令諸眾生咸得脫離。

一、常少不可得

謂年少之時形貌光澤，眾人所愛，及至老耄，顏容衰悴，欲常如少時，終不可得。

二、無病不可得

謂強健之時行步輕便，及至疾病，動轉艱難，欲使常安無病，終不可得。

三、長壽不可得

謂愚癡眾生欲求長壽，貪著五欲，將期永久，如是妄想，終不可得。

四、不死不可得

謂世間愚人不悟無常，妄冀四大之身可以常保，一期報盡，隨業輪迴，欲求不死，終不可得。

釋四攝法（出《法界次第》）

攝謂攝受。謂菩薩欲化導眾生，須以四法攝受，使其依附，然後可導以大乘正法也。

一、布施攝

謂財法二施，隨眾生所樂，以此攝之，眾生蒙益，因生親愛。

二、愛語攝

謂隨順眾生根性，善言慰喻，使之樂聞，因生親愛，得受道也。

三、利行攝

謂身、口、意三善行，利益一切眾生，令生親愛，依附受道。

四、同事攝

謂菩薩以法眼明見眾生根性，隨其所樂，分形示現，同其所作，使各霑利益，依附受道。

釋四事供養（出《增一阿含經》）

波斯匿王請佛說法，敬奉一切供給所須，約之為四事。後人法之，遂為弟子事師之式。

一、衣被

衣以蔽體，被以覆身，所以肅威儀，禦寒暑，為供養中第一。

二、飲食

乳酪醍醐及諸果品、飯食、餚饌，所以滋養色身，助成道業。

三、臥具

謂牀褥枕席之類，所以調適身形，將息勞苦，亦助道之所需。

四、醫藥

因寒暑燥濕之感，故有百味藥草及金石丹砂之屬，所以調和四大，滋養色身，成就道業者也。

釋三明（出《雜阿含經》）

對六神通言，照徹無礙，名為通，自然證知，名為明。明視通為尤勝也。

一、宿命明

知過去、宿世受生之事，名宿命通。不獨知一世，乃至過去百千萬生姓名、苦樂等事，皆悉能知，是名宿命明。

二、天眼明

但見死此生彼，名天眼通。復見我及眾生死時、生時，隨身、口、意所作善惡之業，或生善道，或生惡道，皆悉能知能見，是名天眼明。

三、漏盡明

眾生因三界見、思之惑，墮落生死，故名為漏。阿羅漢斷見、思惑盡而得神通，名漏盡通。復知漏盡以後，更不受於生死，是名漏盡明。

釋六神通（出《法界次第》）

天然之慧曰神，徹照無礙曰通。見《瓔珞經》。亦省稱六通。

一、天眼通

謂能見眾生死此生彼苦樂之相，及見一切世間種種形色，無有障礙，名天眼通。

二、天耳通

謂能聞六道眾生苦樂憂喜語言，及世間種種音聲，是名天耳通。

三、他心通

謂能知六道眾生心中所念之事，名他心通。

四、宿命通

謂能知自身一世、二世、三世，乃至百千萬世宿命及所作之事，亦能知六道眾生各各宿命及所作之事，是名宿命通。

五、身如意通

謂身能飛行，山海無礙，於此界沒，從彼界出，於彼界沒，從此界出，大能作小，小能作大，隨意變現，名身如意通。

六、漏盡通（說見「三明」。）

釋五蓋（出《法界次第》）

蓋謂蓋覆。謂諸眾生由此五種惑，蓋覆心識，故於正法不能明了，沉滯三界，不能出離也。

一、貪欲蓋

引取無厭曰貪，希求欣慕為欲。謂諸眾生於五欲境界貪著無厭，蓋覆心識，故禪定善法不能發生。

二、瞋恚蓋

謂眾生於違情境上心生忿怒，或憶念過去煩惱，蓋覆心識，亦使禪定不能發生。

三、睡眠蓋

意識昏昧曰睡，五情暗冥曰眠。以此蓋覆心識，不能發生禪定。

四、掉悔蓋

不能安處，如數數遊行，轉換處所曰掉。掉己思惟，復生憂惱曰悔。以此蓋覆心識，不能發生禪定。

五、疑蓋

猶豫不決曰疑，即癡惑也。眾生無明暗鈍，不能分別邪正、真妄諸法，懷疑不決，以此蓋覆心識，永無出離也。

釋十纏（出《翻譯名義集》）

纏者，縛也。謂一切眾生被此十種法纏縛，不能出離生死之苦，證得涅槃之樂也。

一、無慚

屏處作諸過惡，唯恐人知曰慚。

二、無愧

忸怩不自安曰愧。

三、嫉

見他勝己，心生妒忌曰嫉。

四、慳

慳即吝也。謂於世財及法財吝不肯捨曰慳。

五、悔

謂所作諸過，胸懷蒂芥不安曰悔。

六、睡眠

謂心神昏昧，無所有察也。
七、掉舉
謂心念動搖，不能攝伏，於諸禪觀，無由成就也。
八、昏沉
謂神識昏鈍，懵然無知，不能精進也。
九、瞋忿
謂於違情境常懷忿怒，必致忘失正念也。
十、覆
謂隱匿己過，不能遷善也。

第五輯

北美居留記

一九〇三夏至一九〇四春

提　要

本輯所選，是帶有附錄性質的青年馬一浮日記。標題就直白地說明了內容：〈一佛之北米居留記〉。「一佛」是馬一浮早年的號，標誌了他當時醉心於佛學的狀態，「北米」就是北美，主要指美國密蘇里州的聖路易，所記的「居留」期間，是從一九〇三年七月四日美國國慶日（農曆五月十一日）到次年一九〇四年四月二十八日（農曆三月十四日）。

日記開頭、結尾都別具意義。開端於美國一百二十六年國慶，讓剛剛離國的青年馬一浮「慨然念故國之悲境」，對比美國之歡慶，當時清朝的狀況簡直難以給人期待，也正是如此的大局逼迫，馬一浮才會遠渡重洋來到美國居留。

日記結束在「老父涅槃三周年紀念日」，動心動念是：「乃今者，去國遠，去吾父亦遠，哀哀鮮民，慘慘亡國，能不痛哉！」沒幾天後，他就離開美國，先轉往日本，到當年的十一月，回到了中國。

馬一浮後來成為「現代新儒家三聖」之一，而且在文化立場上，比其他二位梁漱溟、熊十力都更保守，以至於不少研究者認為應將他排除在「現代新儒家」陣營外，因為在他身上幾乎找不到「現代」的成分。然而如果要從「現代性匱乏」或「拒絕現代性」的角度評斷馬一浮，就必須面對這段並不算短的「米國居留」經歷。

從日記中能確切看到他當時對「西學」的興趣，一年間記錄了八十多種西書，類型遍及政治、歷史、社會學、文學、藝術等，而且他也多次嘗試翻譯和整理自己的想法。他曾計劃「使成一書，以為中國之《新民約論》，做社會上之大喊聲」。

臨別美國他都還在日記中表示：「中國經數千年來，被君權與儒教之軛，於是天賦高尚純美勇猛之性，都消失無餘，遂成奴隸種性，豈不哀哉！」

從日記中的青年馬一浮到後來的復古理學家馬一浮，這中間明顯有一段思想的斷裂變化，由此而彼的轉向，一方面說明了其對於轉向後信念之固執程度，另一方面更彰顯了民國文化的高度動盪激烈不定。

一佛之北米居留記

浮生二十一年閏五月十日，當西曆 July 3rd 1903 始旅行至米國之中央密梭立省之聖路易，止於良朋里千三百八十五號。

五月十一日 Saturday of July 4th 1903

為美國獨立大紀念之日，其民皆燃砲舉煙火以相慶。慨然念故國之悲境，感歎不能寐。

五月十二日 Sunday of July 5th 1903

整理行篋，發所攜日本書十數種，覽去上海時諸友人送別之書，黯然生去國之悲。來此三日尚未出里門一步，極以不通言語為苦。所居室偪熱，至午後便不可住，意良不樂。寫致老蟄書。

五月十三日 Monday of July 6th 1903

至美國博覽會工場，歎其建築之壯偉。見賽會伯理黑天德 Terancise。旋至聖路易俱樂部（中國名之日會館，英文為 club houme，日本譯之為俱樂部，甚稱）。廣廈千間，精麗可喜，有諸種遊戲之所。得其俱樂部長之特許書，可自由出入。遊戲、飲讌、休沐，靡不盡善。嗟乎！白種人之遊戲亦有公共之場所，中國則自古未之聞也。使人民公共心之缺乏如是者，孰致之耶？可發一浩歎。

五月十四日 Tuesday of July 7th 1903

天熱甚，又同來諸人競掇拾行李，侵入屋子，妨害我之治安，益不樂居此。作家書並致少梅書。散步數小時，以欲語不得，弗敢遠也。

五月十五日 Wednesday of July 8th 1903

寫致拙存書（二號）並繆書（四號），家書（四號），梅書（四號），皆付郵。自到此五日，迄未得竟一小時覽書，意志良惡。所居屋太偪熱，絕不可耐，竟日悶欲死。

聞老黃言，美人定華商赴會例，須人納五百金圓，呈保書證明實係赴會，並非作工之故，乃許入境。既到會所，則不得出會場一步。且西人之上等俱樂部概不許入。出會場者，即按例收捕，送返中國，當處以流罪。其他尚未知如何。蓋彼固以絕對之野蠻國待我，皆我之敗種、我之腐臭政府自取之。已失國際上之位置，比於亡國。彼曹猶昧昧不覺，得西人之一顧一笑，且以為莫大之榮幸也。豈不哀哉！

五月十六日 Thursday of July 9th 1903

悶熱不作事，甚無聊。欲譯《政治罪惡論》，操筆則汗如霤，輒廢去。薄暮散步至一小店，飲檸檬水糝冰麒麟，甚甘。識中國惡過論數十字。

五月十七日 Friday of July 10th 1903

無所事事，作致无量書（第五號）。往視米國一女子 Miss Codela 哥德納，將以二十日詣彼，從之讀書，每一小時金半圓，日讀兩小時，奉金一圓，在上海可專聘一良教師矣。視女子之言語動作，是一無學問者之狀。然亟不能擇，捨是外無他也。同往者二人，尤狙蠢若狗彘而能囓人，不可得謝去，則不能不與彼等為伍，哀哉！

五月十八日 Saturday of July 11th 1903

偕歐陽祺至聖路易市買衣服及用器，下午遂截辮改服。同住者皆笑而訕之，真奴隸種也。是日寄无量書（第五號）。

五月十九日 Sunday of July 12th 1903

研究英文法二小時。小黃來吾屋談頗久，為言吾中國已實亡國，而蚩蚩者猶意甚得，曾不知搖尾乞憐之可哀。小黃頗能領悟，意氣尚慷慨，且知滿洲人之罪惡。衣冠之族解此者，可謂不可多得者矣。自去國四十日，所遇所接無非蠢蠢之豕犬，得此稍強人意，益念稍有心肝者之缺乏，又增吾悲也。

五月二十日 Monday of July 13th 1903

至 Miss Codela 處讀書二小時，所授皆三四歲小兒之教育法。同往二狗子且苦之而怨。予欲讀文法，故予萬不耐若輩狗子同往，然捨是則無可就者，亟不能待，無如何也。苦讀書少，不如自修之多。姑讀數日，乃後謝去。意更無聊，晝寢一小時許。下午，所居屋火，迫近予窗十數尺，久之乃滅。若在□中，則燒死矣。日來益憤懣，神經瞀亂至於不耐讀書，時時恨人類之慘酷，念斯多噶之自殺、佛陀之捨身，殊有道理，哀哉！

五月二十一日 Tuesday of July 14th 1903

讀書二小時歸後，奇悶，晝寢一小時，翻字典譯所讀《動物學》，竟之。無聊甚，無可告語。思買盧梭書讀之，不可得。作詩自遣，成二篇。楊樸人自金山寄書來，作書答之。楊非有愛於予，特以為應酬耳。然在海外來此一紙相遺問，固亦不可多得。予於楊之書來，益滋感也。居空谷者聞足音而喜，入豚牢則愛犬，人情病於獨則易感，自古然也。

五月二十二日 Wednesday of July 15th 1903

天氣甚熱，讀書竟日，頗耐苦。能自矢不懈如是經年，英文或庶幾乎。

五月二十三日 Thursday of July 16th 1903

研究文法甚久，苦所讀少，然利其易記憶，自己所研究恆三倍過之。所讀李思斐文法 J. b. Nesfiell. *Grammar Series* 第一卷，凡四百六十餘頁，從今日發願，日研究四頁，當以四月竟之，必自矢弗懈。

五月二十四日 Friday of July 17th 1903

研究文法才二葉，中間多為諸狗子所妨害，甚可恨。日來無他思想，惟亟欲通此，頗有欲速銳進之念，必當達此目的不變易也。

五月二十五日 Saturday of July 18th 1903

上午讀書，下午苦熱，甚悶，雜覽唐人文以解熱，不可得，無聊甚。

五月二十六日 Sunday of July 19th 1903

今日當為休息日，苦熱，甚無聊，亦無可往者，雜覽漢文書以自遣。聞梁家小兒自紐約來此，頗欲往視之，察其運動尚不識所在，且無人為之前驅也。

五月二十七日 Monday of July 20th 1903

苦熱甚無聊。女學究以同往二人者皆不讀文法，而予獨斤斤於是，雖不煩教授，背誦問答亦耗時間，必令與二人者共一書。彼等所讀直三歲小兒之課本，益不樂擲一金易譔貓狗數子。蓋予雖不令講解文法，欲藉其考問以自練熟。渠即不願，予仍當自修不為損也。行必辭去，不復學於彼矣。

五月二十八日 Tuesday of July 21th 1903

讀書女學究處，其人所言甚濁惡無狀，非復人理，乃知白種人，固多下等動物，不足與言語。又同往二狗子尤可惡，直畜生道，此尚可共天地耶？明日必不往讀。所出數金作布施狗豕，亦非所惜。歸來廢書不讀，雖不足與畜生較，念異類群噬，住此直非人類所處，烏能不哀？下午譯《獨逸史》二千字。

五月二十九日 Wednesday of July 22th 1903

研究英文二小時，遂不復往女學究處。下午作致少梅書（第五）、蟄書（第五），晚致秋書（第二）。

六月初一日 Thursday of July 23th 1903

久思買書，約歐陽為之導，迄於今未得往，良鬱鬱不樂。嗟乎，因人之難，故如是乎。譯《政治罪惡論》三百餘字。所居屋偪熱，至於腦炎而痛。向夕散步至附近之森林。晚來整理書籍、衣服，頗費力。十餘日來，亂若丘山，不可爬梳。至十二鐘始睡。

六月初二日 Friday of July 24th 1903

寄蟄書、家書、梅書、秋書。苦熱無聊，從一隸人處得《野叟曝言》，覽之盡三冊。

六月初三日 Saturday of July 25th 1903

為老黃作工一日，萃奴隸文字也。

六月初四日 Sunday of July 26th 1903

無聊甚，開卷輒不能盡葉，雜覽華字書，苦無小說可遣悶者。蓋不譯文法於是三日矣，甚歎自治之難。是日以飲水過多，病瀉甚苦。

六月初五日 Monday of July 27th 1903

苦熱甚，所居偪悶若處蒸汽鍋，樓下又無坐處，意煩亂不可耐。抱斯賓塞《社會平權論》略翻閱，輒不能盡一節。譯《政治罪惡論》四百餘字，熱欲死乃罷。思從一米人日讀書一小時，學其音，不可得也。歐陽云秋中當上紐約。予甚欲與偕，過華盛頓揖於獨立碑之下，訪哥倫比亞大學，恣購書以歸。因往來車馬須六十餘金圓，當貯二百圓始可往，無所得錢，當奈何？

六月初六日 Tuesday of July 28th 1903

苦熱，竟日不能譯書。覽久松義典《社會學與事業》，頗愜予心。益欲買諸社會主義與社會學書，不可得，悵恨不可言。夜來無聊，又從隸人借得《野叟曝言》之半，竟覽四冊乃睡。

六月初七日 Wednesday of July 29th 1903

覽久松《社會學與事業》。下午雨，稍涼爽。甚念上海及紹興、杭州。

六月初八日 Thursday of July 30th 1903

患頭痛不作事。天氣微涼，甚思讀書。晚來寫致廉臣函。

六月初九日 Friday of July 31th 1903

天氣微涼而煩躁特甚，不耐翻字典看書。下午譯《政治罪惡論》千餘字。作致无量書、致大嬃書。

六月初十日 Saturday of August 1st 1903

稍稍覽美地理讀本，已復棄置。彼曹往往入人室，妨害治安，無如何，以睡卻之。自十日來無日不睡，睡輒昏然有夢，不知所為。醒來覽李長吉詩自遣。蓋自到此已匝月矣，一無所得，徒增慮耳。

六月十一日 Sunday of August 2nd 1903

苦熱，為老黃作工一日。

六月十二日 Monday of August 3rd 1903

上午為老黃作工，下午往 Mrs Stein 處讀書。教授法略勝前者，每月須金十五圓。

晚來聞故國興黨禍，上海新黨被逮七人，不知名，慮所識皆在其中。嗟乎，舊政府如此之病廢垂死，尚欲殺人，而甘心於漢種之良者，亡無日矣。有此等事，正足以促其撲滅。雖悲數人者之罹於慘禍，能從此激變，一時推翻，更造新國，則諸人者豈不萬歲?惜未在上海賀而祝之。遙望國門，不勝感歎。夜來憶是事，至於不寐。

六月十三日 Tuesday of August 4th 1903

上午仍作工，下午讀書。老黃以金山新聞紙見示，中有滿清政府密拿留學生革命黨之諭。略言國家養士甚厚，留學生等食毛踐土，具有天良，不思報稱，乃謀叛逆，飭下官吏所在收捕，就地正法等語。覽訖不勝髮指。彼曹狗子，具有亡國之熱心，斷送已盡。我漢種近時始有一二人能知政治之原理，明國家之定義。若輩可憐猶在夢中，必欲亡國而後快，不知彼等食誰氏之毛、踐誰氏之土，乃甘心以漢種土地拱手讓人，則若輩自享皇帝之樂。嗟乎，夫中國寸土一毛皆我漢種所有，彼政府正我家賊，不撲滅何待。覽此不勝憤激，不知革命黨運動何若耳!深願一激不挫，從此推翻，吾輩即流血以死，亦復何憾。此諭不知出於何等奴隸之手，其肉尚可食耶!憤激謬亂，不知所云。

晚來重致奇遠書。

六月十四日 Wednesday of August 5th 1903

讀書三小時。天大風以雨，行泥淖中，冠屐盡濕。聞今日風力每一鐘過四十八海里，風力之大者，以南洋各島之恆風，一鐘行百四十海里為最，少者亦八十海里。今特半之，已奇怖。會場建築地被風傷，死十人云。

六月十五日 Thursday of August 6th 1903

昨晚從李豎處借得新小說第三及《戊戌政變記》、《漸學廬叢書》。覽之竟夜，早起甚遲。下午往讀書。聞上海被逮七人者，英領事不肯交出，工部局保護云。又都中所殺者係某報館主筆，眾皆云沈銈，不知是沈翔雲否？

是日寄无量書（第六號），廉丞書（第一號）。

已悉係沈藎，一名沈克誠，為大阪某報請手。

六月十六日 Friday of August 7th 1903

致老蟄書（第六號），家書（第六號），梅書（附大嬃書，第六號）。致老蟄書極言此間之腐敗不可以居，擬稍稍引去而學於日本。致大姊書並言：家時姊謂浮不知與人處之難，曩時猶謂此持保守之見耳，英雄之於人，何所不可。乃今思之，其言良是，不可易。益歎吾姊閱歷之深，萬非吾所及也。

六月十七日 Saturday of August 8th 1903

上午勞働，下午讀書。碎 Mrs Stein 一瓶，將購而償之。歸後無聊，閱謝濟世《西北域記》，甚好其文辭。所語皆有寄託，自念遠涉，亦與梅莊差復相似，暇欲傚其文為北米居留記。自六七日來不譯書矣。

六月十八日 Sunday of August 9th 1903

作工竟日。下午散步兩小時。甚無聊，益少志慮。

六月十九日 Monday of August 10th 1903

同 Omgang Kee 至 St. Louis City 尋得一書店，求所欲書一部，弗能得，大可詫怪。惟有斯賓塞《社會進化論》三冊，奈須金六圓，捨去，尋甚悔之。歸來得見香港報，知上海會黨被逮事。章枚叔、鄒容甚激烈，譟慨有英雄之氣，可喜。鄒容者，在上海甚熟識之，不曾一見耳。

六月二十日 Tuesday of August 11th 1903

閱西報，稱滿洲政府聚議於頤和園，請俄人保護。革命黨反逆之舉動，嗟乎！中國之為土耳其不遠矣，哀哉！聞之髮指，徹夜不寐，起閱《世界近世史》。

六月二十一日 Wednesday of August 12th 1903

從友人處得見英國文豪詩選一部，甚樂之。

六月二十二日 Thursday of August 13th 1903

睡至十鐘始起，與鳥獸處慣，絕無生人意，殆如鬼矣。下午讀書甚無聊，念得一處無黨之美人與之為友，良不惡。惜哉，乃及此無人之境也。昨與无量書未竟，而為諸奴子所嬲而罷，思寫竟之，亦以意體大惡，不耐操筆。

六月二十三日 Friday of August 14th 1903

意闌珊欲病。覽李長吉詩，甚好之。晚譯《獨逸史》二千字。

六月二十四日 Saturday of August 15th 1903

昨託人買盧梭《民約論》，斯賓塞《社會學》及《無政府主義》、《英國文學史》等書。云此間無有，將帶信購之 Chicago，一周內可到。日來益少志慮，唯念念在茲未嘗釋耳。獨投身汙垢地，滿目魔糞，乃無一人可與語者，奈何不悲。哀哉！吾處此真如入九地不覩天日，不知人間更有何事，可消平生莫大之戚者矣。

六月二十五日 Sunday of August 16th 1903

蚤起復習所讀書。忽得《社會學》一冊，為美人就斯賓塞氏之書編輯，以為學生讀本者，雖非全豹，得此亦大佳。竟日僅讀一葉，甚好之。因得是書，尤望他所購書都一一得至，蓋予之聯想愈默足之習慣，往往如此也。其書凡十六章：(一)吾人之必要；(二)社會學者何也；(三)社會之原理；(四)社會學之非難；(五)客觀的非難；(六)由於直覺的、主觀的非難；(七)由於感情的主觀非難；(八)教育之弊惡；(九)愛國心之弊惡；(十)階級之弊；(十一)政治上之弊惡；(十二)神學之弊；(十三)論教化；(十四)生理上之改良；(十五)心理上之改良；(十六)結論。

六月二十六日 Monday of August 17th 1903

是日為中國滿洲君主載湉之生日，同在諸狗子搖尾叩頭，寫一紙牌曰「皇帝萬歲」，以供奉之。直是病狂學鬼，誠可哀憐。予輒堅臥不起，彼曹度其亢，不敢來嬲也。嗟乎，中國自二千年來無一人知政治之原理、國家之定義。獨夫民賊相繼，坐此且亡國，猶漠然不知悟，豈不哀哉！夫政府有特權，用以媚外保衣食，不復知有人民土地，人民亦竟任棄之若無事。嗟乎，慘哉！夫以社會之倫理言之，一人犯罪則為一群之公敵，無法以變革之，則唯有撲滅，不少可惜。蓋滅罪人者，固社會上莫重之責任，必罪人滅絕而後群治可保、道德可全也。今政府為奴隸者何也？中國社會全體之罪人，何一非中國社會全體之公敵，何一非中國社會中所當誅滅者乎。嗟乎，慘哉！覽此意覺寥亂，無一二人，則中國之所以亡，已為晚耳。

自去國後，神氣時復清明，時復昏眊，往往有種種不規則之理想。念須益以科學的智識，徐當整齊之，使成一書，以為中國之新民約論，作社會上之大喊聲，次弟其條理以為致筆之張本，不知何日始得就也。

六月二十九日 Thursday of August 20th 1903

三日來意緒大惡，不復記一字。買得體操具二。所居尺寸地，無可為運動區者，置之而已。

蚤起忽得郭奇遠書，只六十四字，略言：自吾去，此界益腐敗，渠不忍坐視其死，將適溫州。而絕無一字及无量、廉臣，大可怪。念檀香山書當已得達，獨奈何諸子都無答書而奇遠乃先焉。不圖去國百日，諸子遂都忘人間有浮矣。念世界不知何狀？臣必大咆哮，无量好動而浮躁，易事必不相協，當奈何！

六月三十日 Friday of August 21th 1903

到此忽忽兩月，念學問不長進，又處獸窟，絕無生人趣，惡能不悲！老黃招遊於聖路易之湖，無足觀覽，唯林木甚盛。與諸動物為伍，雖有佳山水亦令人作惡，不欲觀也。

七月初一日 Saturday of August 22th 1903

得 Harrington 氏譯盧梭氏《民約論》一冊，其書在一千八百九十八年出版，蓋近譯本也，喜其淺徹易曉。數月來求此書久矣，今得之，其樂可想。五十日中無時不悲憤，唯得此書及前買斯賓塞《社會學》讀本二事，差有生人趣耳。嗟乎，念无量等甚苦，憶无量別時囑為買致此書，今僅一冊，明日必再謀別購一冊寄去。

七月初二日 Sunday of August 23th 1903

閱香港報，知上海黨禍方盛，章枚叔等就質法庭，西官強脅之跪。嗟乎，此尚有人理耶！又聞黨人以《蘇報》之被禁，議更創《國民報》以抵抗之，差足快人意。但祝其必成，庶幾民氣尚稍伸耳。又得見岑春煊剿辦廣西亂黨之條約，凡叛者皆誅殺無赦。念此文多出於周孝懷之手。周者，予素知之，曾遊於日本，前年以書勸我留學東京者也。乃不為國民效力，而助奴隸殘害同種，異哉，異哉！

讀《民約論》二篇，甚易解。視斯氏《社會學》淺切可誦，前日以三小時半讀斯氏書一葉，以其難曉，遂置之。今覽此殊了了，益愛之。蓋予之得此，勝獲十萬金云。

七月初三日 Monday of August 24th 1903

天氣奇熱，暑表過百度，同學者請休假一日不讀書。予獨覽《民約論》草譯數篇。一盧梭自序；一卷首小引；一總論；一論最初社會；一論強權；一論奴隸之由來。夕九鐘餘，以苦熱，移床就窗牖以取風，床甫動，屋頂之玻璃窗槅忽飛墜，中床之舊址。使非以熱移床，則予方仰臥執《民約論》忽忽將睡去，此窗槅飛墜必中於身，幸不死，亦當被重創矣。無意得巧免，蓋所謂數耶。此雖小故，特奇，睡起模糊記之。

七月初四日 Tuesday of August 25th 1903

寄拙書（第七號），梅書、家書（第七號）。略翻閱《民約論》。夜來大雨，昨夜破窗中雨下侵臥榻，起移榻以避之，三徙而始免。又大風號於空間，窗櫺戟戟作聲，益不能寐。至四鐘雨稍歇，始矇矓一閉眼而已。

七月初五日 Wednesday of August 26th 19C3

讀書。甚無聊。薄暮散步，與一動物至聖路易公園 Delmar Garden 遊覽，歸迷失道，躡足行泥淖中，甚苦。

七月初六日 Thursday of August 27th 1903

以日練體操，略覺臂痛，然行之不怠。夜來再至公園，蓋予之無聊甚，不知何之，輒任所至，以遣此晷刻。觀覽無足樂而行路甚以為苦。念故鄉方遭水浸，不知作何狀（見六月朔《申報》）。夜來不寐，至十二鐘，老俞忽以書二冊來，一為《英國文學史》，一為諸文豪之詩，不禁喜躍。繙詩中得彌兒敦《失樂園》之作及擺倫〈歎希臘〉之作，略覽一過乃睡。

七月初七日 Friday of August 28th 1903

覽《擺倫傳》。下午讀書。Mrs Stein 令其女弟彈琴，頗娓娓可聽，惜不解其曲。晚來與老俞散步歸，習體操。弄鐵丸誤掛左手大拇於帶鉤，皮肉盡裂，流血盈腕，敷藥裹創，然後乃睡，尚不覺痛楚耳。

七月初八日 Saturday of August 29th 1903

覽擺倫詩，欲譯之，苦不盡了了。讀彌兒敦《失樂園》詩，亦苦難解，甚恨不早讀十年書。左手大拇創頗痛，蚤起甚遲。晚來三至公園，歸覽《香港日報》，知民友遠竄青海，枚叔、蔚丹等頗健爽可喜！但不知究竟事態如何耳。

七月初九日 Sunday of August 30th 1903

竟日無聊，雜覽新小說以遣悶。若輩不知倫理上之公德，往往以小故侵人之自由，雖不足為意，頗厭苦之，以是益悵悵不自得。

七月初十日 Monday of August 31th 1903

定《民約論》目錄。讀《英國文學史》、《擺倫傳》，甚艱，不可驟通解。甚怪无量輩絕無書至。晚來頗思為詩寄大婁伉儷，不就。天已涼，早睡。

七月十一日 Tuesday of September 1st 1903

意無聊。夜來再至公園觀外國戲。叫呼塗面，一如中國。其戲絕無道理，乃知美國社會上應改良之事亦復減中國，如是戲曲非文明人行樂之事也。

七月十二日 Wednesday of September 2nd 1903

起甚遲。意故國無一字來，令人愁絕，意良不樂。思為書寄上海諸友，所懷萬端，執筆不得盡一二。念今日為七月十二，去年此日，予方居上海虹口，得電馳歸紹興，思之黯然。

七月十三日 Thursday of September 3rd 1903

寄无量、廉丞第八書，答奇遠書。甚無聊，夜來覽李商隱詩自遣。念无量等久無書來，怪絕。

七月十九日 Wednesday of September 9th 1903

閱香港報載，法國有文學家，嘗將歐美各國君主每一分鐘之入款算列如下：

俄皇十六鎊四絲令。

奧皇七鎊一絲令。

意皇四鎊七絲令。

西班牙王二鎊十七絲令。

德屬馬花麥一鎊十五絲令。

德屬塞維爾十九絲令。

德屬烏典北十三絲令。

法總統七絲令。

德屬路馬麥六絲令。

祕魯十九絲令。

丁抹十四絲令。

希臘六絲令。

威王六絲令。

美總統二絲令。

夜來寫致少梅書（第八號）。

七月二十日 Thursday of September 10th 1903

天大雨，冒雨往讀書，苦飢甚。自三日來，每中夜不寐，煩憂亂興，白晝輒忽忽思睡，幾無生人意。覽《加萊爾傳》數行，竟厭倦，輒復置去。嗟乎，不能自振作如此，不如死也。無聊，復取皇甫謐《高士傳》、葛洪《神仙傳》覽之以自遣。

七月二十一日 Friday of September 11th 1903

連日苦悶。住最高樓，大風侵入窗牖，吹腦作痛，將生病。無可自遣者，雜覽舊大陸報，殊不耐觀。夜來與二三動物復至兌爾麥公園，蹶於車下，幾仆死。余以為此特易與耳，一足甫上，車行疾，遽顛撲，幸未傷。

七月二十二日 Saturday of September 12th 1903

昨晚得《合眾國史》一冊，蓋此間中學校教科書也。覽之至夜過半始睡。今日特奇悶無比，方取梁家小兒《羅馬傳奇》以遣悶，忽廉存書至，為六月十九所發。知吾金山信已達，而社中事益不可問。无量自浮去，益傾於絕對之厭世觀，而放乎美人醇酒之場，錢盡歸去，乃竟不與浮一字。浮書已達其五，竟不一報。念无量以浮之此來有損於人格，遂與之絕交矣。社中出版書已得數種，尚差足告無罪。廉存辛苦支持，至足感也。奇遠尚留社，獨殷次伊以逃黨禍落水死，傷哉！予之行也，次伊餞之於九華樓，即日還常熟，猶謂及予之行至上海相送。予是日為下等動物所招，未往送其歸。行之日，度君復以事無暇，未來滬，無由得相別。豈知九華一飲遂致永訣，可哀也！无量既傾於厭世主義，沉湎自放，照此大妨害於健康。身世孤憂，僅此一二友朋，復寥落不可問，嗟乎！

七月二十五日 Tuesday of September 15th 1903

兩日奇悶，不耐讀書，雜覽唐人小說自遣。今晚往觀外國戲，戲中假為支那之廣東人設賭局，為一惡少年之奴隸，助其奪人女。種種不堪之狀態，令人欲笑不得，欲憤不得。嗟乎！支那國民殆性之卑汙、為白種之劇場之傀儡笑話而已，哀哉！

七月二十六日 Wednesday of September 16th 1903

蚤起見香港報載，支那有學生八人赴柏林，將學陸軍，度是民友輩，甚可喜。又法國某理學家，發明地球成長不過三萬年。有人以生物變遷之蹟夥多，當經過數十萬年之說相難。某言波羅海之黃蟾及麻，百年前始有之，今已變遷得百餘十種，可知生物變遷之率至速，不能執地球上生物變遷夥多道，謂地球已歷久遠之年代也。念其說頗足供參考，遂記之。

七月三十日 Sunday of September 20th 1903

覽《人權論》。昨夜不寐，晝寢數小時，昏然者但憶馬君武贈別詩，已失其稿，特記而錄之：「離合本無端，與君別獨難。友朋更寥落，身世雜憂患。龍自藏鱗爪，鷹思蓄羽翰。丈夫愛本國，莫謂不生還。」

八月初五日 Friday of September 25th 1903

得老蟄二書（六月二十四、七月初五），阿拙一書（同日）、廉臣一書（六月廿七）、少梅一書（六月初四）。月來望之久矣，今日而我理想中所有之書，乃得一一到，快慰勝獲十萬金也。獨不得无量一字，今我怪絕。廉臣書言无量深恨浮，嘗自歎曰：如浮尚不可恃，何況其他。而是益抱厭世主義，蓋將與之絕矣。嗟乎，无量亦知浮之此來蓋非得已邪。少梅書言老姑母安善。大姊並有詩致予，惜不能答和。老蟄之言不甚當於理論，而其意則可感。拙存所說甚有道理，足喜也。

八月十七日 Wednesday of October 7th 1903

此十日來意志紛亂，雜覽無當，唯得加賚爾《法國革命紀》及《英雄學□論》[1]，讀之甚可喜。欲尋得《近世哲學史》、《人權論》、《政治罪惡論》，賈書者為取之他所，日望其來，胸中常若有物不能去，若曙者之思美人也。

昨寄大姊詩二首，錄之：

不信神州竟陸淪，天涯獨立淚沾巾。屈原有姊能憂國，燕市何人敢入秦。一日悲歌辭故土，百年慷慨對斯民。此生未了興亡責，塵海飄零鬢髮新。

一身孤恨垂亡國，萬里殷勤重寄詩。胡馬嘶殘關外月，秋風吹折□□旗。眾生沉醉無醒日，佛法莊嚴有盡時。我祝鸞光得偕隱，即令雙佔自由絲。

昨閱某報，載露人賄我政府諸官吏凡九百七十四萬盧布外，祕密賄尚五百萬盧布，一盧布合中

---

1 指蘇格蘭歷史學家 Thomas Carlyle（一七九五—一八八一）的著作 *The French Revolution: A History* 與 *On Heres, Hero-Worship, and the Heroic in History*。

國銀七百九十三文。嗚呼，露人之毒惡，甚哉！

前次曾寄少美伉儷一詩，輯錄之：

天地彈丸隔，星辰北斗高。時危萬事慘，錢盡一身遙。玄髮悲明鏡，黃塵笑寶刀。此心未磨滅，夜夜夢江潮。

八月十九日 Friday of October 9th 1903

天寒，夜寐早醒，念去年此時方在杭州與无量恣遊西湖，其樂可憶。人事靡常，遽爾間隔，而无量且以是深憾浮，迄無一字之報，足歎也。嗟乎，无量亦知四萬里外有一人者獨坐孤思，憶无量甚苦乎。

八月二十三日 Tuesday of October 13th 1903

以伽來耳《法國革命》寄贈无量。昨日新獲《近世哲學史》、《人權論》、《政治罪惡論》三書，甚可喜。然得於是，錢盡矣，欲買小說數種寄无量，不可得也。

九月初六日 Sunday of October 25th 1903

昨因某報載波蘭有女子五十人留學普國保慎省學校，痛波蘭之亡也，日日演說鼓動告波蘭之獨立，波政府逮捕之。又德國玻威利亞州穆勒翰市之社會黨，以為市吏所禁，乃提議至達布河中水淺之處集眾演說，蓋以是河為中央政府所轄，不屬於市之支配，不得禁之也。演說之日，至者二千餘人，陟立水中至數時之久云。嗟乎，此二事者可與我支那之近事對照矣。支那新黨少年，其境遇與波蘭女子同，其氣概乃遠不若波威利亞之社會黨也。一二人墮獄中，則百十人皆逃影匿聲伏海外。嗟乎，如是尚何說哉！

昨日嚮晚走十餘里至一公園，森林草地清絕可愛，迫暮當歸，恐不得飯喫，竟未觀一建築物而返。晚來又為某所嬲，至學琴之女子處觀種種之戲法，歸已夜過半，頗覺腰酸痛。

日來意緒大惡，頗望中國有書來以解其悶，不可得也。

九月初七日 Monday of October 26th 1903

奇悶，雜覽小說自遣。甚怪支那。嗟乎，我國哉！嗟乎，我國哉！

九月初八日 Tuesday of October 27th 1903

欲買書未果，意殊無聊。甚望上海有信來，復杳然不可得。日來起時不如睡時多也。如此不耐，不如早死。斯世久當厭棄，尚何待乎。

九月初九日 Wednesday of October 28th 1903

今日，中國重陽矣，昨晚夢良惡。嗟乎，吾國之命已成霜後之草，眼中人死喪殆盡，一二朋友又相間隔，生人之趣已消極，唯當狂飲□□，以求死耳。

九月初十日 Thursday of October 29th 1903

日來意緒惡，又多餐冰忌廉[2]，胸中忽起塊壘，吐氣不舒。予故有喘疾，痰上氣壅，則先有如是之現象，不發者已二年，今又當作矣。念體中今日尚有熱氣，不久便當化為冷塊，長與斯世諸動物辭，何嘗不善？平生所懷之希望，對於全世界眾生，對於吾國，對於社會、朋友、家族血屬之種種思想，必不得毫髮遂，而唯對於自己求死之希望，斷斷可成耳，哀哉。

晚來強至戲園觀劇，同去數動物歡喜無量，予雖欲以此稍稍蕩滌其悲緒，不可得也。

夜不能寐，自昨晚即四肢發炎，今復爾。起覽自由結婚小說以遣病。

2 即鮮奶油，「忌廉」為香港音譯（cream）。

九月十四日 Monday of November 2nd 1903

自十二日輟學琴，始以煩意哀懣之積，欲以此稍稍解散之，不可驟工。因念擲多量之金錢營此不亟之務，不如以之買書。且其人亦不當吾意，絕無高尚之概，知要錢而已，故決計辭去。然余每事皆首尾衝決，是亦足病也。

日來劇思買書，約一人為傳語，其人泊然應之。其人者，常以瑣瑣之事浼予，予皆竭盡以報，而予有所要，則置不聞。凡支那動物，合群之公德類如是，亦何足責。今日乃獨往約翰書店，自與之約，買得十餘種，須七日後乃可來。蓋彼將為覓之紐約克也。顧買得小說兩說，視其中告白云，最新出版有名《社會夢》者，明日必再往問之。

九月十五日 Tuesday of November 3rd 1903

今日為吾母棄浮十周歲之紀念日。嗚呼，幼罹多憂，孤露餘生，忽忽長大，修名不立，苦學不成，能不哀哉！遠在海外，無由上墳墓一拜哭，遙望越天，痛惻肝腑。

九月二十六日 Saturday of November 14th 1903

錄某報：波蘭社會黨之祕密雜誌自千八百九十五年至九十九年，凡十八萬四千餘冊，由英國倫敦刷印輸入者十二萬三千餘冊。此特極祕密者言之，若普通發行者，則自千八百九十五年至九十九年，凡七萬六千一百七十五冊，外國輸入者五萬三千六百六十四冊。又每輒五月舉行革命之紀念。波蘭之民同盟罷工、組織軍隊行歌於市，屢為警吏所禁，波蘭之民不為動云。

余觀於波蘭民黨祕密會之事，而為吾國人悲哀痛惜。夫波蘭之肉為俄、普、奧之所食久矣，吾國亦將蹈其後，然恐亡國之遺種尚未必有如是之團結力與熱心也。吾國之雜誌今日尚如此不發達，以視波蘭何如邪？哀哉！

約翰書店來書言，所買書並到，唯《民約論》與亞里斯大德《政治學》尚未到。因往取，得達爾文《種族起源》一冊以歸，以書須後天始送來也。

九月二十八日 Monday of November 16th 1903

昨夜至三鐘始睡，起來甚不舒服。天大風陰霾，意愈不適。思念故國，不勝悲哀。

得奇遠自溫州來書，言廉臣與无量反目。嗟乎，人且無外搏，廉、量其忍內相搏乎？奇遠尚不忘予，可感也。

今日得孟德斯鳩《萬法精理》、黑格爾《歷史哲學》、伯倫知理《國家論》、柏拉圖《共和國》及斯賓塞最晚之著作《事實與評論》。他更得《亞剌伯一夕話》小說一冊、《懷疑記》一冊。甚歡喜，然惜不能盡解，又無一人可與共研究者。余每買一書，必以不得與无量共覽為恨，不知无量亦憶予否耳。

九月二十九日 Tuesday of November 17th 1903

閱香港報，說阿超[3]在米運動一百五十萬金，欲辦大商會。梁家小兒[4]亦自有本領哉。

海外早寒，九月已飛雪，圍鑪獨坐，聽風聲如吼，萬籟嗷然，不勝異國之感。舊感前悲，一時並聚，遂返往事，發為哀吟，並將寄大姊覽之。

〈今年八月，二姊涅槃後三周（年）紀念，浪泊海外感成〉

一從別後幾滄桑，亡客天涯百感傷。帝國莊嚴成夢影，英雄事業付蜩螗。故山萬里生青草，碧海千年尚夕陽。何日勞生重解脫，只今猶自咽風霜。

零丁後死今三載，孤憤哀時述〈九歌〉。空有靈心參妙密，未憑纖手造共和。（姊好印度哲學，又抱政治改革之思想。尺寸未克見而與支那俱死，惜哉！）兒時苦樂從頭憶，世態煙雲逆眼過。彈指餘生能幾日，不知輪轉更如何。

---

3 指梁啟超。梁啟超（一八七三—一九二九），清末戊戌維新變法領袖，新文化運動驅動者，民初重要的知識分子與政治人物，康有為弟子。其曾於一九〇三年曾遊歷美國，進行政治、社經與人文等多項考察。

4 指梁啟超，注釋同前。

〈七月紀念之憶〉

沉沉一夢遂經年，曇影空華亦偶然。豈有精魂能化石，欲追舊恨已如煙。胡天秋雨□山鬼，慈塚斜陽集暮鴉。他日中原□血處，料無消息到黃泉。

十月初四日 Saturday of November 21th 1903

閱中國報《思文匯西報》，說紹興近來之開化，且出白話報、辦女學堂，甚為歡喜。同時聞杭州復新出《宇重光》雜誌，頗欲郵購之，以見吾鄉近來學界之一班也。

寄 Berkeley 中國學生會書，託王君 O. T. Wong 2208 pul-ton pb，書訊學生會之組織，並問王寵惠、章宗元之所在。

今日見中外報載，上海育材社有卒業生王傑士、朱葆芬二人來米遊學。此輩青年殊可嘉，惜未得見之，一鞫吾國近狀。

十月初八日 Wednesday of November 25th 1903

為詩寄无量。

天南一星光萬丈，我所思兮謝无量。悠悠漢土無一人，獨醉獨行江海上。別來忽忽九千時，夏日有書遠見遺。平生意氣頗自許，一日辭君走萬里。景物非殊國已分，形骸未滅心先死。微塵億劫盡狼煙，眼底唯存厭世觀。君當入山拜雪案，我亦跨海求神仙。嗟哉，人群只因罪惡起，萬物都為生命累。心靈亡後見文明，痛苦相連成歷史。君不見白骨千堆染鮮血，百年始造共和業。至今壞塔長青苔，歲久銅碑字磨滅。又不見昔日連盟萬國宗，登壇百戰下群雄。金戈玉冕莊嚴相，惟在倫敦劇院中。浮世那堪重回首，但須痛飲尊中酒。黃金散盡燒著書，名字要隨泥土朽。巴黎女兒絕世嬌，東歐大俠堪結交。刺殺群帝不快意，更令美人射海潮。十丈氍毹看妙舞，寶衣名劍光如土。餓吞北極千年冰，睡駕南非黃額虎。投足只應天地客，佯狂醉死亦良得。何不踏浪遊十洲，人間休問興亡孽。我居球底君球面，頭顱未落終相見。報君一尺李陵書，望斷胡天數行雁。

十月十一日 Saturday of November 28th 1903

天大風，枯坐無聊，翻閱《種族起源》，不能盡解，偶憶前過太平洋時有四律寄示滬中諸子者，未嘗留稿，從□錄之以自遣焉。

扁舟飛渡太平洋，暗數人間舊劫場。異類已看成蛤蚌，群兒何苦逐蜣螂。閒編悲劇三千譜，渴飲冰漿十萬觥。兀自消磨休晚問，天園孽海總茫茫。

千金散盡辭國去，萬里行行獨自愁。醉後不知殷甲子，醒時猶作魯春秋。帝冠雄辨空年少，鐵血功成已白頭。遙望中原無限意，海天飛過一沙鷗。

萬里來尋獨立碑，丈夫到此自堪悲。入關不見咸陽籍，擊劍誰攜博浪椎。國命真如秋後草，黨人猶是褌中蟣。千秋意氣英雄骨，都化煙雲逐雁飛。

滄海飄零國恨多，悠悠漢土竟如何。世尊說法諸天泣，一鳳孤鳴萬鳥歌。法會舊同囚路德，國人爭欲殺盧梭。投杯看劍傷心哭，誰為招魂弔汨羅。

十月二十四日 Friday of December 11th 1903

蚤起甚餓，無飯喫，何可忍耶。日來望中國書不得，胸中常若有物作梗。讀書毫無意味，唯日尋小說以自遣，又不足快意。嗟乎，故國諸子即忘懷於浮，亦莫可奈何，且書之不來亦偶然耳。而不能已之情至於如是，益見□志之難。

十月二十五日 Saturday of December 12th 1903

昨閱紐育《太陽報》載，斯賓塞於十二月八號死去。氏生於千八百二十年，得年八十三歲。寰球最有名之哲學者今死矣。予讀其書，常冀走倫敦幸獲一見，此志已矣。使予在倫敦，猶當持華以送其葬，以表敬慕之意，惜不得往也。美國各報皆為作傳記、評論，占其報篇幅之大半，可謂榮矣。嗟乎，斯氏豈知之乎。予誠有感於先生之死而重自悲也。予之學若天假以年，或可造至斯氏之地，而予之死，則必較斯氏為不幸也。

天大風雪，念故國諸子久無書來，意愈益不適。覽紐育《太陽報》，論露西亞之戰機，重為吾國人悲。聞此間聖路易大學與東聖路易大學皆以分割中國之當否為問題，令諸生演說。東聖路易大學生主張分割，而聖路易大學頗反對之，以為美國當守孟魯 Monroe 主義，分割中國之行動，為破壞國際上之道德。嗟乎！人之欲分之者，皆熟計深論，攘臂而呼，我國人之全部之大半，尚瞢然不覺也。哀哉！

十月二十六日 Sunday of December 13th 1903

頗思為書致中國學生會，稍稍鼓動之。彼輩將於今月之末基督誕日開演說會於金山，昨見其廣告，尚有「我學生當造成輔佐朝廷之資格」之語。嗟乎！至於今日，苟尚有一點人血者，尚忍作此語耶？因又念此種崇拜暴主政體，天賦之賤種，直不足與語也。哀哉，我同胞乎！入自由國，受自由教育，而奴性之堅牢尚如是，吾族富有豸耶！

閱紐育《太陽報》載：日本議會之訟內閣甚激烈，反對執政之對於露西亞之延緩政策。Temporizing policy 駁其天皇之演案。嗟乎！日本民族之於露國問題之決判，百折不撓，生氣勃勃，可敬哉！吾族能不愧死！

十月二十七日 Monday of December 14th 1903

覽《太陽評論》斯賓塞氏之學派。得見上海報載：杭人高爾伊私與意大利人訂約，開金、衢、嚴、處四府礦山，浙人之留東者，具公揭暴其罪，謂以四府礦權授之意人，則全浙皆將化為意大利領土，我浙人必亟力阻止之。尚不知如何？嗟乎！我鄉人有礦山而自棄之，必以貢獻於外人而後快，此豈高爾伊一人之罪耶？又豈獨浙江然，諸行省皆如是也。哀哉！

十月二十八日 Tuesday of December 15th 1903

自前月十六得拙存一書後，至今四十餘日，不見故國一字，可怪之甚。昨託人寄信東京買明年千九百四年之《太陽》及《外交時報》，復寄信金山買《文興日報》。

薄暮正無聊，得老蟄九月十三書、少美九月二十一書並大姊書，皆甚長。老蟄書中極言吾國青年社會之墮落與交友之險，雖於倫理未盡合，其言甚真摯，且知亡國之哀。少美書累數千言，自謂思想大進，然尚少秩序之言，會當為書導之，使讀哲學書。大姊相勖亦甚厚，又幸老姑母無恙，月來積念稍稍解釋。惟絕怪廉臣、无量之無書來耳。紹興一大營業所，更進腐敗，不可收拾，此雖小事，不足縈念，亦足累也。

十一月初二日 Saturday of December 19th 1903

為詩寄答大姊三十均：

大陸干戈日，東西南北人。淪亡哀祖國，憔悴為斯民。徒步行千里，浮雲等一身。
吹簫名任辱，嚙雪事酸辛。容得劉伶醉，空嗟阮籍貧。為奴悲漢種，磨刃向胡秦。
絕域驚寒逼，殘年百感新。飄零憐瑪志（，指瑪志尼。）臠割弔波倫。（波倫或譯波蘭。）
朔地煙氛惡，中原犬馬馴。由來厭征戰，況乃善和親。舞夜金吾走，樓船鐵騎屯。
連城張白璧，群盜遍黃巾。寂寞山河改，蕭條草木春。傷心陳後主，太息郗嘉賓。
七月巴黎火，高秋白帝塵。乞盟方顛頂，黨獄更紛綸。鵩鳥棲予舍，豺狼惱比鄰。
共和徒夢想，帝政尚偁神。孽劫知何世，虛空未有垠。酒杯澆敗土，文字集炊薪。
喋血趨沙漠，佯狂哭海濱。愁雲蟠蜃氣，枯樹長龍鱗。拔劍延寒月，行戶遶亂榛。
餘生隨電燭，良友隔星辰。不寐聞刁斗，因風憶白蘋。肝腸誰下石，鬢髮漸如銀。
路易罪當殺，羅蘭志未伸。薔薇爭乍起，瓜蔓禍猶頻。萬事慘無極，哀多難重陳。
蒼茫對搖落，回首望松筠。

十一月初六日 Wednesday of December 23th 1903

潔所居屋，整理書籍竟日。月來意闌珊，而又遭諸動物之侵入，亂若丘山，不可梳櫛，躬自檢拾，至四小時，始稍有秩序，憊甚。此區區者尚不能整齊，益歎自治之難。思為書寄毅侯，又怪其無書至，不果寫。

十一月初七日 Thursday of December 24th 1903

明日為基督生日，米人皆罷工遊戲，相慶賀饋問，一如支那之過新年。宗教迷信之力，何時始消滅耶？至約翰書店，屬為致社會主義書數種，不知何日始得之也。

十一月初八日 Friday of December 25th 1903

蚤起，得无量書，數千言，大喜大悲，大笑大哭。欲即為數行答之，不知所云。天忽大風以雪，風吼聲若虎豹之嗥，意益苦。覽擺倫詩。

十一月十二日 Tuesday of December 29th 1903

聞駐美日本領事某君，遣員至米洲各埠演說。對於露國之宣戰之民意，勸居留之日人，效力於國。日人有慨然歸國願為兵者，有納重金以供軍費者。嗟乎！日人之愛國，視我支那人之居米者何如哉！

日來甚望廉臣所寄之書報來，不可得。

近日，英國某醫士論曰：以歷史上、社會上之觀察，人長壽者，以慳儉之人為多。蓋其性不慾慾，勤謹謀生活，作息有時，意中唯知金錢，別無他思想，故戕伐精神之機絕少，得享長壽。火性最礙養生，人當盛怒，則心大跳動，緩速無序，能使血化為痰，不能鼓行週身。多怨恨則令人瘦，發熱驚恐則傷腦、傷心，能令人癡。為害最速者，莫過於憂愁，多憂愁則肺血少，舌本強結語塞，而目生翳，久之必死。

聞孫逸仙在檀香山演說革命。

十一月十四日 Thursday of December 31th 1903

得无量一書，君武一長書，廉臣一書，老蟄一長書，一時間如見此四君，快哉！

君武發憤攻科學，並致力於德文，可怕之至。書中云：「吾人生今世，不通二三國文明語，非但不可以講學，實則不可以為人。」善哉！如我者，乃當愧死矣！君武獨善我詩，亦奇。

十一月十五日 Friday of January 1st 1904

嗟乎！二十世紀之第三年往矣，我慘黑可哀之死國白骨已朽，鷹犬饜肉矣。我居人國，人方歡喜歌蹈，以迎其蓬蓬勃勃之新運。我閉目內憶我國之悲境。自今以後，雖欲學孺子吹竹笛皷胡麻糭，安安恬恬以過新年，不可得矣。哀哉！可哭哉！吾不知二十世紀之第四年，乃至第五年，地理上、文學上、政治上尚有支那帝國之一名辭否乎？抑遂從此消滅乎？吾恐即不如是年復一年，則吾人欲求支那之遺影於此世間，唯在演劇場之臺上、述哀詩之句裡，如是而已矣！吾將為此臺上之主人翁乎，抑為此哀詩之著作者乎？嗟乎！我今日尚活也，不如死乎！

十一月二十日 Wednesday of January 6th 1904

寄答老蟄書，並附拙存書、廉臣書，寄无量書至天長，寄少梅書至紹興。

日來多睡，神經溷濁。二十日來，未嘗讀書，不自振作，如是安可活耶？從今日起，發願不懶惰。

昨獲陶遜氏《日耳曼社會主義史》、愛維雪氏《學生之馬克士》、英吉士《理想的及科學的社會主義》各一冊。陶氏、愛氏之書，皆社會學叢書本，英氏之書為社會黨叢書本。社會黨叢書者，嘗想買之以分贈君武、无量。又獲米國法學博士山公之《修辭學》、《論理學》、《心理學》新刊書各一冊。

雪茄哥某報云：「查一千九百三年美人之輸助於教會、慈善事業、公園、學校、圖書館、博物院等之款，有數可知者，凡七十六兆九十三萬四千九百七十八。（七六，九三四，九七八）此數尚不在捐款常額之內，乃係額外捐入者。有富商乾尼基，獨捐入圖書館銀五百五十八萬五千五百元，捐入學校銀一百二十九萬四千五百元，捐入鋼鐵廠恤勞工之老病傷害之給糧者四百萬元，捐入機器工人之養老院一百萬元，他教捐當六萬八千元，捐於外國之慈善事業者九百八十三萬四千元。人洛他鏬約翰，捐入雪茄哥大學二百萬元，他學教二十八萬二千元，一十七萬三千五百元，他慈善事業三萬元，更有未納入之志願捐於雪茄哥大學者六百萬元。」嗚呼盛者，我國之富人聞之乎？晚來覽《社會主義原論》。

十一月二十二日 Friday of January 8th 1904

聞露、日之戰機於一二日決矣。哀哉！我國人尚不慟也。

十一月二十三日 Saturday of January 9th 1904

我今日發心譯三書：一，《日耳曼之社會主義史》；一，《露西亞之虛無主義史》；一，《法國革命黨史》。今當先從事於《社會主義史》。

無線電之設，始於一千八百三十七年。水線始於一千八百六十五年。水線之法以樹膠及漆裹線，徑尺許，沉之於海，其費甚鉅。近美國博士馬哥尼更新發明一種之無線電，於坎拉大之背喬築一高臺，為發電於空氣之所。又於英之岡亙勒築一高臺，置受電筒於其上，為收電之所。而電之能事畢矣。故汽機發明者為司提芬。電光發明者，為愛德森。電話發明者為肯勒。俄國大書院教習阿的米甫於「豈甫」電學院發明一避電氣之新法，其法製衣一襲，用金類抽絲組織，著於人身，即可免電氣之危。蓋電過金類則易入於地，不觸人身也。阿君已與其夫人試之，據云，著之衣行電中，雖火星發三尺許，無所礙云。

今日甚不適，心當感疾，此身若無所著者。異哉，豈當死耶？

十一月二十六日 Tuesday of January 12th 1904

偶閱唐人詞有〈歸國遙〉之闋，遂漫成二章，寄懷少眉伉儷。

殘年裡，和淚自編亡國史。當有英雄未死，家山千萬里。北望烽煙何許，問天天不語。惆悵不如歸去，摩挲雙劍羽。

重寄語，珍重鸞光雙隱地。又是曉青天氣，年年花下醉。何事天涯羈旅，浮生如夢裡。目斷江南煙雨，亂鶯唬恨起。

下午至市場市用器，及晚踏雪至一廣東人之酒樓，得盡一醉飽，頗有上海風味。予輒因之而生亡國羈旅之感，又念在上海日之得與吾友痛飲，今乃對二蠢物漫然獨酌，能不令我恨耶！夜來，復觀劇，冒雪而歸。

十一月二十七日 Wednesday of January 13th 1904

憶昨晚飲酒事，漫成〈臨江仙〉一闋。

風雪孤城萬景凋，高樓獨上無憀。仰天不語黯魂銷。金樽酒滿，胸裡血如潮。　舊日黃壚天下士，而今都隔雲霄。一年去國已迢迢。但拼醉死，對鏡自磨刀。

寄少梅書。

下午正無聊，忽得卜技利章伯初君、(宗元，烏程人。)濮倬雲君、(登青，嘉興人。)來函云：浙人留學於米者，惟尚有錢唐施君肇祥，共得三人。海外竟得此數同鄉，可喜之至，定當作書答之。

十二月初二日 Sunday of January 17th 1904

來此忽忽七月多矣，曾無尺寸長進，何以自對。從今日起發願自立課程：

上午研究文法修辭學。

下午讀哲學書，譯社會主義書。

晚來讀文學書。

從今日起，如有間斷，是自棄也。嗟乎！人生既墮形氣中矣，雖欲自放，安可得哉。

十二月初三日 Monday of January 18th 1904

答濮倬雲、章伯初書，並寄銀五圓為學生會之義務捐。

近日見《文興日報》，大聲疾呼排斥革命黨。此報為保皇會所設。保皇會之於理論上之謬妄，姑不論。即約其行事，自戊戌已來，設立五六年，何曾辦得一事，吾不識蠢蠢粵人奈何被康賊所愚至於如此。哀哉！凡革命獨立之際，自必有數多之黨派互相衝突，相戰殺戮，最後之勝利，聖黨必歸失敗，法國革命之事已顯然可見已。乃今我可哀可痛、已亡之支那，尚有保皇會諸賊，將來必多一層障礙，何物保皇會恆陋至於如此耶！

十二月十一日 Tuesday of January 26th 1904

於報中見某人之報告書云：「巴黎華貨之通銷甚盛，惜無人自營之。法人買茶，印度計八，中國計二，無專商也。里昂織絲所歲需蠶絲……古磁器，可獲一倍之價，且磁器在二百年以上者，得免稅，生絲亦免稅。某人現擬招股四十萬，設華貨轉運公司於巴黎云。」嗟乎！世界之可營之商業止巴黎邪？我國人自棄之耳。

又前見某君報告書云：「歐洲中國留學生之驕惰無志氣可為太息，彼等見歐人之尊禮印度貴族，則思求官，以為亡國後尚可蒙歐人之一盼；又見南非洲之富人面目漆黑，而巴黎之貴女有與之同車者，則又思發財，以為吾雖亡國萎黃之人種，但得擁鉅金，尚可匍匐於美人之前。」嗚呼！此種留學生適成其為同治時代派遣之留學生耳！安有半個之人物耶！哀哉！

十二月二十八日 Friday of February 12th 1904

昨晚得黑格兒《論理學》、《心靈哲學》、彌兒《論理學》、赫胥黎文集九種。此書望之久矣。方萬無聊，得此卷足自慰。嗟乎！哲學家言天下美女子是上帝所以慰護男子之天使也。吾今處此煩惱獄中，慰護我之天使其唯此數卷之書乎！一嘆！

寄答沈瓞民書。晚來無聊，復至廣東人酒樓喫麵喫酒，醉後往 Olympic 戲院觀劇，演拿破侖戀愛之遺事，有名優某女郎 Miss Anna Hela 頗美，戲中演出跳舞會，男女襍然二百餘人，迴旋飛飜，各盡意態，漢時飛燕掌上舞不能過是也。

十二月二十九日 Saturday of February 13th 1904

巴黎報云：露國國債已至一千四百兆云。今有戰事，若向巴黎再借，必不可得。而紐約克大銀行亦皆云俄國不能在紐約借款，俄國軍事上之經濟甚困難也。紐育夜報言，日人將聘米國士官學將卒業生四十人為參將，學生皆欲往助日，惟例須得兵部省之許可始得往，現尚不知。

中曆甲辰年

正月初一日 Monday of February 15th 1904

今日者中國之元旦也。自哲學理論上言之，曆數者不過由於種族觀念之差異而別，無甚關係於社會之事實。自愛國心上言之，則此曆數者，自黃帝以來自漢以來皆建寅，非一人所定之正朔相傳之遺物。吾愛祖國，吾亦當愛吾祖國之曆數，於是吾對於曆數上之今日而生種種感情。

一、對於民族國家之感情。（由曆數之感情而推及。）

二、對於人類社會之感情。（由對於民族國家之感情而推及。）

三、對於家族自身之感情。（由上二者之普徧觀念而回轉反省。）

四、對於宗教哲學上之感情。（由上之普徧狹義二觀念結合之究竟而生。）

凡諸感情連續不斷，是生迷惑煩惱。嗟乎！吾將截斷之乎，種種現象浮於吾腦，不可驅也。吾將推盡之乎，一切痛苦紛然來襲，何可窮也。可若何！可若何！

正月初二日 Tuesday of February 16th 1904

昨晚與同住者五人同往 Olympic 戲園觀劇，遣新歲之悶。其戲曰 *Proud Priwee*，甚奇詭，即西西里 Sicily 王 Robert 之遺事。有 H. E. Sachrene 者，名優也；又有愛爾蘭女子 Yoaes Ycoye 頗美。

今日意甚倦僊無聊。

正月初七日 Sunday of February 21th 1904

日來特奇苦，且大病。因竟日遊戲自恣。嗟乎！如是安能久乎？吾人所住此觀念世界中，分「美」與「惡」之二者。美世界生幸福快樂，惡世界生罪孽痛苦。人類自然有審美之觀念，故好美而惡惡。以科學哲學之抽象的美，而造成社會國家具體的美。今歐美人，可謂能造美的國家矣。惟於美的社會，尚有欠點耳。吾支那之國家、社會，則非美的而惡的也。吾支那人，惟能造惡的，日日生息陶鑄於惡之下，乃至自己喪失天賦之美性，可哀也哉！吾常分美之種類如下：

(一)天然美：(a)人身形觀之美；(b)山川之美；(c)草木之美。

(二)人為美：(a)文字、繪畫、詩歌、音樂之美；(b)居住、飲食、衣服之美。（即道路、建築、織物、養生、安適之美而成。）

文明之極邊，人道之究竟，不過完全此「美」而已。兩者發達完全者，謂之文明；反是則野蠻也。吾人今對此蠻惡之對象，而抱一高美之空想於胸中。此惡對象日日與美空想，我惡對象之力益大，則美想象必漸消失，消失盡則人類之道息矣。

吾人生活之快樂，在住於完全之美之境內，所謂天園樂國者此也。然此理想，經數千年前哲學家之首唱，至於今日，去此完全之美之境，尚萬萬里。此人生當不可奈何，則惟擇其美中之一部而窮享之，亦差足自慰。故得一美女，日夜對之，可以不憾；住山水幽妙處，可以忘憂；見好花奇樹，令人喜悅。下此則文學、繪畫、音樂、建築等之美，亦可以快一剎那之感情。能兼有天然之三美而後得人為之二美以輔之，真神仙矣。但有人為美，而不得天然美，無足樂也。故天然美，縱無人為之美以輔之，不失其美。人為美，而無天然美以明之，則不成美也。並一而不得，四圍皆惡魔之所襲，不如死矣。

正月初八日 Monday of February 22th 1904

今日為華聖東生日。

以赫胥黎文集六種又擺倫詩一部寄君武。又以達爾文《物種由來》、彌兒《自由論》、壽平好兒[5]《意志論》、又擺倫詩一部寄无量。（此書欲寄久矣，屢阻不得寄。至今乃寄出，如釋重負，怠無失信於吾友也。）昨晚覽《孔德（Comte）法國實驗哲學之祖唱者傳》及其學說。孔德者，富於社交的感性，始建社會學者也。與聖西門為好友，於其哲學上，得幾多之影響。而孔德者，又獨立生活之人也，不肯絲毫損失其自由。以是不得於世，老去無聊，惟事著書，獨與彌兒相善。又有一婦人，獨甚好

5 指叔本華。阿圖爾・叔本華（德語：Arthur Schopenhauer，一七八八—一八六〇），德國哲學家，唯意志論主義的開創者。

讀其書，匱問讚美。孔德深以此婦人為知己者。後其婦人死，孔德每周必拜於其墳墓云。異哉！

孔德之論科學曰：理論的知識，分抽象的與具體的二種。關於其現象之方法為抽象的，關於其法則之應用為具體的。故具體的科學者，關於物體者也。抽象的科學者，關於事變者也。具體的科學者，記述的特殊的也。抽象的科學者，普遍的也。復舉其例云：物理學者，抽象科學；生物學者，具體科學；化學者，抽象科學；礦物學者，具體科學。諸種科學之順序，常由於現象之秩序而進。由特殊而進於複雜現象，由單一而進於普遍現象。如第一數學，第二天文，第三物理，第四化學，第五生物，第六社會學，皆漸進於複雜也。故研究社會學，必先研究以上諸學。社會學者，科學中之最高者也。

今日得 Yoadrow《比較行政法》一卷。

正月二十二日 Monday of March 7th 1904

得老蟄十二月廿日來書，纍纍千餘言，其意不可謂不厚，責予任性好弄，頗深中予病。此老將為人所運動，可惜也。又得少梅一書，大姊寄詩數首。

今日獲威爾遜 Wilson《米國史》五卷（近出本），布魯泰克 Plutarch《英雄傳》四卷（英譯本）、黎克 Lecks《歐羅巴之合理主義》二卷、頡德 Kidd《社會進化論》一卷、彌兒《經濟學》一卷、斯賓塞《文體原理》一卷、貝佛來 Beveridge（近人）《露西亞之進步》一卷（新出版），甚可喜。

正月二十四日 Wednesday of March 9th 1904

悶極無聊，與一小孩下棋。忽覺心中非常悲慟。過去之痛苦，未來之憾懣，如海潮湧，便欲大哭，亦不自知其感情之暴動失常至如是也。

今日以博覽會圖寄叔父、少梅及老蟄、廉臣、毅侯諸人。

正月二十七日 Saturday of March 12th 1904

廿五、廿六竟兩日覽《水滸》盡。耐庵文章之妙，感慨之深，非近時小說所能及也。此書予自十歲時覽一遍，今乃復覩於海外，亦奇。嘗說金聖嘆可謂文學的大批評家，惜其著作傳世者惟七種才子書之批評而止。他日當留心搜其遺零之篇帙，考其生平，為作傳，以表章之。宋明以來，腐儒滿國，此人特聰明，有自由思想，而世人乃以輕薄詬之，可哀也。

吾國古來社會之情狀，考之史籍多不可得，唯小說、詩歌中，往往存當時社會之真相。（除鄙惡不可讀外。）誰謂中國小說都不可讀耶？

今日傷於風寒，頭微痛，鼻流涕涔涔，可厭。予不能有小病，蓋無病時，且感於外界之痛苦，恨有此身之累，加之以病，更不可一刻耐矣。哀哉！

正月二十八日 Sunday of March 13th 1904

夜來發炎，昏然不復有知。蚤起咳嗽、頭眩，難過甚。

人生之快樂有五：一曰「榮譽」，二曰「優厚」，三曰「健康」，四曰「美麗」，五曰「平和」。對於此快樂而生之痛苦亦有五：一曰「毀辱」，二曰「貧窮」，三曰「疾病」，四曰「醜惡」，五曰「爭鬥」。此二「五」者，殆與人類社會相始終乎？社會之中，快樂之量多，而痛苦之量少，則為幸福進步；多痛苦而少快樂，則為罪孽墮落。今日中國之社會，五苦痛備之社會也。社會墮落，個人未有不墮落者，故即個人之身能自營快樂，亦一剎那頃即便消失不能保也。彼白種人能造快樂之社會，而自身亦享有社會之快樂。中國人不顧社會之苦痛，而唯知營自身之快樂。不知當為多量之苦痛所侵，終不得享有。豈不哀哉！

嗟乎！人類一日不滅，苦痛罪孽一日不滅。快樂者，否定者也。苦痛者，永續者也。

二月初二日 Thursday of March 17th 1904

昨日吃種種之藥，吃一塊麵包，吃半盅之飯，都不覺好惡。晚來腦痛略減，蚤起又甚。奇哉！

病中無聊，惟取《石頭記》自遣。

下午得英譯本馬格士《資本論》一冊，此書求之半年矣，今始得之，大快，大快！勝服仙藥十劑！予病若失矣。

二月二十二日 Wednesday of April 6th 1904

即事有感，得二絕句：「獨然心火照群魔，無復閒情度愛河。底事拈華重又夢，未須懺悔笑盧梭。」「百哀歷遍萬緣輕，自繞恆河閱鼠生。無量人天歡喜相，一般羅剎鬥胡兵。」讀 Washington Irving *Rip Van Winkle*，美國文學家之祖著也。

二月二十三日 Thursday of April 7th 1904

前者，安徽人方臯告予：有胡子美者 (Mr. Thomas Mae Hu)，中國人而日本籍，今在聖路易學醫科，時以演說所得報酬為留學之資。予在此八月，不見其人。今日方臯以電話來言，胡子美已相待於逆旅，予因往晤。偕至一耶穌教之學堂，胡子美演說已，飯於廣東人之市街。子美為予言中國人在此者種種野蠻之狀，頗慷慨爽利。子美邀予至其居停主人某醫士家晚餐，精潔可喜。子美與在坐者，俱基督教徒，餐前誦教歌，餐後復跪地祈禱，予觀之不覺失笑。子美約予往觀野獸院，天雨不果，獨冒雨歸。念子美言，頗有可記者。子美之言曰：「予非忘棄祖國而為日本人，良以吾人生此世間，不過此數十年，永不復來，今為支那人處處受人之虐辱，何以堪之。吾託日人之保護，所得之自由實多，而便於求學，故不辭為此。今君欲留學美國，予勸君必須回國，更設法得日本人之保護而後可。」嗟乎！吾雖不為，得此言，安得不痛耶！

二月二十八日 Tuesday of April 12th 1904

見報載美國人口調查表：一千九百零三年除夏威夷及他領島外，合眾國諸省共有七千九百九十萬零三百八十九名，視一千九百年度之調查增多三百七十萬零九千三百八十四名。此數由一千九百年度之調查一萬人以上之埠共四百三十八處照推而得之。現紐約首府有三百七十一萬六千一百三十九名，雪茄哥有一百八十七萬三千八百三十名，非納特非亞有一百三十六萬七千七百一十六名，聖路易有六十萬名，已踰波士頓埠之人數而上至金山凡三十五萬五千九百一十九名，必珠八埠有三十四萬五千零四十三名。

昨訪胡子美，子美病，為買故鄉食品致之。今日子美病癒，偕方守六來視我，因同出，飲於廣東人之酒樓。

三月初八日 Friday of April 22th 1904

曉起得廉臣一書。

與方守六訪胡子美，同往觀野獸劇。米人謂之Zoo，本希臘家養動物也。設廣場，欄諸獅子，教之作種種跳舞褋劇。最奇者，以一美女馭五獅子，獅子皆俯首搖尾，聽其指揮，跳走有節而不亂。女子被碎金衣，繫銀韡絲，豔色炫目。因念以此五獅子之雄猂，而一纖媚弱女子足以制之，真天下奇事。獅子戲罷，銜尾入籠，群作大吼，須臾便酣睡，蠢然馴服若狗貓然。作戲時，稍有倔強者，欄外輒舉槍震之，獅子聞槍聲，便帖耳不敢動。嗟乎！亦可憐哉！聞豢獅子者，捕之於初生時，籠畜以長，則教之劇，為之配偶，而生小獅子，數傳以後，便可玩弄若貓狗，無復野性矣。嗟乎！猛獸處守籠久，則失其天性，人類亦如是哉。中國經數千年來，被君權與儒教之軛，於是天賦高尚純美勇猛之性，都消失無餘，遂成奴隸種性，豈不哀哉！因觀此戲，輒發深慨。

三月十四日 Thursday of April 28th 1904

老父涅槃三周歲紀念日。昨少梅來書，言吾姑母、叔父等將於沙門作佛事。並言：此雖論無理之迷信，亦是追念先靈之意，云云。痛哉！吾父棄我於是遂三年哉！吾家庭之痛不可絕，夜回想四年前今日言侍吾父病，二年前今日則吾猶哭於邱墓，乃今者，去國遠，去吾父亦遠，哀哀鮮民，慘慘亡國，能不痛哉！又懸想今日家中方舉梵唄，設像供，而無一人在前，一觸於心，輒如刀裂。

昨日偶過一寫真館，能以十分鐘印四片，徑取直五十錢。因試照焉。殊黝墨如霧，不可辨識，今日以三張寄少梅並以示吾姑母、大姊。

中國古代思想史論

李澤厚／著

本書從剖析孔子仁學開始，論說了自先秦至明清的各種主要思潮、派別和人物。其中著重論證了中國的辨證法是「行動的」，而非「思辨的」。
秦漢時期的「天人感應」宇宙觀；莊子、禪宗對人生作形上追求的美學；宋明理學則作為道德形而上學而具有重要價值，以及在明清時期思想中「治人」與「治法」已出現分離，象徵著傳統中國的政教合一制度動搖，思潮逐漸向近代靠近。

中國近代思想史論

李澤厚／著

本書收錄作者對近代中國自太平天國至辛亥革命時期各主要思潮和重要思想人物，如康有為、譚嗣同、嚴復、孫中山、章太炎、魯迅等的系統論述和細緻分析。首篇即從思想角度剖析，太平天國為何「其興也勃，其亡也忽」，指出農民革命戰爭諸多規律性的現象，概乎言之，深意存焉。其後數篇乃對戊戌變法維新思想和人物的詳盡分疏，於康有為大同思想和托古改制策略，評價甚高。此外，對嚴復在中國近代思想史的特殊地位，章太炎的民粹主義的突出思想特徵，本世紀初知識者由愛國而革命的心路歷程，以及梁啟超、王國維等人的獨特意義，都或詳或略地點明和論述。

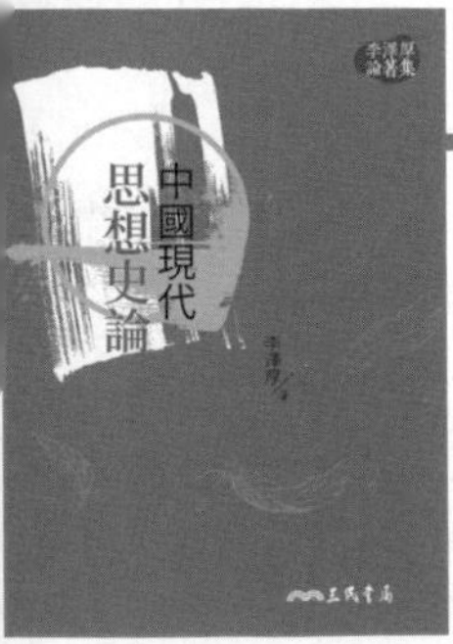

中國現代思想史論

李澤厚／著

本書以「啟蒙」與「救亡」的雙重變奏，作為解釋中國近現代思想史上許多錯綜複雜現象的基本線索，在學術界引起了巨大討論。
此外，本書以數十年的新文學歷程，以及「現代新儒家」等哲學論題，深入淺出地探討現代中國思想的爭議與價值，並或明或暗地顯現了本世紀中國六代知識分子的身影與坎坷的命運。

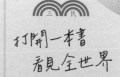

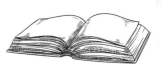

國家圖書館出版品預行編目資料

解讀馬一浮／楊照策劃、主編.－－初版一刷.－－臺北市：三民，2024
　　面；　公分.－－（展讀民國人文）

ISBN 978-957-14-7692-6（平裝）
1. 馬一浮 2. 學術思想

128.6　　　　112013708

展讀民國人文

解讀馬一浮

策劃、主編｜楊　照
責任編輯｜簡敬容
美術編輯｜黃孟婷

創辦人｜劉振強
發行人｜劉仲傑
出版者｜三民書局股份有限公司(成立於1953年)

三民網路書店
https://www.sanmin.com.tw

地　址｜臺北市復興北路386號　(復北門市)　(02)2500-6600
臺北市重慶南路一段61號(重南門市)　(02)2361-7511

出版日期｜初版一刷 2024年3月
書籍編號｜S782670
ISBN｜978-957-14-7692-6

三民書局